电视文体写作

孔德明 著

中国传媒大学出版社

目　录

序

任金州

1998年3月，朱镕基总理在新一届政府组成后的记者招待会上说，本届政府最重要的工作是："科教兴国"。在此治国理念指导下，四年来，我国的教育事业得到了空前的发展。基础教育、高等教育、成人教育、现代远程教育全面兴旺，持续几年的扩大招生使高等教育的毛入学率由1997年的9．1%增至2000年的11%左右。高教体制改革、教学内容和课程体系改革、高考制度改革、高校后勤社会化等一系列改革举措，使得高等教育成为国内改革与发展最为强劲的一股力量。

在全国高等教育大发展的背景下，北京广播学院成人教育也取得了长足的进步。从过去的函授、夜大两种办学形式以及以专科为主的办学层次，发展成为函授、夜大、成人脱产三种办学形式和专科、专升本、高中起点升本科三个办学层次交叉综合。目前的13个专业覆盖了广播电视系统的主要专业领域，形成了较为完善的成人教育体系。此外，还在西部地区的宁夏，通过合作办学举办了研究生课程进修班，为成人教育向更高层次发展作出了新的探索；在经济发达地区无锡，与民办学校合作，建立了北京广播学院继续教育学院无锡分院。目前，继续教育学院的在读生人数从五年前的五千多人增至八千多人。2001 年，教育部还批准我校为全国惟一一所艺术类专业成人函授本科可以跨地区招生的高等院校，这标志着我校成人教育迈上了一个新台阶。

发展，不仅带来了机遇而且也带来了挑战。函授、夜大办学层次的增加和专业的增多，迫切需要尽快有计划地编写出新的符合成人教育特点、适合成人学习，同时具有我校成人教育特色的系列教材。为此，学校领导根据当前成教的专业设置和承担主要专业课程教学单位的情况，重新调整了函授夜大教材编委会。继续教育学院经过多次论证，决定在已有教材的基础上，突出重点，先易后难，按专业成系列地推出一批新的教材，以满足新形式、新环境下成人教育发展对教材建设的新要求。这些都是成人教育在扩大招生规模的情况下，不断提升教学质量，构建具有成教特点的教学体系，实现可持续发展的重要举措。

教师、教材、教室是传统教育办学形式中三个最基本的组成要素。随着现代远程教育特别是网络教育的出现和发展，教室这一办学要素，发生了很大的变化。教室已不再是办学的必要条件。教师和教材在教学活动中的作用更加凸显，而在二者中作为教材的延伸和变异发展的教学资源——课件却不断丰富完备和多样化。教学课件特有的学习方式反过来又引发和推动了网络教育教学形式的变革。在一个完善的高质量的课件面前，教师的作用已从传统的课堂讲授转为集体合作，共同创建一个丰富、系统、科学的多媒体课件上来。传统教学中课堂上教师口头传授知识的方式大多被多媒体形式的人机交流所替代，学生获取知识的渠道和方式发生了重大变化。在这一切变化中，教材、课件的作用日益成为教学活动中的主导。函授教育从本质上讲也是一种远程教育，搞好教材建设是一个根本性建设，从这个意义上讲，继续教育学院这次抓成教教材建设是抓到了根本，抓住了关键。

这次继续教育学院与电视学院合作推出的影视节目制作系列

教材（10本），是在原广播电影电视部教育司指导下由电视系组织编写的电视节目制作系列统编教材（10本）的基础上重新改写或修订的。与上套教材相比新版影视节目制作专业系列教材，有几点变化：一是由于课程调整而需要重新编写的教材，例如：旧版教材中有《电视照明》，这次新版教材将此课调整为《摄影构图》，由青年教师郭艳民编写。二是同一课程同一教材由于更换了主讲教师而重新编写的教材，例如：旧版《电视概论》原由张雅欣编写，新版教材改由秦瑜明编写，两个人在讲课内容和表述方式等方面都有许多不同，因而教材内容也有较大变化。三是随着近几年来电视节目制作环境发生的很大变化，新的节目制作理念和新的成功作品不断涌现，特别是广播影视集团化背景下的电视节目制作及运作方式的变化所带来的一些新观点、新经验、新体制、新做法，都需要增添进教材中，以使学生能够接触最新的案例和最新的研究成果。增加新案例分析、增加新内容，从新的角度重新认识一些问题，成为新版教材最大的亮点。四是新版教材的作者，10人中有7人是新人。他们虽然继承了前任教师的课程体系和一些基本理论，保持了课程内容总体构架的连续性和统一性，但新人总有新观点、新看法，以及新的分析方法。他们通过自己的思考和编写反映出他们对电视节目制作的新认识。没有这些也就没有学科的进步、理论的出新，这也是我们编委会希望看到的地方。这次新版教材的编写启用了一批新近成长起来的中青年教师，给了他们一次机会，对他们来讲也是一次锻炼。我们相信，“青出于蓝胜于蓝”，我们期待着新版教材能够得到学生和社会的认可，能够为我校成人教育发展起到它应有的作用。通过我们几代人的努力，使广院影视节目制作专业成为一个品牌专业，构建起具有中国特色的电视学理论大厦。

2002年5月13日

第一章

总 论

自学提要

• 电视文体写作课程讲授一学期，共计 120 学时，其中自学 80 学时，面授 40 学时。本章自学 12 学时，面授 6 学时。

• 本章总领各章。

• 电视文体写作是指以文字稿形式，通过电视传播给观众的各种用口语表达的信息。

• 电视传播的根本特点是声画一体，电视文体是一种口语化的非独立性文体。

• 建立电视意识是指建立场性思维方式，建立多维结构意识，建立电视语言观念。

• 电视语言是用声音和画面造型，诉诸观众视觉和听觉的多层次、多因素的信息，是多种技术手段和艺术手段的综合显现。活动画面语言、有声字幕语言、音乐音响语言是构成电视语言的三个主要因素。

• 活动画面语言与音乐音响语言的局限性，决定了有声字幕语言存在的必要性。

• 电视文体在为看而写的同时，还要为听而写，关键在于处理好声画关系和说听关系。

电视文体写作作为一门独立的学科，研究的对象是电视文体。电视文体是一种特殊的文体，要把握好电视文体的写作，就要以全新的眼光去审视这种文体。

什么是电视文体？这是由电视传媒的根本特点所决定的。当我们打开电视机的时候，会觉得电视机就像一方“魔镜”，它既拥有“千里眼”，同时又拥有“顺风耳”。一幅幅五彩缤纷的活动画面，伴随着一声声悦耳动听的各种声音，使我们如同身临其境。这就是电视传播的根本特点——声画一体。当我们拿起笔来进行写作的时候，我们不仅要注意到语言表达的适听性，同时也要注意到与画面内容的配合。这就是电视文体——一种运用于电视传播的口语化的非独立性文体。

把握电视传媒和电视文体的总特点，是认识电视文体写作总规律，树立电视文体写作总观念的大前提。

第一节　电视文体写作的性质和范围

一、电视文体写作的性质

电视文体写作是指以文字稿形式，通过电视传播给观众的各种以口语表达为主的信息。

从传播学的观点来看，电视文体写作是一种信息的传通，是电视大众传播的一个组成部分。传通是指一个人有意地将某种信息传递给他人的全过程。

最原始、最简单的信息传通过程的模式，是两千多年前古希腊的亚里士多德提出的线性传通模式：

演讲人（信息源）⟶ 讲演词（传播内容）⟶ 听众（接收者）⟶ 效果（目的）

这种传统的线性模式，将传通过程确定为以传播者（演讲人）为起点，经过媒介，以受传者（听众）为终点，是一种单向的、直线的运动，显然不能完全反映作为大众传播媒介的电视的传通全过程。美国文化学家萨姆瓦在《跨文化传通》一书中，对传通的过程进行了以下的概括：

> 传通是一种双边的、影响行为的过程。在这个过程中，一方（信息源）有意向地将信息编码并通过一定的渠道传递给意向所指的另一方（接受者），以期唤起特定的反应或行为。完整的传通必须是：意向所指的接受者感受到信息的传递，赋予信息的意义（破译编码），并受影响而作出反应。

可见传通应该是一种进行着的、不断变化的双向活动。

1948年，哈罗德·拉斯威尔在《传播的社会结构与功能》一文中提出了大众传播的“5个W”的模式：

Who　谁（传的）
Say What　说什么（内容）
In What Channel　通过何种渠道（传播）
To Whom　对谁（传播）
With What Effacts　达到何种效果

1954年，施拉姆又专为大众传播过程提出了一个新的模式：

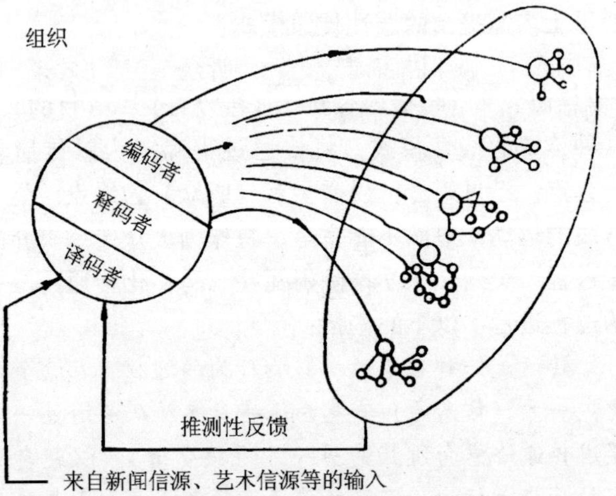

在这两种大众传播的模式中，有两个明显的特点：

1. 与传统的线性模式相比较，大众传播过程与传统的人际传播过程是一脉相承的，所不同的是大众传播过程采用新的传播媒介电视。

2. 与传统的线性模式相比较，大众传播过程建立了“反馈系统”，以控制论模式取代了单向直线的传统模式。

这两个特点告诉我们电视文体写作中两个必须明确的问题：

（1）能否有效地利用新的传播媒介——电视，是电视文体写作成败的关键。

传播媒介从它的物质形态来看，一般分为符号媒介、实物媒介、人体媒介三大类。符号媒介是信息传通过程中的一种有意义并触引互动的载体，可以用“语言——非语言”和“有声——无声”两个维度进行划分。实物媒介以物体充当信息传通的载体，一般是可触摸的、具体的实物。人体媒介则借助于人的发型、妆型、服型、体型等作为传递信息的载体。电视属于符号媒介，这种媒介的优势是使用广泛，信息反馈周期较短，可信度比较高。我们可以根据电视“声画一体”的特点，充分利用电视作为符号媒介的优势，在写作中反映广阔生活中的方方面面，制作出有声有色、声画并茂的电视节目。

(2) 注意信息的反馈，是衡量电视文体写作质量好坏的尺度。

信息的反馈，是变“单向”传播为“双向”传播的重要方面。反馈的意义在于有利于及时总结和评价写作的质量，分析和判断观众的需求，不断调整写作内容，改进和提高写作质量，更多更快地出精品。

电视文体写作是以文字稿的形式存在的，因此，只有根据电视节目的需要而形成的文字稿，才能进入电视文体的范畴。这也就是说，不是所有播出的电视节目都可以拥有电视文体。例如音乐电视节目（MTV），它的传通手段是音乐语言和画面语言，它不拥有电视文体。有的节目虽有文字稿的写作，但也不拥有电视文体。例如戏剧演出实况直播节目，它也需要写出文字台本，但这种文字台本是戏剧这门艺术本身所必需的，并不是为电视节目专门撰写的文字稿，所以也不能算是电视文体。只有那些为制作电视节目而专门撰写的文字稿，才是真正的电视文体。

二、电视文体写作的范围

按照一般的推理，凡是拥有电视文体的电视节目，都应该在电视文体写作的范围之内。因此，要清楚电视文体写作的范围，应该对电视节目的分类有所了解。目前对电视节目的分类，已引起电视理论界的重视，然而还处于刚刚起步的阶段，至今我国还没有一部真正意义上的电视分类学，对电视节目的分类众说纷纭。第一种是内分法。依据电视节目的内容，将它分为新闻类、教育类、文艺类、服务类四类节目形态。第二种是外分法。依据电视节目的外在形式，将它分为综艺节目、主持人节目、受众参与节目三大类。第三种是平分法。依据电视节目的实用性，将它分为一般型、综合型、专题型、对象型四大类。第四种是按照电视节目的制作方式，将它分为舞台演出的直播和实况录像、演播室加工的舞台艺术节目、真正意义上的电视艺术三种类型。第五种是依据屏幕上已经涌现的电视艺术作品的客观实际，将电视艺术作品分为电视文学类、电视艺术类、电视戏剧类、电视综艺类四大类。①

但不论用什么方法进行分类的电视节目，要进入本课程的研究范围，都要符合两个基本条件：一是必须进入电视文体的范畴；二是与电视节目制作专业的要求吻合，又不重复其他专业的课程内容。如电视广告文案写作、电视剧本创作、电视文学写作等，有关专业已设专门课程，本课程就不再涉及。这两个条件缺一不可。根据这个原则，电视文体写作课程所包括的范围可以分为三类：

1. 电视新闻性节目：指对正在或新近发生的事实报道或评论。细目如下：

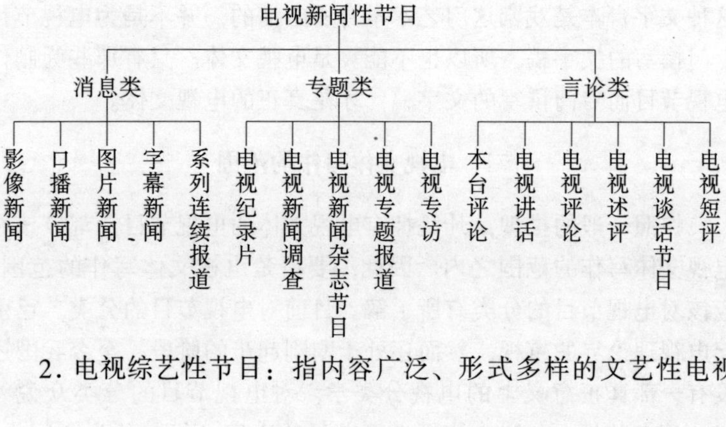

2. 电视综艺性节目：指内容广泛、形式多样的文艺性电视

---

① 高鑫：《电视艺术学》，第14～18页，北京师范大学出版社1998年11月版。

节目。细目如下：

- 电视综艺性节目
  - 电视综艺晚会
    - 节庆纪念综艺晚会
    - 行业专题综艺晚会
  - 电视综艺栏目
    - 综合性电视综艺栏目
    - 专题性电视综艺栏目

3. 电视教育性节目：指以传播科学文化知识，进行社会教育为主要任务的电视节目。细目如下：

- 电视教育性节目
  - 社会教育类
    - 社会政治类节目
    - 文化教育类节目
    - 科学普及类节目
    - 经济服务类节目
  - 电视教学类
    - 社会科学类节目
    - 自然科学类节目

第二节　建立电视意识

电视是电子技术高度发展的产物，是 20 世纪人类最重大的发明之一。“电视”一词，英文写作“Television”，是希腊文“Tele”（从远处）和拉丁文“Vision”（看）的拼合，含有“见于远方的景物”的意思。所以电视是通过光电转换系统，使景物在远距离外迅速、连续地重现的大众传播手段。

从电视技术的角度看，电视可以概括为电子信号的产生、贮存、传递和重现的过程。它有很强的综合性，是新闻、艺术和技术的融合；它有最大的空间性，从宏观到微观，能够深入到千家万户；它有多种的功能，被人们称为“现代化的新闻窗”、“包罗万象的知识百科”、“多彩多姿的文艺园地”、“体育竞技的大看台”、“家庭百事的服务所”。

电视的独特性制约着电视文体，要求写作者必须建立相应的电视意识，并用它来指导电视文体写作。所谓建立电视意识，集中体现在以下三个方面。

一、建立场性思维方式

电视的出现，是信息传播的一场革命。电视传播与报纸、广播不同，不是那种线性的传播方式，而是一种立体信息场的传播。电视拥有各种视听表现元素，每一种视听表现元素中又都包含着多种表现元素，而每一种元素都参与信息的传播。多种元素综合运用，形成一种立体的信息场。这种立体信息场的传播，自然要求在制作节目时，不能以单一的电视表现元素去再现生活。在制作节目时，必须周密思考，调动电视的各种表现元素，去完成立体信息场的采集、制作和传播。这种周密的考虑调动电视综合表现元素的思维状态，称为“场性思维方式”。

场性思维方式是突出电视的个性，按照电视的个性去思想的思维方式。电视传播信息的渠道是双通道讯号，既诉诸人们的视觉，又诉诸人们的听觉。电视这种独特的传播特点，决定了它必然具有独特的传播手段。电视是多种传播手段综合运用的媒介，多种传播手段中又拥有多种表现元素，这就要求在电视文体中周密地考虑调动多种表现元素，而不能“天马行空，独来独往”。电视传播技术发展到今天，能够营造出人们意想不到的效果，甚至可以达到以假乱真的程度，像定格、抠像、慢动作等特技已经司空见惯。电视传播技术的发展，使电视拥有更多的造型手段，如果沿用报纸、广播的线性思维进行创作，显然已经远远不能适应了。我们这个时代是“信息爆炸”的时代，来自各方的信息，影响着人们的思维方式。人们总是以挑剔的眼光来审视电视的传播。电视要满足人们的需求，更需要电视文体写作以自己特有的思维方式去思维，创作出富有个性的电视节目。

二、建立多维结构意识

电视创作难在找到一个好的选题；有了好的选题后又难在设计一个好的结构。骨架是人的结构，这种结构是有血有肉的生命存在的载体；而电视节目的结构则是思想内容的载体，体现着电视节目的个性。要想吸引观众由随意的无意注意转向有意注意，把节目做得精彩好看，就要有一个好的结构。电视写作离不开结构意识，电视结构意识难于把握，就在于它是一种独特的结构意识。

结构的种类很多，根据时空观念的不同，尤其是空间观念的不同，一般分为三种：

（一）二维空间——长度+高度

二维空间只有纵向与横向，而没有厚度，这种空间结构称为“平面结构”。

（二）三维空间——长度+高度+宽度

三维空间除纵向横向外，还加上厚度，或称宽度，即深度。这种空间结构称为“立体结构”。

（三）四维空间——长度+高度+宽度+时间

二维空间与三维空间都受到固定空间的制约，而四维空间由于加入了时间，时间的流动性打破了时空的制约，体现出综合性，这种空间结构称为“多维结构”。

电视是时空交叉的综合性艺术，所以电视节目的结构属于多维结构。多维结构是容量最大的结构，它可以任意转换视角，任意转移时空，给予创作者极大的创作空间。同时，多维结构又是一种“开放型”的结构。就其纵向来说，往往截取生活长河中的一段，既无头，也无尾，观众可以通过各自的想象和联想，主动地去探求生活的来龙去脉，从而展现电视节目的深度。就其横向来说，即便只是一段生活，也不做按部就班的封闭式的结构来展现，而是只选择几个断续的、不联贯的“点”，观众的思维触角可以伸向四面八方，从而扩大了电视节目的广度。

三、建立电视语言观念

电视语言是用声音和画面造型，诉诸观众视觉和听觉的多层次、多因素的信息，是多种技术手段和艺术手段的综合显现。

语言是人类交际的工具，从传播学的角度来说，语言是人类交流信息的工具，它的传播本质就是一种信息。电视语言的概念，是语言这种概念的引申和假借。电视语言从传播本质上来说，就是通过电视这种媒介传递各种信息的手段。

电视是视听结合的艺术，电视传播为视听双通道讯号，电视节目制作是多部门多“兵种”的协同“作战”，这些都决定了电视语言的非单一性，电视语言的构成是复杂的。有人把电视语言的构成因素划分为视觉语言和听觉语言两大类。但是由于有声语言与音乐音响表现力的差异，以及它们在电视节目中发挥的作用不同，人们通常是把电视语言的构成因素划分为活动画面语言（或画面语言）、有声字幕语言（或文字语言）、音乐音响语言（或音乐语言）三大类。①

关于这三类构成因素之间的关系，电视理论界曾进行过长期的争论。有人主张“主从说”，有人主张“平等说”，比较合理的

① 温化平：《电视节目解说词写作》，第1页，北京广播学院出版社1988年3月版。

是“金三角说”。[①] 这种说法将电视语言三个构成因素的关系，比作几何学中的“金三角”。在几何图形中，三个角以自己的稳定性著称。在电视节目中，这三种构成因素各占一角，保证了整个电视节目结构的完整和稳定。作为三角形，它的任何一只角都是不可能独立稳定存在的，所以作为电视节目，电视语言任何一个构成因素也很难自立存活。因此，活动画面语言、有声字幕语言、音乐音响语言都不是独立的，它们经常是你中有我，我中有你，相互融合在一起。处理好它们之间的关系，关键在于优势互补，相互协调。

由于活动画面语言、有声字幕语言、音乐音响语言的非独立性，它们在电视节目中不能无所顾忌地自由挥洒。它们各自作用的发挥一般要受以下三个条件的制约：

（一）受自身表现力的制约

电视语言的三个构成，每一种因素都不是万能的，有它的长处，也有它的短处，受到自身表现力的制约。

活动画面语言擅长展示那些形象的、具体的事物，表现事物现在存在的方式，展现物体的运动形态，体现可以直接感知的方面，具有鲜明的具象性、运动性、直接性和现在进行时。活动画面语言不善于表现那些抽象的、哲理的或难以直接感知的间接信息。

有声字幕语言既擅长表现抽象的、哲理的间接信息，又善于表现想象性的体验，具有明显的抽象性、哲理性、联想性。有声字幕语言在表现具体形象的事物时，就远远不如活动画面语言那样纤毫毕现，逼真传神。

音乐音响语言本身无形体性，只擅长表现某种情感或情绪，

① 温化平：《电视节目解说词写作》，第44～45页，北京广播学院出版社1988年3月版。

在电视节目中主要起渲染情绪和连接画面转场的作用，具有极强的情感性和情绪性。音乐音响语言难以具体反映那些说明介绍性的内容。

三种构成电视语言的因素各有长短。而这些长处，是别种因素不可替代的；这些短处，也是凭自身力量无法克服的。因此，只有扬长避短，优势互补，才能完美。这是运用电视语言进行电视写作时应该时刻注意并遵循的总原则。

（二）受节目整体构思和综合效果的制约

美的最高境界是和谐，各个局部只有服从全局的需要，整体才能和谐。电视语言的构成，是多种表现因素的组合，其中每一种手段所起的作用，所占的比重，所采用的风格样式等等，都要服从整体构思和综合效果的需要。同时，还要注意各种表现手段之间的合作与配合，何时主导，何时配合，节奏韵律，表达方式，都要在整体构思下，来决定如何发挥出它的作用，做到和谐。

因此，写作时要注意左右上下的配合协调，不能自行其是。电视文体写作必须服从节目主题、形式、风格等总体构思的要求，以及方方面面综合效果的制约，要在通盘考虑下来发挥自身的作用。从这一点来看，电视文体写作是最不自由的艺术创作。

（三）受编导创作个性的制约

风格是电视编导成熟的标志，也是研究和改进节目制作的重要内容。什么是风格？“风格是作家在创作实践中逐步形成的，是作家的创作见解通过独特的艺术形式的表现，是一个作家在全部作品中反映出来的基本特色。”① 可见，作者的个性决定作品的风格。从电视制作的角度来说，电视是一种集体创作，多兵种协同作战，而编导是整个创作集体的核心。编导的创作个性，就决定了作品的风格。编导的创作个性，在形成电视节目的风格

① 吴功正：《文学风格七讲》，第6页，上海文艺出版社1986年6月版。

上，起着决定性的作用。电视语言的每一种表现手段、每一个构成因素，都要服从于编导的创作个性。

创作个性的形成因素是多方面的，概括起来有外部因素（客观因素）和内部因素（主观因素）两个方面。外部因素包括时代、民族等方面；内部因素包括生活实践、思想影响、传统影响、心理功能、自身修养、艺术追求等方面。这些因素统一在一个人的身上，它们相互作用，不是机械的凑合，而是一种化合，具有整体性，形成创作的个性。由于每一个所具备的外部因素和内部因素的各不相同，每个人的创作个性也各不相同，每个编导对电视各个表现手段的熟悉、把握、运用也会不尽相同。摄影师出身的编导，也许会多讲究画面的美；而笔杆子出身的编导，又可能会多琢磨解说词的美。编导的创作个性对电视语言构成因素作用的发挥，显然具有极大的制约。

第三节 电视文体写作的必要性

一、电视文体写作是声画优势互补的需要

电视语言是由活动画面语言、有声字幕语言、音乐音响语言三个因素构成的。这三个构成因素各有自己的优势，也各有自己"先天"的局限。每个构成因素的局限，正是他种因素的优势。因此在一个电视片中，自然形成了优势互补。电视文体写作文字稿是作者记录有声字幕语言的形式，就是为了弥补活动画面语言与音乐音响语言的局限，自然而然地走进了电视。

（一）活动画面语言与有声字幕语言的优势互补

1. 无法表现过去发生而又未能及时捕捉到的形象和事件时，进行优势互补。

事物存在的时态有三种：过去时、现在时、将来时。电视活动画面只能表现现在进行时。历史事件、历史人物，都属于过去的人和事，最闪光的一幕早已时过境迁。摄像机也不可能在事件发生之前就预见到，去拍下它的全过程。现场抓拍突发事件的可能性也很少。这些都给电视画面的形象留下了无尽的遗憾。因此，有人为了报道的需要，组织补拍、摆拍等，试图人为地再现过去的人和事。结果“假作真时真亦假”，失去了观众的信任。

电视语言毕竟是一种综合的造型语言，活动画面语言不能做到的，可以通过其他手段来实现。例如有一则报道一位老婆婆为抢救三名儿童而献身、重庆市万名群众隆重祭奠的消息。消息中的主体部分，是再现英雄婆婆舍身救人的壮举。如果以电视新闻的方式报道，由于事件已经过去，摄像机也没有及时捕捉到当时的情景，这一段就无法以文字报道那样的方式来处理。这时，最好的方法就是用报道词，配以追悼性的画面，再加上必要的同期声采访讲话来进行报道，利用有声字幕语言进行优势互补。

2．无法展望尚未发生而又可能发生的人和事时，进行优势互补。

活动画面语言只能展现现在进行时的人和事，既不能展现过去时，也不能展现将来时。将来发生的事情，现在还没有发生，没有形象，画面无法反映。这时，有声字幕语言进行优势互补，是最好的处理方法。例如电视系列片《让历史告诉未来》中，有一段镜头对准导弹发射基地总控制室里一颗红色的按钮。这颗按钮非同寻常，启动它，洲际导弹升空发射，就意味着战争开始。画面无法展现想象中未来战争的场面，于是解说响起：“这是一颗非同寻常的按钮，任何人都无权随意按动的撳钮。但当人民的和平需要用武力维护的时候，一个军人的手指会按照统帅部的指令伸向按钮，准确、果断、轻轻地一按……‘巨龙’就会带着震撼人心的呼啸腾空而起。”

利用解说、字幕、同期声采访等方法弥补活动画面语言的不足，并不是惟一的方法。随着计算机科学的发展，三维动画早已进入了电视，电视节目或栏目的片头、片尾、片花，经常运用电脑技术制作，这是有目共睹的。对过去或未来发生的事情，也可以用三维动画来进行处理。但是从经济上、简便上、可信上考虑，一般常用的方法仍然是利用有声字幕语言来进行优势互补，这也是不争的事实。

3. 难以直接表现人物复杂的内心世界时，进行优势互补。

俗话说："知人知面难知心"。世界上最难了解的是人的内心世界，最复杂的也莫过于人的内心世界。通过一个眼神，一个动作，根本不可能展现人的内心世界。人的外形活动，画面容易反映，而人的内心活动，画面就难以反映。因为它是抽象的，而抽象的内容，正是有声字幕语言表达的强项，正好可以补足活动画面语言的不足。《实话实说》栏目里采访过研究大熊猫的北京大学潘文石教授。潘教授长年过着远离人群的野外生活，生活孤单寂寞，但是他有着丰富的内心世界。采访到他研究大熊猫时，通过他的一席谈话，展现了他的思想、他的感情。他说：

> 1963 年我已经从北大毕业两年了，1963 年的 5 月 4 日，我到北京动物园去了，当时有一个老同学在那儿饲养熊猫，当时这是全世界第一只在动物园出生的熊猫。去了之后，那只熊猫应该说只有七八个月那么大，他让我抱，抱着这熊猫，我觉得特别有意思，这是我头一次亲自跟熊猫接触，感觉到特别有意思，一个这么宝贵的动物在你怀里，而且能够亲自用嘴咬你，我当时觉得如果这一辈子研究野生动物应该是最好的一件事。有了很多野外这种经历之后，对熊猫会有一种比较准确的认识，我觉得这个动物之所以特别吸引人，而同时又令人最赞叹的地方是什么呢？你可以看到在山里铺满了白

雪和冰，几乎所有的动物都没办法生存的季节情况下，你看见有一种能够生活在积雪里，孜孜不倦的，一天一天，一月一月地靠竹子为生，你就感觉到熊猫的生命是非常顽强的，它的顽强就是它靠一种和平的方式，靠吃竹子，而竹子是一种从营养学的观点来看，它是营养低劣的，一个物种在它进化几百万年了，能够演化出靠低劣的营养，在一个艰苦的环境里，冰雪的环境里生存下来至今，你会感到特别的感动。

这一段采访谈话，描绘了潘教授一生中非常重要的一段心路历程——他是怎样走上一条研究熊猫的不归之路的。通过这段谈话，潘教授丰富的精神境界，潘教授崇高的思想品格，深深地印入观众的心里。

4．无法回答叙事结构的基本要素时，进行优势互补。

电视节目中，有相当一部分是叙事性结构，如电视新闻、电视纪录片、电视新闻调查、电视专题报道等。叙事性结构有自己的规律和法则，对于“叙述五要素”的要求是一丝不苟的。如果不具备这五个要素，就失去了存在的意义。“叙述五要素”与新闻的“5个W”是一致的，即：何人（Who）、何地（Where）、何时（When）、何事（What）、何故（Why）。活动画面语言在特定的情况下，只能回答其中的某些部分，如我国国家领导人在人民大会堂内接见公众熟知的某国元首，这时我们通过活动画面就可以知道“何人”、“何地”、“何事”。但是如果没有这些特定的情况，仅仅凭借活动画面，是很难了解“何人”、“何地”、“何事”的，甚至具体的时间、地点、人物的姓名、国籍、民族、职务等等，也难以介绍说明清楚。至于“何故”，事情的来龙去脉，人物之间的复杂关系，时代社会的大背景等，就更加无法仅仅依靠活动画面语言来体现。这时，就需要其他电视语言手段作必要的补充，才能满足观众对信息传达的全部需求。而有声字幕语言就是最方便、最常见的优势互补手段。例如电视系列片《让历史告诉未来》第七集《为了和平》的开头部分：

画　面	解　说　词
美军侵朝资料	……（男声）1950年6月25日，朝鲜半岛
敌机轰炸	爆发战争。两天后，美国海、空军武装入侵朝鲜。
硝烟四起	第七舰队逼近台湾海峡，7月2日，第一批端着
端着卡宾枪的美军进	卡宾枪的美国士兵，就踏上了朝鲜国土。3000里
入朝鲜村落、民宅	江山陷入浓烟烈火之中。
烈火烧着了村庄	（男声）9月15日，麦克阿瑟将军指挥4万
孩子们在浓烟中哭泣	美军在朝鲜仁川实施大规模登陆，不顾一切地向
尸体遍地	北线推进。15天后，战火已烧到鸭绿江边。
麦克阿瑟	（女声）怎么办？出兵迎战还是坐视不动？北
朝鲜地图推至仁川	京的最高统帅部面临严峻的选择。
美军从登陆舰上跑下	（男声）10月4日，彭德怀将军突然被召去
美国士兵	北京。中南海里正在开会，讨论出兵援助朝鲜问
车轮滚滚	题。
中国人民集会示威抗	中国朝鲜，唇齿相依。毛泽东在会上说："别
议	人危急，我们站在旁边看，怎样说，心里也难
毛主席召集开会，刘	过。"
少奇、周恩来等人	（女声）但是出兵又如何？千疮百孔的国民经
彭德怀在会上	济有待恢复；
参加会的其他领导人	新区土地改革刚刚开始；国内残匪还未肃清，
	而且对手又是海空军力量堪称世界第一的美国。
	他手中的原子弹可以在刹那之间让北京、上海变
	成广岛第二……
北京饭店	彭将军当晚在北京饭店怎么也睡不着，从沙
彭德怀发言	发床搬到地上睡，还是睡不着。第二天发言的时
会场鼓掌	候，他力主出兵。
毛泽东在会上	（男声）战还是不战？经历了22年战争生涯

画面	解说词
毛泽东在大会上宣布命令 (字幕：着将东北边防军改为中国人民志愿军……) 志愿军的队伍开过鸭绿江	的毛泽东，闭门思考了整整三天三夜。10月8日，他终于下达了出兵朝鲜的最后决定："着将东北边防军改为中国人民志愿军，迅即向朝鲜境内出动，协同朝鲜同志向侵略者作战，并争取光荣的胜利。"

这段开头，活动画面是无序的，相互不关联，说明不了"5个W"，完全靠解说词，辅以必要的字幕，来完成叙述五要素的交待：

①何时：1950年6月25日、9月15日、10月4日、10月8日；②何地：朝鲜、中南海；③何人：毛泽东、彭德怀、麦克阿瑟；④何事：中国是否出兵抗美援朝；⑤何故：美国入侵朝鲜。

5. 难以表现不具备形象性的问题时，进行优势互补。

对于抽象的、带有哲理性和思辨性的问题以及一些数字的报道，活动画面语言无法表现。由于它们本身不具备形象，这时无论画面本身具有怎样丰富的内涵，具有多么生动形象的表现力，也是无能为力的。但是这类节目有的非常重要，不能全部排斥，比如重大的决策，重大的科技成果，工农业取得的伟大成就，等等，都是不可缺少的报道。再比如对问题的思辨，对主题的升华，对意义的概括，等等，也是避免不了的事情。这时活动画面语言显得那么苍白无力，只有凭借有声字幕语言来解决问题。例如获奖电视新闻《我国钢产量突破七千万吨》：

画 面	报 道 词
主持人播导语	今天，冶金工业战线传来了振奋人心的消息。
冶金部长戚元靖谈话	(同期声)“据快报统计，今天，我国钢的产量已经突破了7千万吨，这是在1986年突破5千万吨，1989年突破6千万吨的基础上，踏上的又一个新的台阶。”
示意图表炼钢及其他生产镜头一组	我国钢产量从5千万吨上升到6千万吨用了3年时间，而从6千万吨上升到7千万吨只用了两年时间。这标志着中国钢铁工业生产已处于稳定发展阶段和综合国力的提高。目前，世界上钢铁产量超过7千万吨的国家只有原苏联和日本、美国三个国家。更可喜的是，中国钢产量7千万吨这一成就的取得，是在钢材消费上升、库存下降，进口减少、出口增加的同时取得的。
戚元靖谈话	(同期声)“这几年钢铁工业虽然取得了一些成效，但是我们在品种结构上、在经济效益方面都还有不少差距。在新的一年里，我们要以搞好大中企业为重点，把各项工作做得更好。” 这是本台报道的。

这是一则重大工业成就的报道，内容是概括式的，成绩全是抽象的数字，基本上没有什么具体的形象。但是这个报道又是不可缺少的。这时，报道词就显示出了它的优势，用相当精练的语言，言简意赅地报道了冶金工业的伟大成就。

6. 当画面的含义具有模糊性时，需要进行优势互补。

美国学者韦伯·施拉姆认为，具象的非语言符号具有语言符号所不具有的作用。“模糊语言”比之抽象的语言符号有更丰富的信息含量，活动画面因此往往具有多释性。同一幅画面，由于画面本身的含混性，可以有不同的解释，观众与评论者分析的意义，与编导的阐述往往大相径庭。这时活动画面的指向性不明确，激发观众想象和联想的提示性也不精确，就需要其他手段帮助，进行优势互补。例如电视纪录片《渔村小叙》中的一段：

画　　面	解　说　词
渔村全景 拥挤的低层建筑中一幢大楼醒目伫立 平坦的沙滩 一体育老师正在划跑道线 穿着各色运动服的渔村孩子 孩子们赤着脚 孩子们在比赛跑 海滩上喧闹声 大声喊着“加油”	当然，最高兴要算是孩子们了，现在渔村里最高、最大、最好的房子是他们的学校。 可惜，村子里找不到一处一百米长的平地，上体育课或开运动会便要到这天然体育场上来。 孩子们可是把体育场的特点摸透了，在这里赛跑如果穿上运动鞋，那可是会影响成绩的。

在这一段中，画面语言提供了高楼的外形，却无法准确地告诉人们这幢建筑是干什么的；画面语言提供了海滩上的跑道，却无法准确地告诉人们为什么要在海滩上造跑道。这时解说根据画面所提供的形象，准确地挖掘画面无法表现的深度：最高、最大、最好的房子是孩子们的学校；海滩是惟一可以找到的大块平地，于是最不适于赛跑的沙滩就成了孩子们的跑道。从学校的地理位置，道出了渔村孩子们欢乐幸福的生活。

(二) 音乐音响语言与有声字幕语言的优势互补

音乐音响语言是电视表现手段中最不具体、最不准确的手段。具体而又准确的东西，人们容易抓住，也容易认识；看不见摸不着的东西，来无踪去无影，稍不注意就流逝了，所以音乐音响语言是最容易忽略的电视表现手段，也是最难以抓住的东西。但是，生活中不能没有音乐，正如冼星海所说：“音乐，是人生最大的快乐；音乐，是生活中的一股清泉；音乐，是陶冶性情的熔炉。”作为电视语言的构成因素之一，电视片中也不能没有音乐音响语言。在难以表现感情的深度和广度的时候，在人们喜、怒、哀、乐的感情最浓烈的时候，在画面气氛需要渲染的时候，在连接画面转场过渡的时候，音乐音响语言就大有用武之地。

但是，音乐音响语言毕竟属于时间艺术，它也带有一切时间艺术的局限。音乐音响语言本身不具备形体性，不能展现具体的形象；它不具备具体性，无法交待“5 个 W”；它不具备说明性，难以具体反映说明介绍性的内容。这时，往往是有声字幕语言来弥补它的不足。例如电视系列片《话说长江》的播出，取得了很大的成功。主题音乐用圆号吹出宽阔嘹亮的乐曲，主旋律卡农式的进行，造成了长江后浪推前浪的气势。但是观众认为它还不足以表现中华民族母亲河长江的伟大和神韵。后来在全国征集歌词，弥补了这个不足：

你从雪山走来，春潮是你的风采；
你向东海奔去，惊涛是你的气概。
你用甘甜的乳汁，哺育各族儿女；
你用健美的臂膀，挽起高山大海。
我们赞美长江，你是无穷的源泉；
我们依恋长江，你有母亲的情怀。
啊，长江！啊，长江！

你从远古走来，巨浪荡涤着尘埃；
你向未来奔去，涛声回荡在天外。
你用纯洁的清泉，灌溉花的国土；
你用磅礴的力量，推动新的时代。
我们赞美长江，你是无穷的源泉；
我们依恋长江，你有母亲的情怀。
啊，长江！啊，长江！

这两段歌词，第一段描绘了长江六千里的流程，从雪山走来，挽起高山大海，流经十一个省市，哺育了各族儿女，展现了长江春潮般的丰采和惊涛般的气概；第二段叙说了长江的古往今来。从远古走来，灌溉着花的国土；向未来奔去，推动着新的时代。有了用有声语言表达的歌词，音乐的表现力就得到了延伸、扩展、升华，主题也得到很好的表达。

二、电视文体写作是提高电视节目制作质量的需要

电视文体写作是以文字稿的形式存在的，文字稿在提高节目制作质量上可以发挥以下作用：

(一) 便于审查节目内容

电视写作文字稿就是电视节目制作的设计蓝图。它是一种特殊的“声画一体”的写作，活动画面语言、有声字幕语言、音乐音响语言的运用，在文字稿中都有明明白白的交待。电视文体写作是一种“全方位”的写作，它必须将电视语言的各个构成因素有机地结合在一起，运用场性思维方式和多维结构形式，对电视节目作整体性的文字设计，从画面的内容、景别、技巧、长度，到音乐音响的设置，都要全面地体现在文字稿之中。

正因为电视写作文字稿的全方位和整体性特点，节目的主题、内容、结构、表现形式等等，事无巨细，均可收入眼底，给审查节目带来了便利。同时，通过文字稿审查把关，比起制作好播出带再来进行修改，从经济上、时间上、人力物力上，也简省得多。因此，提高电视节目质量，首先就要在撰写电视节目的文字稿上下功夫。

(二) 便于控制节目的节奏

节奏本是客观事物运动中有规律的变化形式，又称为“律动”。自然界的一切无不按照一定的节奏进行运动：植物开花结果，具有生长的节奏；心脏一张一收，具有生理的节奏；鼻孔一呼一吸，具有生命的节奏；等等。人类不仅需要生活的节奏，而

且将它引入审美的艺术活动之中：节奏、旋律、和声，被称为音乐的三大要素；舞律、舞情、构图，被称为舞蹈的三大要素；等等。节奏成为艺术形象的一种组织力量，电视艺术同样也需要这种组织力量。

正如李却·波里士拉斯基所说："节奏是一件艺术品中所包含的一切不同要素之有次序的、有节度的变化，——而这一切变化，一步步地激起欣赏者的注意，一贯引导他们接触艺术家最后的目的。"① 在电视艺术中，节奏的这些变化，集中体现为"运动"。节奏"就是电视节目的一种编辑章法，画面运动的和谐内在规律，以及内部组合的艺术规律。它体现为时空处理，以及长短、快慢、张弛的有机组合"②。

电视艺术的节奏形态体现为两种基本方式：一种是"外部节奏"，是观众直接耳闻目睹到的节奏形态。主要指画面上一切主体的运动，镜头转换速度所产生的节奏，声音处理的快慢所产生的节奏。如画面转换节奏，解说词快慢节奏，音乐旋律节奏等。另一种是"内部节奏"，主要指事件发展的内部联系，人物内心情绪的起伏，创作者的思想轨迹等，都是些看不到摸不着的无形体性的因素。二者有机地交融在一起，外部节奏以内部节奏为依据，内部节奏以外部节奏为表现形式。在电视写作文字稿中，这些节奏如何处理，都必须一一体现出来。什么地方该长，什么地方该短；什么地方该快；什么地方该慢；什么地方该张，什么地方该弛；等等。在写作文字稿时，应作通盘构思，控制好节奏的运行。俗话说："文似看山不喜平。"节奏忌"平"忌"乱"，是一种有规律、有组织的变化。它有如乐曲的音节，段落的间隔衔接，给人以抑扬顿挫；它又如诗歌的比兴修辞，给人以言有尽而

① 波里士拉斯基：《演技六讲》，第8页，中国电影出版社1980年版。
② 高鑫：《电视艺术学》，第94页，北京师范大学出版社1998年11月版。

意无穷的回味；它还如国画绘画中的留白，给人以柳暗花明的深幽意境。

由于电视节目“限时性”的特点，文字稿节奏的控制更有着不同一般的特殊意义。从节目制作来说，节目的总长度要分解成一段一段的更短的长度，需一段一段地进行制作。整个节目如何起、承、转、合，就需要节奏的控制，步步推向前进。从节目播出来说，每一个节目的编排，都有一定时间长度的规定，多一秒不行，少一秒也不行，这时也需要控制节奏，使每一个节目成为整个播出节目编排中有机的组成部分。

第四节　电视文体写作的总要求

电视的最大特点是声画一体，为电视节目而写的电视文体的最大特点同样也是声画一体。因此，电视文体写作的总要求，就是在为看而写的同时，也要为听而写。在电视文体中，它们是紧密融合在一起的，为了便于论述，下面把它分为两个问题来分析。

一、为看而写，处理好声画关系

说起电视，人们总是在说“看电视”，而不是说什么“读电视”或“听电视”，所以电视文体给人们提供的是与画面紧密结合在一起的视听综合感受。电视文体写作自己的特点之一，就是要为看而写。也就是说，在与画面结合的基础上，去寻求最佳效果，这才是电视化的文体写作。

拿电视文体与文学作品，如小说、散文等比较，可以看到它们二者在写法上都很自由，都不受时间和空间的限制，可以单一，也可以多条线索发展，等等。可是文学作品是单纯的语言艺术，完全依靠文字完成形象的塑造。这个形象是通过想象和联想，在人们头脑中再现出来的，这个形象不是可见的。而电视是一种呈现，它所塑造的形象是直接诉诸人们的视觉和听觉的直观形象，这个直观的形象就不再是单纯由画面或语言所能完成的。让声音走进画面，使画面形象活起来，由声音和画面共同塑造出各种形象，这才是电视写作的独特之处。

声音与画面的关系，在电视片中一般有三种组合形式：

（一）声画同步

声画同步又称“声画合一”，指画面中的影像和它所发出的声音同时呈现，同时进行，同时消失，两者如形影相随，密不可分，吻合一致。这是影视作品中最简单、最常见的声画组合关系。

声画同步是再现现实生活的一种手段，它可以加强画面的真实感和可信性，提高视觉形象的感染力。声音离不开形象，形象也离不开声音，二者相辅相成，相得益彰。形象的直观性、具体性和声音的可闻性、抽象性互为依存，互为补充，丰富和深化屏幕内容。观众也可以耳目并用，视听兼收，加深对电视节目的感受和印象。

（二）声画分立

声画分立又称“声画分离”，即画面中的声音和视觉形象不同步、不合一，而是互相离异，各自独立，互为主辅，互相映照，各臻其妙。这是与声画同步迥异的一种声画组合的关系。

声画形式上的分立，可以更有效地发挥声音的想像力、表现力和感染力，并不会减弱声音与画面两者之间的内在联系，而是在更深的层面上达到互相离异、互相衬托、互相补充，殊途同归，使画面更富有充实的内蕴。

（三）声画对位

声画对位又称“声画对立”，指编导出于一种特定的艺术目的，有意识地造成画面与声音之间在情绪、气氛、格调甚至内容等方面的对立、差异，从而产生新的含意和潜台词，通过观众的想象和联想，达到对比、象征、隐喻、比喻等艺术效果，给人以独特的审美享受。这是与声画同步相对立的一种声画组合关系。

声画对位是以对立统一的辩证法为美学基础的，也有生活的根据。这种组合关系是艺术创作中用不和谐达到和谐，于针锋相对中表现平衡，从而达到以悲衬喜喜更喜、以喜衬悲悲更悲的艺术效果的手段。

这三种声画组合关系，各有各的妙处，各有各的光彩。但是如果一部电视片只用单一的方式来结构全片，反而发挥不出它们各自的优势。只用声画同步，片子就成了“豆腐账”；只用声画分立，片子变成了“两张皮”；只用声画对位，片子又成了“糊涂账”。一般常见的做法是以其一为主，相互掺杂，利用它们各自的优势——声画同步的流畅，声画分立的差异，声画对位的强烈效果，才能“八仙过海，各显其能”。所以，关键在于如何处理好声画关系。

怎样才能处理好声画关系呢？下面从技巧上提供一些具体方法：

（一）要遵循视觉习惯

人们的视觉习惯于“顺序性”，随着目光所到之处，先后有序地观察事物。电视画面在组接时，也应该遵循同一场景的镜头相对集中的原则，才能与人们实际生活中的真实情景相吻合。时间和地点，一般按照时间顺序变更。在一般叙事性文章中，转换时间和地点，可以跳跃式处理；而在电视屏幕上这样处理，就会让人看不明白，应该按时间顺序处理。电视可以随时转移时空，但并不意味着将时空搞乱。有效的方法是将不同时间、地点发生的事情进行“分割”，即先讲早间的事，后讲晚间的事。同时伴以必要的解说、画外音等，声画相互配合，相辅相成。

电视中的解说，为了与具体的电视画面相配合，应该从具体的事物写到抽象的概念，从看得见的事实写到看不见的道理。在表达理念时，也要把理念的阐述与具体的画面有机地结合起来。

（二）画面与声音不要“竞争”

画面与声音的关系是相互配合的关系，而不是相互竞争的关系。在一个电视片中，当画面已经清楚地表现了内容时，解说就退居次位，不说或少说，说也是画龙点睛式地，点到为止。而当画面说不清楚内容的含义时，解说就要发挥作用，进行优势互补。画面与声音的主辅关系，要根据内容随时进行调整。

（三）解说不要重复画面

“声画同步”是运用最广泛的声画关系，但是“声画同步”不等于画面上出现什么，解说就讲什么。如果画面上是一头牛在吃草，解说就没有必要讲“那是一头牛在吃草”。解说与画面的配合，不是简单的重复，而是相互弥补，相互提携，共同升华。

解说不要重复画面，但也不能旁牵他涉。与画面无关的解说会分散观众的注意力，使观众忽略了画面所提供的信息。解说与画面毫不相干，离题太远，声音与画面就形成“两张皮”，这是电视写作的大忌。

解说不要重复画面，但也不能绕弯子。过多的弯弯绕，会打断观众的注意力，去琢磨解说的含义。观众注意力一旦从画面上溜走，对节目的内容就会减弱印象。电视画面一闪即逝，电视解说也一听即过，卖弄文笔是无用的，只能起到相反的作用。

（四）注重效果

大众传播模式强调信息的反馈，电视传播注重观众的反应。声画关系是否处理得好，要以观众的收视效果为衡量的尺度。因此电视写作中，必须还要从受众的角度来考虑问题，注重传播的效果。

注重效果，在处理声画关系时，就不要让观众去“猜画面”。当画面内容显示不够明确清楚时，解说就有必要具体提示或明确说明。当观众难以判断画面内容时，即使画面展现的是具体的人或事，解说也必须介绍清楚这个特定的人是谁，事情是什么。不能在人物还未出现时就已介绍完毕；也不要在另一个人出现时介绍前一个人，这时需要的是声画同步。如果处理不好，会出现观众“猜画面”的情况，就会影响收视效果。

注重效果，在处理声画关系时，还要让观众“进入画面”。电视传播是一种双向交流活动，给人以“身临其境”之感，这是电视艺术魅力之所在。要吸引观众如临其境，就要让观众感到逼真。而这种逼真感，光靠电视语言的某一个构成因素，是不可能实现的。它是综合表现，需要方方面面共同来营造。一方面画面要具体、形象、真实；另一方面声音也要格外小心，不要分散和打断观众注意力，也不要干扰观众收看节目。加上恰到好处的音乐音响，观众自然就进入了画面。

二、为听而写，处理好说听关系

电视传播的内容，既通过画面传递，也通过声音传递，同时诉诸视觉和听觉，所以电视写作在为看而写的同时，还要为听而写。声音的传播转瞬即逝，不能像文字那样可以反复重读，再三回味。这是听觉语言的特点，也是听觉语言的弱点。怎样才能扬长避短呢？总的一句话，就是增强它的适听性，处理好说听关系。

叶圣陶先生说得好：“不论什么稿子，一定要通得过两道关：一道关是说，一道关是听。”[①] 这就是说，增强听觉语言的适听性，要从两方面入手：一是“说”，要说得“上口”；一是“听”，要听得“入耳”。这传者“上口”和听者“入耳”，就是电视听觉语言适听性的基本特点。

要让说的人说得琅琅上口，听的人听得铿锵入耳，可以从以

① 叶圣陶：《文稿的挑选和加工》，文载《广播业务》1963 年第 6 期。

下四个方面入手：

（一）语言口语化

口语化的语言是最适合人们听觉习惯的语言，因此，适听性的语言首先必须口语化。

所谓口语化，是与书面语言相对而言的，并不等于不加选择地使用日常口语，而是指经过加工的口头语。在汉语词汇里，有书面语词汇，也有口语词汇。电视写作要符合人们的听觉习惯，就要尽量多用口头语。例如“母亲”这个词一般用在书面语中，电视中就可以改称“妈”，北方人习惯称“娘”，小孩儿习惯称“妈妈”。南方人受国外影响较多，但是也只有孩子才称“妈咪”。如果大人称“妈咪”，就会贻笑大方了。所以尽管都是口语化，也要讲究分寸，不能耍贫嘴，也不是侃大山。

语言本身不具备形象性，但它有描写形象的能力。有的人为了增加口语的形象性，用许多华丽的词藻，把解说词写得花里胡哨，结果反而违背了人们的听觉习惯，让人听得不顺耳。观众看电视时，是眼耳并用，往往听得不那么全神贯注，卖弄文字游戏，观众就觉得费解。所以要让观众听起来顺耳，就要具有朴实自然的风格。很一般的口语，同样能创造出很不一般的形象。例如《祖国的旗》的片断：

画　面	解　说　词
新华门门前五星红旗 联合国大厦前的旗林 五星红旗迎风飘扬	有了你，我们的国家啊，国才像国，家才像家。 有了你，黑头发、黑眼睛、黄皮肤的中国人才能直起腰杆，面对着世界大声讲话。

解说都是些普普通通的话语，并没有什么华丽的词藻，听起来是那么易于接受，国旗的伟大形象也在人们的心底油然升起。

（二）语言生活化

电视写作的语言要让观众容易听，愿意听，首先就要让观众一听就懂。这就要避免使用深奥难懂的词汇和字眼，语言要贴近生活，生活化。所谓生活化，就是在观众能够接受的范围内，寻求尽可能的接近性。例如电视专访《交通民警的自述》中的片断：

画　面	解　说　词
交通警的岗楼，大街中心的岗台，民警正在紧张地工作着；大小汽车有秩序地通过。	可站了两年，敢情不是那么回事儿。在这儿，夏天是熥包子，咱是有温度没风度；冬天，透心儿凉的小风跟小刀似的连刺带刮，咱是有风度没温度。

这段解说中运用了一些北京人常用的口语词汇，老百姓幽默的语句，十分贴近北京老百姓的生活，听起来亲切生动，平易好懂，又很有风趣，把交通民警酸甜苦辣的生活写得风趣动人。

生活化的语言不等于油嘴滑舌。内容俗气的语言，不恰当的大白话，不合适的比喻，令人不快的用语，刺激性很强的词语，都会降低节目的格调和品味。用大众易于理解的语言，来表达深刻的思想观点、复杂的事物、重要的问题，是不容易做到的，需要具备相当的语言功底和驾驭语言的功力。

（三）语言少而精

由于电视文体的非独立性和电视节目的限时性，电视解说不需要长篇大论的滔滔不绝，也不需要风花雪月的尽情描写。它需要的是少而精，用尽量少的语言传递尽量多的信息。因此，语言要凝炼、准确，富有概括力，做到“一字千金”、“一叶知秋”。在中国近代史中，鸦片战争发生的背景极其复杂，历史事件的头绪也很多，而电视系列片《让历史告诉未来》中，用一句话就准确生动地概括了出来：

画 面	解 说 词
大片的罂粟花	罂粟，两年生草木，结果实，果中乳汁经人工提炼成鸦片。谁能想到，一种自然植物日后会被用来打倒一个民族。

电视解说要少而精，还因为要给其他的视听要素留下应有的时间和空间。电视是视听一体的，仅仅靠画面，或仅仅靠解说，都无法全部弄清电视的内容。只有优势互补，形成一种综合效应，才能解决问题。因此，解说词不能写得太满。

电视解说要少而精，语句就要简短明晰，一字是一字，一句是一句，分量要实在。同时常用较多的指示性代词，包括这个、这儿、这里、这些、这样、这种、这边儿、这片、这类、这些人；那儿、那个、那里、那些、那样、那种、那边儿、那片、那些人，等等。使用指示性代词，能够避免或减少对画面的重复。画面已经展示清楚的东西，语言就无须再描写：指示性代词能直接替代名词，省却一遍遍复述名词之累。指示性代词能够简约地表达情感历程和思想情怀。指示性代词还可以把观众引向屏幕，注意收看电视节目。指示性代词的好处之多，使写作者离不开它。

(四) 选好叙述的视角

当文字转换成声音进入画面时，它的作用不可低估。它不但解释、说明、补充画面，而且开掘了画面表现内容的广度和深度，引发观众的想象和联想。画面表象具有双重性，既开拓思维，又限制想象和联想。解说正好可以克服画面的缺陷，使人们的想象和联想自由地驰骋。例如电视系列片《话说运河》序集《一撇一捺》，作者长时间观察运河在中国版图上的位置，充分展开想象的翅膀，写出了脍炙人口的解说词：

画 面	解 说 词
中国地图	我们从地图上粗略地看，长城跟运河所组成的图形是非常有意思的，它正好是我们中国汉字里一个最最重要的字眼“人”，人类的人，中国人的人。 ……
运河远眺	你看，这长城是阳刚、雄健的一撇，这运河不正是阴柔、深沉的一捺吗？长城和运河是中国人为人类所创造的两大人工奇迹。巍峨的长城，是我们祖先用自己的骨和肉铸造的。

要充分发挥解说的想象和联想，并启发观众去想象和联想，就要选择好视角。所谓视角，是指创作者观察和反映社会生活的角度，也就是站在什么位置，选取什么方向，去观察和反映社会生活。同一个题材可以从不同的视角加以观察和体现，引发不同的想象和联想。选择最佳视角，可以引导人们更好地观察社会生活，更好地展开想象和联想，发挥听觉语言的作用。

电视写作中常见的视角有以下三种：

1．全向视角

全向视角就是客观的立足点，犹如叙述的“第三人称”。这是最常见到的一种视角。全向视角要求站在旁观者的立场，依据事物的本来面貌再现社会生活。它不是创作者主观感受的直接显露和抒发，而是具有较强的客观真实性和表现手法的自由性。

全向视角的优点在于创作者不是当事人，而是局外人，可以不直接露面，把社会生活客观真实地展现出来。既不受时间和空间的限制，也不受生理和心理限制，便于表现更复杂的矛盾斗争、更丰富的生活内容。全向视角的弱点在于它不像单向视角那样便于直接表达创作者自己的思想感情，亲切感与接近感较差。

2．单向视角

单向视角就是主观的立足点，犹如叙述的“第一人称”。这也是经常运用的一种视角。单向视角要求以创作者或电视节目中人物的眼睛，直接观察生活和抒发感情。它采取自述体的风格或主观式的叙述方式，具有鲜明的主体性和主观性。

单向视角所展现的是创作者或电视节目中人物亲眼所见、亲耳所闻、亲身经历的人和事，以及创作者或电视节目中人物本人的思想感情。所以运用单向视角，对观众来说，给人以一种真实而亲切的感觉，可信程度高，容易受到感染，从而引起感情上的共鸣。引导观众想象和联想，也易于接受。运用单向视角，从创作者来说，也便于直接表达创作者的思想感情，旗帜鲜明地提出自己的看法，直截了当地引导观众去想象和联想。但是单向视角也有一定的弱点。由于视角范围的局限，只能表现单向视角范围以内的人和事，单向视角范围以外的人和事就无法直接展现。即使是单向视角范围以内的人和事，也只能直接反映人和事的外形、语言、动作、来龙去脉等，更深层次的心理活动、因果关系等就无法直接展现。

3．多向视角

多向视角是主客观交叉的立足点，犹如叙述中第一人称与第三人称的交叉使用。通常用在表现复杂的人和事上。多向视角是非常特殊的，有时在客观视角中插入主观表现，有时在主观视角中插入客观叙述，从而使它兼有客观叙述性和主观抒情议论的双重个性。

多向视角是站在创作者和电视节目中诸多人物的不同立足点上，共同阐明同一对象的本质特征，来全方位地反映社会生活。由于叙述者都是从各自的角度来观察、认识、判断的，因此形成了对同一对象多侧面的剖析，有利于对人和事的完整刻画、全面了解。

总之，电视反映社会生活的视角，多是以小见大、以一当十的。在平淡无奇的声画艺术中，展现人生的崇高和壮美，揭示生活的酸甜苦辣，引导观众展开想象，在联想中尽情翱翔。选择一个好的视角，可以化平淡为神奇，在淡化冲突甚至无冲突中，凭着听觉语言的魅力，来吸引观众的注意力，启发观众的想像力。

复习与思考

一、电视传播的最主要特点是什么？电视文体的最主要特点是什么？

二、什么叫场性思维方式？什么叫多维结构意识？

三、什么是电视语言？电视语言有哪些构成的因素？

四、活动画面有哪些局限性？音乐音响语言有哪些局限性？

五、电视文体写作为什么有存在的必要？

六、电视文体写作有哪些总体的要求？

七、常见的声画关系有哪些？如何才能处理好声画关系？

八、电视语言的适听性表现在哪些方面？如何才能处理好说听关系？

九、自选一部电视纪录片，反复进行观摩。注意它画面与解说的配合，哪些地方处理得好，哪些地方处理得不好。将处理得不好的地方记录下来，并把它修改好。

十、到电视台或电视节目制作单位，参观电视前后期制作设备，认识它们的功能，了解它们的操作方法。

第二章

电视节目的主题和材料

自学提要

• 本章自学 8 学时，面授 4 学时。

• 主题是电视节目内容的思想、感情走向，是作者在说明问题、发表主张或反映生活现象时，通过节目内容所表达出来的基本意见或中心思想。从作用讲，主题是节目的统帅和灵魂；从写作讲，明确主题是首要的环节。

• 选择和提炼主题要分两步走：立意和炼意。选择和提炼主题要做到正确、集中、鲜明、深刻、新颖。

• 材料是作者为了某种目的，从生活中搜集和摄取的，以及收入电视节目中的一系列事实现象或理论根据。材料与主题的关系，是血肉与灵魂的关系。材料是形成观点、提炼主题的基础；主题一旦形成，又成为统帅材料的依据。

• 整个材料搜集运用的工作要分四步走：聚材要多，鉴别要精，选择要严，使用要活。选择和提炼材料要做到根据表现主题的需要选材，材料要真实可靠，要典型，要新颖，富有魅力，要考虑电视的特点。

• 电视节目的取材，有着自己的特点：固定的画幅边比，可视的形象表现，一次性的造型记录，运动的叙述形式，迅速捕捉的功夫。

第一节　电视节目的主题

一、主题及其相关概念

主题是电视节目内容的思想和感情走向。它是作者在说明问题、发表主张或反映生活现象时，通过全部电视节目内容所表达出来的基本意见或中心思想。

有人说："主题，主题，主要的问题。"这种说法把主题和问题两个概念等同起来，其实主题不等于问题。问题是电视节目中提出来还没有解答的事物的矛盾；而主题是对问题的回答。例如电视纪录片《劳改队纪实》，记录了上海市第二劳动改造管教总队对罪犯"分类改造、分级管理"的成绩。在片子的开头部分，摄像机推进到门楣之上，上面写着"你是什么人？这是什么地方？你到这里来干什么？"这三个问号，也正是这部片子提出来待解答的问题。而片中的字幕引用一位警官的话："在这里，表现得再好也是犯人，表现得再差，他也是人。"回答了上述三个问题，这就是片子的主题。

主题一般应包括电视节目的基本思想、制作者对提出问题的看法、电视节目中所描述的对象等。但是主题不等于内容，内容指电视节目的反映对象、范围，以及纳入电视节目的材料，而主题则是通过内容所表述的意见、主张、态度，是从内容挖掘出来的思想意义。例如电视纪录片《西藏的诱惑》中，西藏的自然风光、历史文化、宗教艺术等，都是表现的材料。四代宗教僧侣虔诚跋涉在宗教朝圣之途，四位艺术家虔诚跋涉在艺术的朝圣之途，都是片子表现的对象，这些都是片子的内容。而通过这些内容，提炼出“人人心中有真神，不是真神不显圣，只怕是半心半意的人”，这才是片子所要表现的主题，表现的是人生的追求境界。

主题不包括对电视节目的评价。对节目的评价，是节目的客观意义，即节目在社会上产生的反响，这种反响可以因人、因时而异。而节目的主题一经形成，就不再变化，主题不能把可变的因素包括进去。

在电视节目中，主题作为节目的灵魂和统帅，并无实体，它是通过两个方面来体现的。一方面通过一系列电视画面的形象来实现。例如电视纪录片《半个世纪的爱》中的那对农民老夫妇，从家门出来，走过一个小木桥，到自留地拔萝卜，再走回来，保持着一前一后的距离。过小木桥时，老头回过头搀扶了老太婆一把。这段画面从始至终没有一句对话，也没有一句解说，只凭一个动作，就充分表现了这对农民老夫妇相濡以沫的情感。他们在家乡的土地和农家小院相伴了半个世纪，他们在爱和土地中辛勤耕种了几十年，这菜园和家园之间短短的百米之路，就是他们洒满深情的漫漫长路。主题除了用画面形式体现外，还用解说词、串联词等语言形式来体现，也是一种重要的方式。对电视言论类节目来说，甚至是必不可少的方式。例如《焦点访谈》1999 年 4 月 1 日播出的评论节目《以电谋私，“老虎”入笼》，结尾时主持人点评：

> 因此，我们可以看到，行贿、受贿之所以发生，是一种“权钱交易”的结果，而没有制约和监督的权力，最容易滋生腐败。这也正是张望崧、李勇等几十名供电干部从 90 年代初开始收受贿赂，而到 90 年代末的今天

才得到制止的主要原因。

这段点评，没有局限于就事论事，而是就事阐理，就几十名供电干部收受贿赂之事，阐述没有制约和监督最容易滋生腐败之理。通过点评提炼论点，归结全篇，形成一个有力的“豹尾”。

二、主题的地位

主题是整个电视节目的统帅，主题应像一条红线贯穿始终。评价一个电视节目或电视片的好坏，首先要看主题是否正确，是否有现实意义，是否鲜明深刻。对于主题的这种作用，前人早有独到的见解。元代程端礼说：“作文，以主意为将军，转换开阖，如行军之必由将军号令。句则其裨将，字则其兵卒，事料则其器械，当使兵随将转。”① 他把主题比作统帅，把语言比作裨将和兵卒，把材料比作兵器。一个军队没有统帅就成了乌合之众；有了统帅，根据统帅的指挥行动，才能打胜仗。写文章，做电视节目，道理也一样。布局谋篇、画面编辑、表达方法、遣词造句等等，都要通过主题来统帅，才能满盘珍珠一线牵，满架葡萄一根藤。如纲在握，纲举目张；如裘挈领，百毛皆顺。

从主题的作用来看，它也是整个电视节目的灵魂。“灵魂”是以人身做比喻，如果说材料是电视节目的血肉，结构是电视节目的骨骼的话，那么，主题便是电视节目的灵魂。一个人有血有肉有骨骼，四肢发达，体格健壮，自然很好；但是，如果没有思想，没有灵魂，那岂不是成了一堆“行尸走肉”？所以古人说“意者，一身之主也”。主题如灵魂，是整个生命的主宰，这是十分精辟的见地。材料、结构等等，虽然都很重要，各司其职，不可或缺，但都不能作为衡量一个电视节目高下优劣的主要尺度。这些东西都是为表现主题服务的，都受到主题的制约。正如《论

① 元　程端礼：《程氏家塾读书分年日程》卷二《学作文》。

语·为政》中所说："譬如北辰，居其所而众星共之。"主题好比北极星，它处在自己的位置上，所有的星星都拱卫着它，以它为中心，围着它转。电视节目离开主题，就会黯然失神；有了主题，才能神采流动。

从制作电视节目的过程来看，明确主题是首要的环节。整个选择和提炼主题的工作要分两步走：

第一步是"立意"，即确立主题。尽管每一个电视节目的主题各有不同，但它形成的过程和途径是大体相同的。现实生活是获得主题的惟一源泉，只有深入生活，从现实中获取大量素材，才能从中悟出深刻的道理，提炼出主题来。对于这一点，毛泽东同志在《人的正确思想是从哪里来的?》一文中曾有过精辟的论述："人的正确思想是从哪里来的？是从天上掉下来的吗？不是。是自己头脑里固有的吗？不是。人的正确思想，只能从社会实践中来，只能从社会的生产斗争、阶级斗争和科学实验这三项实践中来。"因此在"立意"时，要"走进去"，深入实践，体验生活，掌握材料，从中找到需要的主题。这时，材料是第一性的。但是"立意"只是寻找主题的第一步。

苏东坡一首咏庐山的诗说得好："横看成岭侧成峰，远近高低各不同。不识庐山真面目，只缘身在此山中。"站在庐山之中看不清庐山的真面目，站在生活中也似雾里看花。因此还得走第二步，这就是"炼意"，即表现主题。要从深入生活所取得的材料中"跳出来"，经过一番"去粗取精，去伪存真，由此及彼，由表及里"的加工制作，才能表现好主题。这时，主题成为第一性的，是电视节目的统帅和灵魂。

这种深入进去、再跳出来的过程，就是主题的选择和提炼的过程。只有经过这两步走，才能进入具体的节目制作。从这个意义上讲，明确主题是制作电视节目的首要环节。

三、选择和提炼主题的要求

选择和提炼主题的过程，是反复深入、不断认识、逐步提高、渐趋深化的过程。只有“选择政治上重要的、为大众所注意的、涉及最迫切问题的主题”，才是广大受众所需要的、有价值的主题。如何选择和提炼出这种主题，有以下五方面的要求：

（一）正确

正确是指主题的思想观点要符合事物的发展规律，能准确无误地揭示出事物内部的涵义，能够经受得住实践的检验。正确虽然是对主题最基本的要求，但要做到这一点很不容易。因为主题是编导者主观思想意识的渗透，其中既有如何看待事物的方法问题，更有编导者的世界观问题。正如鲁迅先生所说：“我以为根本问题是在作者可是一个‘革命人’，倘若是，则无论写的是什么事件，用的是什么材料，即都是‘革命文学’。”① 选择和提炼主题的关键是编导者的世界观。

主题显示了编导者的立场、思想、观点。相同或相类似的材料，在不同编导者的手中，会编导出主题截然不同的电视节目或电视片。主题的差异，是因为创作者主体的参与不同，创作者个性、气质、思想、观点、审美情趣等的不同。正如鲁迅先生所说：“‘喜怒哀乐，人之情也’，然而穷人决无开交易所折本的懊恼；煤油大王哪会知道北京捡煤渣老婆子身受的酸辛；饥区的灾民，大约总不去种兰花，像阔人的老太爷一样。贾府上的焦大，也不爱林妹妹的。”②

正确地表现主题，来源于对客观事物的正确认识；而正确的认识，来源于自身的实践。苏东坡曾写过一篇《日喻》，讲的是

① 鲁迅：《而已集·革命文学》。
② 鲁迅：《而已集·“硬译”与“文学的阶级性”》。

一个先天失明的人，不知道太阳是什么样子。别人告诉他太阳的样子像个铜盘，他敲敲铜盘，后来听到钟声，以为这就是太阳。别人告诉他太阳的光就像蜡烛的光一样，他摸摸蜡烛，后来摸到一根短笛，以为这就是太阳。结果太阳到底是个什么样子，他一次也没弄对。作者在这里讽刺了那些以偏概全的人。如果我们对客观事物的认识片面，甚至错误，也会像《日喻》中的主人公一样，作出不正确的判断。用这种判断来反映客观事物，就不能正确地表现主题。

（二）集中

主题集中包含两层意思：一是贯彻始终，主题要像一根红线，贯串全文；二是真正抓住要害，集中优势兵力，一举击破。

主题集中，首先要观点集中，也就是集中笔墨，突出中心，把它讲深讲透。一文一意，不枝不蔓，重点突出。不能搞多中心，多中心就没了中心。立意分散，观众就看不清致力点何在，究竟想说的是什么，直接影响电视节目的质量，也直接影响收视率。

主题集中，还要既放得开，又收得拢。一个主题往往需要从不同的侧面来加以说明，放得开，才能使节目具有广度和深度，充分地展开主题。但是放开后还得收拢，因为展开是为了更好更深刻地表现主题，各个侧面不是互不相干、各自为政的，而是有机地联系在一起，从不同角度表现同一个主题，各个侧面都应该集中到一个“点”上。例如大型电视文献纪录片《邓小平》，按时间的顺序，编辑成 12 集。每一集展现了邓小平同志在某一段历史时期的历史功绩、伟人风采，充分地表现了他光辉的一生。但是每一集，都集中到共同的一点上，就是他自己所说的：“我是中国人民的儿子，我深情地爱着我的祖国和人民。”

注意详略，严格剪裁，是主题集中不可缺少的方法。凡是突出主题的材料，要详细，要有细节，有典型；写与主题有关而不是中心的材料，就要简略，一带而过；与主题无关的素材，就要舍得割爱，毫不犹豫地舍弃。获奖电视纪录片《呼唤》记录了上海癌症患者俱乐部的癌症病人通过集体心理治疗，解除病人精神上的忧虑和痛苦，与死亡抗争，呼唤生命回归的事迹。上海市每年大约有一万五千多人患癌症。上海癌症患者俱乐部的成员也有几千人，而这部纪录片只重点记录了姜念椿、杜琼、刘立群三个典型人物加入上海癌症患者俱乐部以后的命运、抗争和遭遇。对于有关的一些人和事，如这个俱乐部的创办人、治疗癌症的医生，其他癌症患者等，则采取有必要时露一头、没必要时则略去的办法，以保证主题的集中。

（三）鲜明

主题正确了，主题集中了，但是还不一定鲜明。要使主题鲜明，还要做到“纲举目张”。“纲”就是总的观点，在纲下面又有若干个侧面，是发挥总观点的“目”。抓住“纲”，带领“目”，才能使主题鲜明。常用的使主题鲜明的方法，有衬托、比较等。

俗话说：“一个篱笆三个桩，一个好汉三个帮。”又说：“红花虽好，还要绿叶来扶持。”从修辞学的角度来说，这就是衬托。一个好汉，是众人帮出来的；一朵红花，只有在绿叶的陪衬下才开得格外娇艳美丽。这也就是说，只有在其他东西的陪衬之下，主要的东西才鲜明起来。使主题鲜明的道理也一样。例如获奖电视系列片《中国母亲》第九集《初为人母》中，用生双胞胎的小马生产之艰难，衬托出“我”生产之顺利；用没有亲人在身边的小刘之可怜，衬托出“我”拥有全家关爱之幸福。“我”初为人母的幸运、幸福，也就不言而喻了。

俗话还说：“不怕不识货，就怕货比货。”有比较，才有鉴别。正确的意见，要和错误的意见相比较，才能显示出它的正确。说某个人好，就是和某个人坏相比较得出的结论。孤立地提出一个观点，别人就不容易理解。从比较中去认识事物，事物的真实面貌就鲜明起来。获奖电视纪录片《沙与海》正是对比了沙漠中牧民的生活和海边渔民的生活，才鲜明地告诉人们：无论是沙里还是海里，要想活下来、活得好，就必须和生存环境做顽强的抗争。

(四) 深刻

鲁迅先生主张“选材要严，开掘要深”。深，就是指主题要深刻。深刻就是不能停留在表面，作肤浅的现象罗列；而是要作深度的开掘，寻找出事物的本质和规律。主题是否深刻，主要取决于对事物的认识程度，一般表现在哲理的渗透。

一个电视片主题表现得是否深刻，要从两方面来看，一是电视片中提出一个什么样的问题，一是编导者对这个问题怎样进行分析。怎样分析才能深刻？比如戏台上打仗，一交手就把对方打倒，战斗就结束，观众就觉得不满足，不可信。多打几个回合，然后才结束战斗，观众才会满意。因为不经过几个回合的较量，观众不完全信服你的力量确实比对方强，你赢他输并非偶然。所以要深刻，就要经过几次反复。这种反复决不是重复，而是从不同的角度分析，像剥笋一样，一层一层地，越剥越深，剥到最后，主题就完全裸露出来了。所以反复常常是和层层递进的方法连在一起的。例如大型电视纪录片《广东行》把聚焦点对准当代中国生活最火热的广东，提出了一系列的问题，如：“孔雀东南飞，为啥不西南飞呢？”“赛格人从借船出海，到买船出海，再到造船出海。”农民“吃山不靠山”、“农业生产不用土”、“不受自然条件限制”等等，对中国改革开放的最前沿，对新时期的新观念，作了一层又一层的深刻挖掘。

把具象的东西抽象化，把实在的东西哲理化，也是使主题深刻常用的方法。获奖电视评论《成果转化：墙里开花墙外香》是一个问题性的评论。节目一开始，讲述了一个涡旋压缩机检测结果性能与美国、日本水平相当，在全国领先，成果却落户河南郑州南方集团的故事，引出了中心话题——墙里开花墙外香。许多人认为这种现象是因为甘肃穷，缺少钱。面对“缺钱论”，兰州大学石辉文高级工程师的一席话感人心肺：“缺少资金是存在的，但更重要的是缺少精神，什么精神呢？搞产业的精神，也就是如何把我们经济搞上去的精神，奋斗的精神。”这段话鞭辟入里，入木三分，点到了实质，从理论的高度深化了主题。

(五) 新颖

焦裕禄同志有一句名言：“吃别人嚼过的馍没有味道。”制作电视节目也是这个道理。别人做了又做的片子，你再来做，又做得不比别人高明，观众就不感兴趣。所以主题的新颖对一部作品的成功与否，是相当重要的。

主题新颖，就要见人所未见，发人所未发，以完全崭新的面貌出现。像获奖电视纪录片《十字街头》讲述老年人为社会发挥余热的“夕阳精神”；《毛毛告状》记录打工妹与上海青年的婚姻问题；《远在北京的家》追寻安徽农村姑娘在改革开放浪潮冲击下进城当保姆的故事，都选择了前人未曾做过的题材，提炼出新颖的主题，获得了成功。

在很多时候，别人已经做过的内容，还要再制作，有时甚至是必须再制作，这时要主题新颖，最好的办法是一个奇特的视角，也就是换一种角度看世界。历来拍摄西藏的电视片非常多，大多是从猎奇出发，寻求神秘情趣，记录西藏的人物、风光，视点一致，没有新意。而《西藏的诱惑》则从四代朝圣僧侣、四位寻求感悟的艺术家身上，提炼出“西藏是一种境界”的主题，新颖别致，超出了一般作品的视角。

第二节　电视节目的材料

一、材料及其相关概念

材料指作者为着某种节目制作目的，从生活中搜集到、摄取到的，以及收入电视节目中的一系列事实现象和理论依据，是电视节目制作的基础。

从内容看，材料既包括从生活中搜集、摄取，并收入电视节目的一系列事实现象和理论依据；同时也包括已被搜集到，却未收入电视节目的事实现象和理论依据。

从性质看，材料既包括事实现象，也包括理论依据。所谓事实现象，就是生活中出现的各种情况及其音像记录。所谓理论根据，是指社会科学和自然科学的理论、定理、规律等。

材料这个概念的外延是非常宽泛的，无论是现实生活中的具体事实，还是历史事实；无论是感性材料，还是理性材料；无论是第一手材料，还是间接材料，全都包容在材料的范围之内。材料是创作的基础，是电视节目内容的最主要的成分，是主题的载体。只有具备了丰富的材料，制作节目才能得心应手，主题才会得到充分的表现。著名散文作家秦牧曾说："一个作家应该有三个仓库：一个直接材料的仓库装从生活中得来的材料；一个间接材料的仓库装从书籍和资料中得来的材料；另一个就是日常收集的人民语言的仓库。"① 这是作家的经验之谈，也是电视节目制作者的必经之路。

在文学创作中，通常又把材料分成素材和题材两部分。

---

①　徐迟：《一个报告文学作者谈报告文学》，载《长江文艺》1978年6月号。

素材是指作者在创作之前，从客观现实生活中逐渐搜集或感受得来的还没有经过选择、集中、提炼、加工的生活原始材料，是全部材料工作的第一步，是纯客观性的东西。不经过提炼加工，是不能纳入作品之中的。

题材的概念则有广义、狭义之分。广义的题材指作品表现的范围，如政治题材、妇女题材、地方题材等。狭义的题材指叙事性文学作品中叙述、描绘的完整的生活现象或事件。由作者对素材进行选择、提炼、加工而成。题材一般由人物、环境、情节三方面构成，三方面的有机结合来体现主题思想，是构成作品内容的要素之一。由于题材是经过选择、提炼、加工才收入作品的，因此必然带有作者的主观色彩。

材料和主题都是构成作品内容的因素，这是它们的相同之点。但是材料与主题又是两个不同的概念，材料与主题的关系，是血肉与灵魂的关系。材料是形成观点、提炼主题的基础；而主题一经形成，又成为统帅材料的依据。所以主题要统帅材料，材料要为主题服务；主题要靠材料来表现，而材料离开主题就成为一盘散沙。

二、材料的选择和运用

材料来源于生活。现实生活是无比广阔、无比丰富的，但不是随便什么生活现象都可以纳入电视节目之中，编导者必须进行严格选择，才能运用它来体现主题。

整个材料的选择和运用的工作，要分四步走：一是聚材，要突出一个“多”字。这是一个发现的过程，是信息的输入。聚材要多多益善，做到时不分古今，地不分中外，质不分正反，类不分点面。要“以十当一”，以量取胜。二是鉴别，要突出一个“精”字。这是一个判断的过程，是爬梳整理的工作。要做一番“由此及彼，由表及里，去粗取精，去伪存真”的加工和提炼。

三是选择，要突出一个“严”字。这是一个厚积薄发的过程。要“以一当十”，以质取胜，把握好质与量的关系。四是使用，要突出一个“活”字。关键在于如何把材料处理恰当，用好用活。

在制作电视节目的过程中，选材的基本原则有以下五点：

(一) 要围绕主题的需要选材

材料是为主题服务的，材料既是提炼主题的基础，又是表现主题的支柱，因此必须根据主题的需要来选材。

材料为主题服务有三种情况：不同的材料表现不同的主题，不同的材料表现相同的主题，相同的材料表现不同的主题。这三种情况都说明材料对主题有一定的制约性。在选材时，一定要注意服从主题的需要，材料要能说明主题，主题要能统帅材料。必须善于剪裁，凡是适合表现主题的材料就用，不适合表现主题的材料再好也要忍痛割爱，这样主题才能鲜明突出。电视纪录片《歌魂》的创作者们在左权县采访过程中，听到许多优美动听的民歌，当地人人都会唱民歌，但是他们只选择了两位老人，即片中的李改籽和乔乃荣，作为主要人物。因为他们为这两位老人的坎坷身世所感动，这两位老人不仅仅是唱一唱歌，而是在唱自己的遭遇和命运，这正是表现主题所需要的。

(二) 选材要真实可靠

材料是表达主题、论说事理的依据，只有真实可靠，才具有说服力和可信性。真实可靠包含两层意思：一是指选用的材料是现实生活中实际存在的。就电视节目来说，新闻性电视节目如此，文艺性电视节目也是如此。文艺性电视节目允许虚构，但这些情节的来源，也应该是现实生活中曾经存在过的。另一是指选用的材料是可以信赖的。要合于情理，在情理之内；而不是不合情理，在情理之外。无数事实证明，虚假的材料必然导致错误的结论。即使是细节，也会损害电视节目的质量。

在材料的真实可靠这一点上，要注意划清三个界限：

1. 划清符合客观事实和自然主义的界限

符合客观事实是指在原始生活素材的基础上，加以选择和提炼，把那些最典型的、最能表现主题的材料精选出来，纳入电视节目之中。而自然主义则把电视片当作生活的原版，镜面反射式的记录，搞纯客观的反映。

我国电视理论研究中，在阐释电视纪录片纪实风格的时候，“原汤原汁”、“生活原生态”曾经是相当流行的词语。生活是什么样就记录成什么样，宁要“平淡无奇”而排斥“高潮迭起”，宁要“不尽人意”而不求“皆大欢喜”。这种“原汤原汁”和“生活原生态”极易走入不加选择的自然主义的误区，似乎只要如实地拍下生活原貌，生活的丰富含义就可以自然呈现出来。于是屏幕上开始出现了一些很真实又非常乏味的“原生态”纪录片。就局部效果而言，“原汤原汁”和“生活原生态”有一定积极意义，它提醒创作者在撷取生活素材的时候，注意保留一段完整的生活流程，给纪录片注入鲜活的生活气息。但它不可以镜面反射式的记录，因为记录的真实不等于生活的真实，客观物质复原不等于客观物质现实，制作者的中介作用永远存在，纪录片只可能是第二性的。它只是经过一段选择的生活流程的完整形态，或者说只是特定时段里的时空真实。电视纪录片不是电视教育节目录像，选择省略是艺术的基本规律。不论这部纪录片是否暴露了剪辑点，是否有记者和主持人的参与，它究竟是选择的结果。

2. 划清结构上的合理安排与牵强附会的界限

合理安排是根据主题的需要来安排材料，而牵强附会则是把不近情理的事，或与主题无关的材料安排到电视节目中去。

对电视节目的创作主体来说，结构是再现世界的重要方式。人类掌握世界有四种方式，即科学理性掌握，实践掌握，宗教掌握，艺术掌握。艺术掌握的手段是形式，结构则是形式最重要的因素。艺术家把握住事物的结构，制造了形式，实际上也就掌握了事物。结构是世界存在和运动的方式，同时也是世界的观照。因此要服从主题表现的需要，才是合乎情理的。电视纪录片《西藏的诱惑》的主题是表现人生的追求境界。出于表现这个主题的需要，创作者设计了六个段落：序幕——摄影家——画家——女作家——日本画家——尾声。在序幕和尾声中设计了跋涉在朝圣之途的四位宗教信徒朝圣的情景，在主体安排了四位艺术家跋涉在艺术朝圣之路的情状。正是这种独特的结构安排，艺术地表现了主题；更是这个独特的主题本身，奠定了这一结构的基础。

3．划清语言的提炼和添枝加叶的界限

在积累材料的过程中，会搜集到很多生动活泼的群众语言、现场同期声。这些群众语言反映了深刻的思想内容，但其中也有一些语言，有的过于啰嗦，有的意思表达不够确切，有的离题太远。如果要运用到电视片中去，就要做进一步的提炼加工。电视片中的语言，应该是经过提炼加工的口语。获奖纪录片《呼唤》，跟踪拍摄了三个月，镜头对准刘立群，拍下了他无数的言行。但是编辑到片子中的，只有他在弥留之际与采访者的那段精彩的对白。

语言的提炼加工也不是随意的，那种信口开河，无中生有；移花接木，弄虚作假；合理想象，任意拔高；粗枝大叶，不负责任的做法，是不允许存在的。而另一个极端，则是“人头（同期声）接人头（同期声）”。当人们意识到同期声具有来自生活的真实的魅力时，那种以语言叙述为主、板起面孔说教的电视片失去了市场，“访谈式”成为纪实的主要方法。当遇到突然性事件，拍片时间又短时，把电视节目做成这种形式是最迅捷的方法。可是一旦视同期声为表达的最佳手段，忽略画面等的信息传递，那么是在“听”电视，还是在“看”电视呢？电视本身的传播优势又在哪里呢？

（三）选材要典型

典型材料指能够深刻反映事物本质，具有广泛的代表性和说服力的材料。这种典型材料在电视片中能起到“以一当十”的作用。能否表现主题，不在材料的多少，而在材料是否典型。材料越典型，越能深刻地反映主题。获奖电视纪录片《最后的山神》中，两位鄂伦春族老人反复仔细观察两只小鸭子，最后把它们放到水里游走了的细节，仅仅一个长镜头，就充分展示了鄂伦春民族朴实、真诚、善良的本质，起到了“窥一斑而见全豹”的作用。

通过“个性”反映“共性”，通过“典型”反映“一般”，这是一切文学艺术反映生活的规律，也是电视节目反映生活的规律。典型材料能以个别的特殊材料说明共同的普遍真理，它既具有明显的个性特征，又具有同类材料中最完备的共性特征。事实的本质，总是通过这种典型材料表现出来的。因此，要抓住典型材料，就要抓住个别突出的事例，以少胜多，以质取胜。例如获奖评论《如此“扶贫路”》，仅仅解剖了昆禄公路这一个典型事例，就揭示了当前修建公路中存在的种种问题，为我们敲响了警钟，为政府提供了解决问题的线索。

(四) 选材要新鲜

材料新鲜，可以增强电视节目的魅力，避免一般化，便于生发新意，引人入胜，使观众耳目一新。

新鲜的材料，首先是那些具有时代感，足以反映现实精神的材料。这种材料反映了我们这个时代的新问题、新经验、新生活、新精神面貌。只有选取这些新鲜的材料，才能表现日新月异、奔腾向前的时代精神。

选材新鲜固然要求创作者善于发现新事物，捕捉到别人没有或很少表现的事物；但是对那些别人已经运用过的旧材料，换一个新角度，来个“旧材新用”，也可以赋予旧材料以新意。例如获奖电视新闻《王新建村民洒泪送“财神”》。家家户户都是“迎”财神，王新建村民却“送”财神，一“迎”一“送”，换一个角度切入，就使旧材料有了新创意。

值得注意的一个现象，是从 2000 年年中起，欧美各大电视台掀起的“真实电视”（Reality TV）流行风潮。“真实电视”泛指由制作者制订规则，由普通人参与并全程录制播出的电视竞赛游戏节目。代表性的电视节目有传播最广泛的《老大哥》节目，空前轰动的《阁楼故事》节目，考验忠贞的《诱惑岛》节目，风头最劲的《生存者》节目。暴露真实的人性阴暗面成了这种节目不可或缺的内容；用自己的力量决定另一个人的命运激发了观众的权力欲；而将参与者的生活赤裸裸地放到观众面前，更满足了人们的窥探隐私的欲望；吸引参与者的则是高额的奖金。这类电视节目的取材虽然十分新颖，但根本不考虑道德或社会意义，违反人类的尊严，品位低级，因此成为争议最大的“电视怪胎”。

（五）选材要考虑电视的特点

选材的成功与否，直接关系到一个电视节目的成败。它是编导意图、案头准备的落实与体现，它为后期编辑打下具有决定意义的基础。没有选材的成功，前期准备只是纸上谈兵，后期编辑只会感叹“巧妇难为无米之炊”。电视节目的取材，有着自己的独家特色，必须适应这些特色，才能成功。

1. 固定的画幅边比

电视的屏幕是一个横摆着的长方形，有着固定的边比，即 4:3。表现材料的无所不包和画幅边比的一成不变，形成了一个矛盾，材料只好“削足适履”。屏幕的形状影响画面动作的结构和性质。电视工作者必须承认这个事实：他通常仿佛是从同一扇窗户来观望生活的。因此，取材时首先要充分认识这扇“窗户”，注意边框四隅的感觉特征，并学会利用它。如下边线犹如地平线，给人以依托感；立边框好像一堵墙，给人以支撑感；上角的外冲势，给人以飞跃感；下角的坠落趋向，给人以下降感，等等。电视屏幕的画幅固定边比，一方面给更广泛的取材带来了困难，另一方面又给强调主要信息、删除冗余带来了方便。

2. 可视的形象表现

电视是声画一体的，电视的形象必须是可视的，电视的声音必须是可闻的，它们都直接作用于人的感官，而不是依靠想象。观众对视听结合的形象表现，印象最深和最持久的还是视觉部分。电视的可视性体现在连续不断的形象中，随着电视传播的迅速发展，没有被选择过的材料几乎没有了，观众的陌生感逐渐减少，于是单调感和类同感出现。如果在取材上不想些办法，在单调中求变化，在类同中求创新，就很难满足观众视觉上的需求。同时，电视取材的视觉形象性也给表现带来诸多不便，如过去的事物、抽象的思想、内心的活动、准确的数字等，都不能通过可视的形象表现。取材时要注意扬长避短，综合调动解说、同期声、字幕等各种手段，来弥补不足。

3. 一次性的造型记录

电视取材靠的是同步摄录，一切都是一次性的。快门一经按下，胶片在连续切换中记录活动影像，磁带在不停转动中记录现场声音，好坏就是它。也可以补拍，但补拍仍然是一次过。因此，取材时的必要条件之一就是“精确”，电视取材也是一种遗憾的艺术。遗憾可能永远无法消除，问题在于如何尽量地减少遗憾。但也正是一次性造型记录的限制和难度，才使电视取材产生了独特的魅力。

4. 运动的叙述形式

电视综合了语言艺术与造型艺术的叙事优势，既在二维平面中展示空间存在的物态形象，又记录事物在时间中的流动变化，因此具有其他传媒所没有的优势。但是电视画面在运动中进行叙述，是转瞬即逝的，有形象感受上的局限性。同时，运动的叙述方式在电视取材中表现为既与现场事件保持时间上的同步性，又需要通过运动的形象段落来再现现场。取材时不能静止地、封闭地看待摄录的对象，而必须用运动的、开放的形式去反映待摄录的对象。不仅仅考虑画面的造型性，还必须赋予它一定的叙事性。

5. 迅速捕捉的功夫

电视的取材具有一次过的性质，凡是一去不复返的东西，不管是以秒计算，以时计算，还是以天计算，都要迅速捕捉，不能错过经常只有一次的时机。否则差之毫厘，则失之桑榆。但是要在每一个机遇中都取材成功，是很不容易的。电视的特性给予现场抢拍以诸多的苛求：电视抢拍是面对面的取材，是转瞬即逝的取材，是突前位置的取材，是过程记录而不是瞬间取材，人人在取材时都不能不受到它的严格限制。然而不论取材的内容如何，在操作上也有一些规律可循，如由全体到局部抢场面，由局部到全体抢情绪，由整体到个人抢人物，由动态到静态抢特点等。

复习与思考

一、什么是主题？主题在电视节目中的地位如何？

二、怎样选择和提炼主题？选择和提炼主题有哪些要求？

三、什么是材料？材料和主题的关系如何？

四、怎样搜集选用材料？选择和提炼材料有哪些要求？

五、电视节目的取材有哪些特点？

六、观摩一部短的电视纪录片，分析一下它的主题是什么，选材上有什么特点。同学们可以展开讨论。

第三章

电视消息类节目文体写作

自学提要

• 本章自学 16 课时，面授 8 课时。

• 电视新闻是以现代电子技术为传播手段，以声音和画面为传播符号，对新近或正在发生、发现的事实的报道。

• 电视新闻除与其他传媒的新闻一样具有真、快、新、短、活等特点外，还具有四大独家特点：传播技术的及时性，传播符号的综合性，纪实形象的直观性，现场报道的参与性。

• 电视消息类节目报道词写作的总要求：声画对应及 5 个 W、4 个 C 标准。

• 导语、主体、结尾及新闻背景的特点和写作技巧。

• 电视消息类节目编排中标题、节目预告、消息头、新闻提要、串联词、结束语等的写作技巧。

• 电视消息类节目的报道方式：影像新闻、口播新闻、图片新闻、字幕新闻、系列（连续）报道。

第一节 电视消息类节目的概念及特点

一、电视消息类节目的概念

电视消息类节目属于消息的一种，是常用的新闻体裁。要了解什么是电视消息类节目，首先就要了解什么是消息。

为了将消息与其他新闻体裁相区别，很多教科书、词典对消息作了简明扼要的解释。比较典型的是《广播电视简明辞典》中对“消息”的解释：

> 一种简明扼要、迅速及时地报道新闻事实的体裁，又称“新闻”。它广泛传播各个领域新近发生或正在发生的事态，是各种新闻媒介运用最多、最经常的新闻报道形式。
>
> 消息报道有新闻价值的事实，讲究用事实说话。篇幅短小，时效性强。通常采用“倒金字塔”式的结构，即把新闻事实最重要、最新鲜、最为人关心的部分写在前面。除简讯外，大多有“电头”或“本报讯”、“本台消息”，正文一般由导语、主体、结尾和必要的背景材料组成。①

这个解释，科学地概括了一般消息的主要特征：

(一) 事实是消息的基础

新闻的本源是客观事实，事实是第一性的，新闻是第二性的。先有事实，后有新闻；事实发生在前，消息报道在后。没有事实便没有消息。消息报道的是真实时间、真实环境中发生的真人、真事。

---

① 《广播电视简明辞典》，第64页，中国广播电视出版社1989年8月版。

（二）消息是事实的报道

消息不是纯客观地反映事实，而是按照记者的观点和需要选择过的事实，带有一定的主观性。消息所反映的是有意义的、重要的、群众关心的事实，也就是有价值的事实。

（三）消息报道的是新近发生或正在发生的事实

新闻姓新，消息不是旧闻，也不是过时的事实，而是新近发生或正在发生的事实。消息必须具有极强的时效性，迅速报道新闻事实。

（四）消息要用事实说话

消息是新近发生或正在发生的事实的报道，因此必须用事实说话。用事实说话的文体，属于记叙类文体。

（五）消息的结构形式有自己的特点

一般消息的本体由导语、主体、结尾三部分组成。在消息的前面，要有“消息头”；在消息中，还包含有新闻背景。这些问题，后面将设专门的章节论述。

电视消息类节目是新闻领域中出现的一个新品种。新闻的原始形态是口头新闻，经过手写新闻、印刷新闻、广播新闻这几种新闻形态，最后才出现了电视新闻。电视新闻是在各种新闻形态的基础上，随着现代电子技术的发展逐步产生的一种新闻形态，具有其他新闻形态所没有的新特点。

电视消息类节目习惯上称为“电视新闻”。它是以现代电子技术为传播手段，以声音和画面为传播符号，对新近或正在发生、发现的事实的报道。它迅速、广泛、简要地报道国内外最新发生的事态，是实现国内外要闻总汇的主要渠道。

二、电视消息类节目的特点

电视作为新闻传播媒介之一，与报纸、广播构成当代的三大新闻传媒。它也和报纸、广播一样，具有共同的新闻属性，要遵循共同的新闻报道的规律，接受共同的新闻理念的制约，也具备真、快、新、短、活的共同特点。但是，电视又与报纸、广播不同，电视是视听结合、声画合一的传播媒介，具有独特的特性。表现在以下四个方面：

(一) 传播技术的及时性

电视是现代光电技术的产物，它以电波为载体，以每秒钟绕地球七周半的速度传播。从传播技术上，可以做到在事件发生的同时，就把它传播到世界的每一个角落。"以快夺人"，只有广播可以与之比快，是报纸印刷媒介望尘莫及的。

广播、电视运用无线电波，将信息直接传送到千家万户，不需要经过排版、排字、印刷、发行等一系列过程。国内外的新闻事件，一般报纸要到第二天才能见报，最快的也是早上的新闻晚报见报，中间要有好几个钟头的制作时间。而电视则可以当天就播出。20 世纪 40 年代，美国全国广播公司（NBC）与哥伦比亚广播公司（CBS）分别与厂商合作，生产 16 毫米摄影机和胶片，用于拍摄电视新闻。用胶片拍摄，要经过冲洗、拷贝等复杂的工艺流程，最快也要一个小时以后才能见影。70 年代初，仍是美国率先，革新了电影胶片的拍摄方法，采用先进的电子摄录(ENG)，现场拍摄，立即编用，及时播送。很快在欧洲、日本等国家广泛使用，我国也在 80 年代初开始使用。这种先进技术，不但可以传播刚刚发生的消息，也可以传播正在发生的消息。如 2001 年中国申办奥运会成功，消息立刻传遍了全世界；全国各地欢庆申奥成功的情况，千家万户都可以从电视屏幕上了解清楚。电视新闻的时效性，把今天的新闻今天报道（TNT)，提高到现在的新闻现在报道（NNN)。

随着科技的迅猛发展，电视卫星频道日益增多。通讯卫星可以把电视台的新闻演播室和远隔重洋的新闻现场同时播映在电视屏幕上，进行同步报道。这时，浩渺的空间在电视屏幕上消失了，地球那边的事情，地球这边马上就能够知道，广袤的地球变成了"地球村"。

（二）传播符号的综合性

电视播出的最大特点是“声画合一”，这是由它传播符号的综合性所决定的。因此，电视新闻不仅“以快夺人”，而且“以形夺人”。“以形夺人”这个特点，报纸新闻和广播新闻都是不可企及的，成为电视新闻的独家优势。

从传播符号的传通渠道来看，电视与报纸、广播的传通渠道不尽相同，传播符号因而也有不同。报纸、广播是单通道讯号。报纸的传播符号主要是文字和图片，是作用于视觉的单通道讯号，通过报纸的发行，发送载有新闻信息的文字和图片，供人们阅读。广播和电视虽然同是电波传送的电子媒介，但传送渠道和符号也不相同。广播的传播符号是声音，是作用于听觉的单通道讯号，通过发射装置发出电波，传送载有新闻信息的声音，供人们收听。而电视是“视听艺术”、“声画艺术”，传播符号是综合性的，是同时作用于视觉和听觉的双通道讯号，通过电波，传送载有新闻信息的画面和声音，供人们收视收听。

构成电视传播形式的视觉、听觉诸元素，是丰富多样、相互协调的。从视觉元素来看，有现场环境、人物形象、照片、图表、动画、幻灯、字幕等等；从听觉元素来看，有对白、解说、画外音、同期声、音乐、音响等等。摄影技术、编辑技术、电子技术等更为电视提供了独特的电子特技，对画面形象进行特殊的处理。如获奖新闻《副省长冲上灭火最前沿》，把副省长不顾个人安危冲上去的瞬间作定格处理，突出了党的领导干部临危不惧、冲在最前的精神风貌。获奖新闻《通讯卫星发射》，把卫星发射作慢动作处理，将这一激动人心的历史瞬间停留下来，给人以极深刻的印象。每一个电视新闻的制作，都是对视觉和听觉诸元素综合运用的结果。这时，电视记者、编辑就像一个交响乐队的指挥，将视听诸元素作统筹安排，充分发挥它们的作用，形成一个完整的新闻信息。

（三）纪实形象的直观性

活动的纪实画面，是电视新闻的独家特色。电视屏幕把具体的、可视的活动形象直接呈现在观众面前，观众不需要想象，就能够耳闻目睹，产生“身临其境”之感，造成强大的感染力。这是电视新闻后来居上，成为影响最大的大众传媒的根本原因。

各种科学实验证明，人的脑子接受来自于眼睛的信息为来自于耳朵的信息的 30 倍。观众看到的信息比听到的多得多，视觉语言在传达新闻信息中起着至关重要的作用。俗话说：“耳听为虚，眼见为实。”电视新闻纪实形象的直观性，正好满足了观众“眼见为实”的欲望，增强了电视新闻的可信性和现实性，从而也获得了观众的认同和接受。

纪实形象的直观性是电视新闻在众多新闻媒体中的独具优势。报纸、广播的“身临其境”之感，要通过人们自己的联想才能实现。报纸是依靠语言文字的描绘，引起联想，从而实现“身临其境”之感。广播除依靠有声语言之外，还通过现场声等引起联想，从而实现“身临其境”之感。但是由于人们的经历、学识、水平、身份、年龄等的不同，想像力也不同，“身临其境”之感也不同。正如俗话所说，一百个人的头脑中，就可以有一百个不相同的“汉姆莱特”。而电视新闻中的形象，是直接的呈现，甚至呈现得纤毫毕现，它的真实感是报纸、广播不可相比的。1997 年 7 月 1 日，是中国对香港恢复行使主权的日子。这一天，中央电视台等现场采访播出了《香港政权交接仪式》，记录了这一雪洗百年国耻的辉煌时刻。这条新闻充分展示了特定地点、特定时间、特定人群所经历的特定事件，综合运用现场同期声、现场采访、字幕等电视手段。这种纪实形象直观性的优势，显然是其他传媒不可企及的。

（四）现场报道的参与性

传播学认为，最好的传播效果是观众参与的一种活动性的面对面的接触。即以传播者的所知、所见、所感，引起受传者的共感、共知、共见，甚至引起受传者的共鸣、共识。在新闻媒介中，只有电视具备这个条件。日本的电视工作者在比较电视与报纸对事件的不同报道手法时说：报纸是遵照 5 个 W 新闻原则、倒金字塔的新闻导语等来写新闻，而电视新闻则着重要求表现“人”的活动。人是电视新闻最活跃、最生动、最有力的表现因素。[①] 电视记者的现场采访和报道，本身就是一种人际的交流，一种直接的参与。

电视新闻的参与性表现在两个方面：一个是电视记者现场采访报道时与被采访者的“面对面交流”；另一个是电视新闻播报者与观众的“面对面交流”。

电视新闻要引起受众的共知、共感、共见，达到共鸣、共识，就要抓好“三贴近”，即贴近群众、贴近生活、贴近实际。获奖新闻《李洪儒互联网上开花店》就是这样一个范例。李洪儒是山东省青州市的一个普通农民，从 80 年代初开始种花，迅速发展，带动起了当地一个新兴的产业，成为远近闻名的种花大王。他与当地其他的种植大王、养殖大王、加工大王等没有多大的区别，但他善于捕捉信息的能力是不多见的。1997 年初，他用上了互联网，成为中国农民用互联网进行交易的第一人。报道李洪儒互联网上开花店，不仅仅是报道一个普通农民的成就，还反映出在市场经济条件下，中国农民潇洒闯国际市场的风采。

三、电视消息类节目的报道方式

电视消息类节目的分类有多种方法。按报道的时间，可分为早间新闻、午间新闻、晚间新闻或新闻半小时、地方30分等；按报道的内容，可以分为新闻联播(综合新闻)、体育新闻、经济新闻、教育新

---

① 引自《中国应用电视学》，第 167 页，北京师范大学出版社出版。

闻等。但是通常是按报道的方式来分类，一般分为以下五种：

(一) 影像新闻

影像新闻也叫“图像新闻”，早期称为“电视新闻片”。它是采用电影摄影或电子摄像（ENG），在新闻事件现场摄录声音和画面，结合新闻文字稿，对事实进行报道。

影像新闻是电视新闻最早的报道方式。1948 年 2 月 15 日，美国 NBC 开办的第一个电视新闻节目《骆驼新闻片影院》，后改为《骆驼新闻大篷车》时，影像新闻就开始模仿新闻电影纪录片的形象来进行报道。1958 年 6 月 1 日，北京电视台（中央电视台前身）正式开播一个月，就播出了自己摄制的第一个影像新闻：中共中央机关刊物《红旗》杂志创刊。

好的影像新闻是画面、解说、同期声有机结合的统一体。通常是以形象的画面为主要表现手段，解说词重在解说画面，不能光顾自身文字形式的完整，必须与画面对应。解说又不是画面的重复，不是看图说话，也不是空洞的概念式的解释。解说的目的是画面的补充、扩大、延伸、概括。画面本身会“说话”，有时无需再用解说。画面与解说发生冲突时，要让位于画面，改写文字稿。

影像新闻与其他媒介的新闻形式一样，注重用事实说话。因此，在写文字稿时，要注意时间、地点的变更应按事物发展变化的逻辑顺序变更。影像新闻不能像报纸新闻、广播新闻那样灵活地更换时间、地点，那样会把观众弄糊涂。影像新闻中，时间、地点的转换，应将不同时间发生在不同地点的新闻事实“分割”开来，先讲早晨，后讲晚上，观众才容易理解。

影像新闻的长度大多为 40 秒种左右，特点是简短、迅速、形象、客观，讲求实效，尽快播出。因此它要求记者在采拍中，尽可能用最形象的画面和最简练的文字，来表达报道的内容。

由于影像新闻能够比较充分地发挥电视传播的种种优势，所以它不但是电视新闻中最早出现的报道方式，而且也是今日电视屏幕上数量最多、最重要、最广泛的新闻报道方式。

（二）口播新闻

口播新闻指播音员出图像、播报文字稿的电视新闻报道方式。

口播新闻也是最早的电视新闻报道方式。从电视开办新闻节目开始，就出现了口播新闻。中央电视台的口播新闻最早以报道简明新闻为主。后来口播新闻不采取集中播报形式，改为灵活穿插报道，内容大多是重要新闻和刚刚发生的新闻。

口播新闻没有新闻现场的影像画面，以语言为传达信息的主要手段。因此，口播新闻的文字稿写作有别于画面新闻的解说词写作。它类似于广播新闻的文字稿写作，可以按照广播新闻稿的要求来撰写文字稿，要简要说明新闻的五要素，谋篇结构严谨，层次分明，新闻事实要完整，语言表达口语化。但必须简明扼要，做到简洁、灵活、迅速、及时。

口播新闻可以增强新闻的时效性。重要新闻的最新动态，当其他报道形式来不及传送时，可用口播及时报道。口播新闻播出灵活，电视摄像手段由于条件的限制，不可能及时拍摄到所有新闻现场，可以写成文字稿，用口播及时播出，以扩大报道范围。

今天，口播新闻以其极强的时效性和灵活性，在电视新闻报道中仍占有一席之地。据统计，中央电视台每年播发的消息类新闻中，口播新闻占总条数的40%左右。口播新闻的形式也有一些变化，如用抠像特技突出主播人形象，在画面上配以图像资料、插图、题头和背景画面等，来增强视觉上的生动性和可视性，同时又起到点题、烘托、加深印象的作用。

目前电视新闻中口播新闻大多在两种情况下使用。一是文件类。如重要公报、决议、命令、通知、新闻发布稿等。另一是简讯类。对有新闻价值，但一时又没有形象画面的新闻，多采用口播形式作简要报道。

（三）图片新闻

图片新闻指运用成组的新闻摄影图片、结合文字解说的报道方式。

图片新闻是借鉴报纸、杂志的“专题照片”、“专题摄影”的基础上发展起来的。图片可以加深视觉印象，却不能产生活动图像那么生动逼真的感受。但是组合多幅图片，可以连续多侧面地提供信息，每幅照片有相对独立的内容，说明一个侧面，阐述某个思想，经过合乎逻辑的组合，各个图片相互联系，组成整体。要达到这种效果，写好文字稿至关重要。

图片组合是对影像新闻报道的一种补充形式，发生时间较长、没有留下活动图像资料的背景材料大都采用这种方式。但是注意必须有新闻由头，否则就没有新闻价值。文字稿不但要解释、说明、补充图片，而且要转折、过渡、提供背景和主要事实、主要观点。

随着电子特技技术的发展，许多图片组合利用特技手段，如放大、翻页、转动、滑动、叠化等等，使图片新闻增强了视觉效果。但是同时随着电视新闻记者队伍的壮大，影像新闻来源的扩大，图片新闻的使用逐渐减少。偶尔使用，也和口播新闻结合。

（四）字幕新闻

字幕新闻指用电子计算机控制字幕发生器，在电视屏幕上打出字幕，以最简洁的文字进行报道的方式。由于它通常在播放其他电视节目之间插入播出，所以又称“插播新闻”。

字幕新闻是随着电视技术的发展而出现的一种报道方式，中央电视台于1984年开始使用。在电视节目播出中，每当有重要新闻需要及时传播，又不便中断正常的节目播出时，就用字幕新闻播出。往往以简短的文字打出字幕，在画面上作上下滚动或左右移动。所以它传播的内容是最新的、重要的、观众最感兴趣的新闻。

字幕新闻往往只是一个词组或一句话，播出的时间最多也只有十几秒钟。虽然它很短，却不失为一种独立的报道方式，是电视新闻中最简便的报道方式。它充分体现了电视新闻传播迅速、及时的优势，是不可缺少的一种简要的电视新闻报道方式。

在电视新闻中，还有一种固定的字幕，往往叠现在新闻画面上。这类字幕有三种情况：一是新闻标题；二是介绍人物；三是数字图表。这类字幕不是独立的新闻，而是影像新闻、现场采访画面的信息补充和强调。

(五) 系列（连续）报道

系列（连续）报道是指围绕同一新闻事实，从不同侧面、不同角度作多次的、连续的报道。

系列（连续）报道，有的人分为两类：一类是对同一新闻事实，以时间为顺序，随着事件的发生、发展的进程而展开的连续性报道，称为“连续报道”。一类是围绕同一新闻事实进行多侧面、多角度的报道，各条报道之间没有时态的连续性，却有内在的必然联系，称为“系列报道”。由于它们都具备报道的连续性和系列性，都属于新闻的深度报道形式，这里把它们归为一类。

消息类新闻，每条消息一分钟左右，只能对新闻事实作简要介绍。即使是三分钟左右的长消息，也只能浓缩地作思辨性报道，还谈不上作深度的报道。深度报道要求有背景介绍，有分析解释，有归纳预测。它不仅要报道今天的事实，并且要以过去的事实来分析现实，以今天的事实来预测未来，一条3分钟的消息显然是不能完成的。系列（连续）报道，就单条报道来看是消息，从整体报道来看就有了深度。它是有计划的系统工程，在题材选择上、报道价值取向上、编排的手法上，都有自己的特点。了解这些特点，对写好系列（连续）报道很有好处。

系列（连续）报道有以下六个特点：

1. 连续性。系列(连续)报道就像接力赛跑，一棒接一棒，一直传递到终点。有的具有时间上的连续性，有的具有思想上的连续性。

2. 递进性。系列（连续）报道在报道的层次上是不断递进的，一环扣一环，逐步向前推进，逐渐深入地展示新闻事实的全貌。可以每次报道中都由浅入深，也可在上一次报道中留下悬念，在下一次报道中做出解释。

3. 整体性。系列（连续）报道要求对新闻事实作完整的报道，而这个完整性是分次显示出来的。一个系列就是一个整体，在总主题、总基调上，甚至推出的时机，都要进行整体的策划。

4. 系统性。系列（连续）报道是在同一总主题、总基调下进行的报道，因此它是一个系统工程。在整体构思、结构安排、有序播出中都呈现出系统性。

5. 及时性。系列（连续）报道是在事态进展过程中的报道，时间跨度小，涉及范围广。每一次报道都要紧跟事态变化进行追踪报道，每一次报道都应有一点新意。

6. 显著性。系列（连续）报道次数的密集，必然使报道处于显著的地位，在宣传上势必产生一种强大的声势，在观众中也势必引起强烈的反响。

第二节　电视新闻报道词写作要求

电视新闻从选题到播出，就像一条生产流水线一样，是一个系统工程。整个的制作过程如下：

电视　（前期）选题→采访构思→拍摄→
新闻（后期）播出←合成←文字稿←画面编辑←

一般将制作过程分为前期和后期两大阶段，文字稿的具体写作虽然在后期，但是在前期制作的选题、采访构思中，也少不了文字写作。因此，文字稿写作总要求应贯串在电视新闻制作的整个过程之中。

电视新闻报道词写作的总要求，有以下三个方面：

一、声画对应

电视新闻与其他电视节目一样，是“声画合一”的，因此，电视新闻的文字稿不是一种独立的文体。它必须按照画面本体的需要进行解说，做到声音和画面相互协调。这种特殊的情况，要求电视新闻的报道词要有特殊的写作格式：

题目：

画面	报　道　词

17×10＝170

记者	播出时间
签发	长度

在这篇发文稿纸中，最突出的是画面与文字解说的相互配合。此外还有五项内容：

1. 新闻的标题。标题要简练明了，恰当易记。与报纸新闻的标题有很大的区别。

2. 记者签名。哪个记者采访哪条新闻，文责自负。

3. 签发人签名。签发人一般是新闻部的领导或当天的责任编辑，对新闻的播出负责。

4. 播出时间。由签发人安排。一般习惯只写“月、日、时、分、秒”，不写年号。

5. 长度。由记者填写。一般电视新闻最长不得超过 3 分钟。

电视新闻是叙述性的“新近发生或正在发生的事实的报道”，在声画关系的处理上，就必须声画对应。以获奖电视新闻《香港各界群众热情欢迎解放军进驻香港》为例：

画　面	报　道　词
驻港部队行进的英姿	今天早晨天空下起了大雨，进驻香港部队的数百辆军车依然阵容整齐地通过各个口岸。
记者出镜	(同期声) 各位观众，你们现在看到的是香港各界群众冒雨欢迎解放军进驻香港的热烈场面。
欢迎的人群	今天清晨 6 时 25 分，记者随部队在新界看到驻军沿途经过的公路两旁挤满了欢迎人群，近万名香港市民涌上街头，挥动着国旗和区旗向驻香港部队表达真挚的感情。
采访香港华侨华人总会文艺队伍	(同期声) 我们是香港华侨华人总会的文艺队伍，我们今天早晨 3 点就起来了，很兴奋，一定要见到我们最可爱的亲人解放军，这是我们香港有史以来最伟大的事情之一，大家都很兴奋。
送牌匾	有着光荣爱国传统的新界群众，向驻香港部队赠送了一块刻有“威武文明之师”的牌匾，表达了他们对人民解放军的企盼和赞誉。 这是中央台记者从香港发回的报道。

解放军进驻香港，这是一个极其庄严的时刻。这则新闻在短短一分钟左右的时间内，凝历史于一瞬。记者没有按一般的做法突出“威武之师”的形象，而是选取了一个独特的视角，突出表现成千上万的香港市民冒雨列队街旁热烈欢迎的场面，还在现场迅速抓拍下香港华人总会的文艺队伍和香港新界群众赠送牌匾等典型细节。记者现场采访，伴以同期声讲话，使画面和报道融为一体，声画交相辉映，情景交融，观众如身临其境。

二、内容上的要求——5个W

新闻是事实的报道，要报道好事实，就要注意“用事实说话”。怎样“用事实说话”？最基本的方法就是交代清楚“5个W”，即：Who（何人），Where（何地），When（何时），What（何事），Why（何故）。或者将“Why”分解为“Why（何因）”和“How（何果）”，成为“5个W 1 H”。这些其实是一般记叙文的要素。新闻作为文章的体裁，实际上是记叙类文体在报纸、广播、电视新闻中的运用。因此，传统的新闻学，一直将“5个W”视为新闻的要素。

但是，新闻毕竟不是一般的记叙文，有着自己的独特性。从电视新闻的角度来看，在交代清楚“5个W”时，还必须做到以下五个方面：

（一）事实的真实性

真实性有两种：一种是文学作品中的真实。文学作品要求作者忠于生活，概括现实生活中可能存在的事，不限于真人真事，允许虚构。这是艺术的真实，只讲本质的真实，不求事实的真实。另一种是新闻，包括电视新闻的真实。新闻要求绝对忠于事实，事实本身及其细节都必须有根有据，决不可向壁虚造。真实是新闻的生命，没有真实，便没有新闻。

（二）时间的新近性

新闻姓“新”，新闻“新”字当头。只有新的东西，才能引起受众注意，引起社会关注。因此，新闻要以“新”夺人，以“新”取胜。而“新”与“快”是连在一起的，只有快了，才能新鲜。新闻贵新，就要在“快”字上下功夫。吴冷西在《新闻写作的八条要求》一文中说：“要写得快，写得及时。”“一篇新闻写一两个月，那就不成为新闻了。”① 新闻是“易碎品”，今天的新闻便是明天的旧闻。所以，时效性是新闻价值的保证。

（三）内容的价值性

新闻价值是新闻事实本身具有的满足社会需要的各种素质。新闻价值存在于客观事实之中并决定新闻原型（客观事实）是否能成为新闻。但是，它得靠新闻记者去认识，并表现在他的报道之中，通过传播，在社会上引起反响，价值才能实现。可见，新闻价值的实现，必须经历从客观到主观，又从主观到客观的过程。

一般认为，新闻价值包括的要素有：

1. 影响性。事件的社会效益和群众的需要程度决定新闻的重要性，要受社会实践的检验。

2. 接近性。同一事件，对接近的地方价值比较大。

3. 及时性。强调速度，包括时效性和时宜性两个方面。

4. 显著性。即重要性。同一事件，发生在地位和身份不同的人身上，新闻价值不同。

5. 异常性。越是与众不同的事情，就越具有新闻价值。

6. 冲突性。冲突性或对抗性越强的事件，便越有新闻价值。

（四）兴趣的广泛性

趣味性是指新闻报道以情趣和兴味吸引受众的素质。通常包括两方面：饶有趣味的新闻事实本身和引人入胜的表述方式。电

① 吴冷西：《新闻写作的八条要求》。

视新闻要拥有广泛的趣味性，就要在这两方面下功夫，获得广大群众的喜爱。

李瑞环同志在新闻工作研讨会上，讲到“继续坚持新闻改革”时说：“要把新闻报道的立足点真正转移到面向群众上来，要把办好报纸、电视、广播提高到全心全意为人民服务、满足人民精神生活需要的高度来认识。”① 电视新闻的宗旨是为人民服务，为社会主义服务。为满足人民群众的需要，新闻报道在讲究真实性、时效性、接近性、思想性的同时，还要发掘新闻事实中的健康的趣味成分，并生动活泼地表达出来。广东广播电视界总结了如何拥有广泛的趣味性的经验：适其（受众）需要，合其（受众）口味，为其（受众）服务，引其（受众）参与，与其（受众）交流，对其（受众）引导，受其（受众）监督。

（五）形象的直观性

电视新闻是诉诸视觉和听觉的双通道传播，这是电视新闻的独家优势。一幅幅实实在在的活动画面，配以生动流畅的报道词，以及现场同期声讲话和音响，使新闻现场的情景一览无遗，同时也使观众一目了然。使观众对电视新闻更有亲切感，更愿意接受新闻所传递的内容，同时也使电视成为拥有最广大群众的大众传媒。

三、表达上的要求——4 个 C 标准

“4 个 C”标准是西方电视界提出来的。1991 年，美国三所名牌院校印第安纳大学、南加州大学、马里兰大学用“4 个 C”标准，对美国三大电视网晚间新闻节目的三位名主持人的写作进行评估，得出了令人满意的结论。这“4 个 C”标准，可说是电视新闻写作的基本要领：

---

① 转引自方亢等：《中国电视新闻学》，暨南大学出版社 1991 年 8 月版，第 63 页。

（一）Clear（清楚）

条理清楚是写文章的起码要求，任何文章要做到条理清楚，就要讲究起承转合，环环相扣，论证说理，水到渠成，逻辑复杂。但是电视新闻报道的写作不能如此，它不是独立的，是与画面配合的，所以它不适合包含复杂的逻辑性，也不需要讲究结构的严谨，它只需要简单的条理和层次。电视新闻报道词的写作，要遵循与时间和空间相吻合一致的顺序，做到段落分明、交代明白、条理简单、叙述清晰。每一段话包含一个内容，上下段落之间、内容之间尽量减少交叉重复，一句话一个意思，观众听起来才易懂，才清楚。

电视新闻要做到条理清楚，最简便的方法是采用“倒金字塔”写法。“倒金字塔”写法是欧美记者在二战中流行开来的新闻写作方法，始于美国南北战争时期（1861 年至 1865 年）。几十年时间过去了，这种新闻的写作方法仍然具有强大的生命力，今天照样还在充分利用，电视新闻也不例外。获奖新闻《邯钢跨地区兼并部属企业舞钢》就是这种写法的一个例子：

画　面	报　道　词
俯拍钢城（全景） （中景） 轧板车间（全景） 徐大铨（近景） 舞钢（全景） 生产车间（中景） 炼炉车间（中景）	中国冶金行业大型钢铁企业间跨地区、跨权属兼并首开先例。9 月 8 日河北邯郸钢铁公司正式兼并地处河南平顶山市的舞阳钢铁公司。冶金部副部长徐大铨在舞阳市宣布了这项决定。 舞阳钢铁公司是冶金部直属的特种钢铁企业，装备技术在国内具有一流水平。但由于国家投资体制的变化和管理等方面的原因，造成舞钢连续 3 年亏损，银行负债总额 14.5 亿元。

画 面	报 道 词
炼钢工人（近景） 生产车间（中景） 刘汉章（近景）	邯钢兼并舞钢后，舞钢的全部资产划转邯钢管理，邯钢接收舞阳钢铁公司的全部债权和债务。 （同期声）邯钢集团董事长刘汉章："兼并联合以后，邯钢的钢板产量可以达到100万到120万吨。在中国能够生产100万吨规模的，并且生产钢板的厚度由6个到250个厚度的，而且能够生产各种各样品种的钢板的，我看在中国是第一家。"
生产车间（全景） 炉前工（近景） 轧板车间（中景） 车间控制室（中景） 生产车间（全景）	邯钢如果新上一条特厚板生产线，需要投资50个亿，而兼并舞钢只需十几个亿就实现了规模扩大、产品结构优化、资本运营快速高效的目的。舞钢则利用国家鼓励兼并的优惠政策，减债增资、盘活存量有效资产。邯钢兼并舞钢后，邯钢先进的企业管理和舞钢一流的设备优势实现了互补，形成了强大竞争实力。

这是一条一分多钟的短消息，在极短的时限中，不可能慢慢展开、面面俱到、层层开掘。记者在导语中，以举重若轻、化大为小的手法，点出新闻的主要事实，展示邯钢以超人的胆识和雄厚的实力，在国内首次实现大型企业"跨地区、跨权属兼并"的重大主题。接着紧紧抓住典型事件，叙述了邯钢兼并舞钢的原因、过程及结果。最后以分析邯钢兼并舞钢的合理性、必要性和现实性结尾。整条新闻按材料的主次安排，把最重要、最新鲜、最精彩的新闻事实摆在最前面，从上到下，一层比一层次之，形成一个"倒金字塔"形，显得条理清楚，主次分明，中心突出。

（二）Concise（简洁）

电视新闻是"一次过"的电视节目，解说给予观众的机会只有一次，既不能停顿，也不能倒回来再看一遍，因此适合简洁明了的语言，不适合作长篇大论。列宁把消息称为“电报文体”，人们把消息称做“豆腐块文章”。电视新闻的长度一般控制在三分钟之内，尤其需要简洁明了。

首先，要简洁明了，就要学会用概括、精练的语言说明事实，表达主题，说理性的内容尽量少，点到为止。其次，要把复杂的事情说得简单，而不要把简单的事情说得复杂。同时，切忌使用长句子。播音员难念，观众难懂。把长句子变成短句子，就又上口，又入耳了。例如一篇电视新闻文字稿中有这样一段话：

> 香港回归祖国，实行一国两制，这件事情是我国亿万人民当前政治生活中和马克思列宁主义发展史上的一件大事。

将这个长句中的联合词组分开，把内容简化，化成并列的短句，改成下面的样子，就简明多了：

> 香港回归祖国，实行一国两制，这是我国亿万人民当前政治生活中的大事，也是马克思列宁主义发展史上的大事。

此外，要简洁明了，与用词准确、造句遵循正常的语序、推理合乎逻辑等，都有十分密切的关系。

（三）Correct（准确）

电视新闻文字稿所要求的“准确”，含有三层意思：

首先是内容的准确。电视新闻《和平，使沙漠变绿洲》中，有一段水均益采访约旦驻华大使和以色列驻华大使的镜头。在两位大使回答了他提问的“这个和平条约（约以和平条件）对于你们意味着什么”这个问题后，水均益作了以下的结束语：

> 再次感谢两位阁下。观众朋友们，刚才你们也听到了，在希伯来语和阿拉伯文里边“和平”这个词发音非常的相似，这也许可以说明犹太和阿拉伯这两个民族最

终追求的目标是一个，这就是——和平。因为这两个生活在沙漠里的民族都有一个共同的预言，这个预言也是他们的祖先留给他们的预言，这就是——战争能够使绿洲变成沙漠，而和平将使沙漠变成绿洲。

这段话准确地体现了“战争的残酷和人类渴望和平”这一严肃而又沉重的基调，画龙点睛地“点”准了新闻的主题——“战争能够使绿洲变成沙漠，而和平将使沙漠变成绿洲”。在这个节目的制作过程中，记者们为了找准“和平”的基调，半夜三更打电话请教专家，查找《圣经》，翻阅《古兰经》，二百多字的解说文字，设计了二十多种说法，最后才找到这些准确的语言。

其次是表达的准确。电视新闻的文字稿，最终要通过口语进行传播，必须采用国家规定的纯正语言系统，做到音准字正。音准、字正就是要求在使用字词时，特别是遇到同音异义的词语时，要选择不会引起歧义的词语。书面语中不存在同音异义引起误解的问题，但口语中问题就比较突出。例如：施行——试行，全部——全不，检查——检察——监察，论证——论政——论争，矢志——失志——试制，收受——收售——授受。很多汉字还有一字多义的现象。例如：

米——本是禾黍子实的名称。后来扩大范围，泛指某些植物去壳的子实，如“玉米”、“花生米”等。特指稻实，即大米。借用英语“metre”这个词时，音译为“米”，即公制长度单位。

风化——本是“风俗教化”的意思。地质学出现后，把地壳表面的岩石在空气、水、生物等外力作用下发生分解崩溃的物理作用也叫做“风化”。化学中把含结晶水的化合物在空气中失去结晶水的化学作用也叫做“风化”。

同音异义现象和一字多义现象，在书面语中，读者可以根据上下文的意思去理解它的意思，但在口语表达中就没有从容的时间，弄不好就会形成屏幕上的“噪音”，影响收视的效果。因此，电视新闻报道词在音准字正上的要求格外严格。

最后，还不要忽略电视新闻报道词与画面形象的配合要准确。否则画面与声音就成了“两张皮”。

（四）Conversational（口语）

电视新闻的文字稿，最终是以有声语言的形式传达给观众的，要让观众一听就明白，写作时就要注意口语化。口语化应该是电视新闻文字稿写作的基本技术要求，在这一点上，与广播语言是一致的。

广播电视语言和生活中的初始口语都具有口语化的特点，但是广播电视语言又不同于初始口语。生活中的初始口语，由于边想边说，自由发挥，经常有断续、口误、追补、重复等现象出现。而经过加工的播出稿，语言要干净利落，逻辑性强，显然与生活中的初始口语风格大不一样。所以广播电视语言应该是有准备的、经过一定加工的口语。

文章是写给人看的，一个停顿可以管几十个字；广播电视语言是说给人听的，说上十来个字就要停顿一下，好让说话的人喘口气。可见呼吸段落要比视觉段落短得多。广播电视语言要口语化，句子必须短小，话要说得“白”。句短，停顿就多。凡有停顿的地方，“吧、呐、呀、呢、了”等口语词就用得多。而且同一个意思，往往可以用不同的语序来表达。缩略语也相应增加。获奖电视新闻《辞烧土旧业，开煤气新篇》，通过一家两代人职业的变化，反映出太原地区时代的变迁。谈的是居家必用的燃料使用上的变化，却深刻体现了十年改革推动社会生产力大发展这一重大主题，展示了城市现代化建设的历史画卷。这则新闻中用记者出镜采访的方式，说明一家两代人职业的变化：

画　面	报　道　词
主持人采访烧土工人冯伟师傅，定格。	（同期声）我当年卖烧土跑遍了太原市，就连省长也买过我的烧土。 问：现在这行当还好干吗？ 答：现在不行了，自从有了煤气，用烧土的就少了。
主持人采访煤气管道工人冯利旗。	说来也巧，老冯师傅的卖土业恰好是被他儿子干的煤气这行挤掉了。 （同期声）请问，小冯你干煤气有多长时间了？ 答：10年了。可以说我是第一代煤气管道工。 问：你觉得这工作怎么样？ 答：工作比较忙。因为现在家家都用上煤气了，所以，维修任务加重了。 问：10年前你参加工作时，想到过干煤气这行吗？ 答：这点没想到。虽然这是偶然的机会，但我觉得这是社会发展的必然。

这两段同期声采访，一问一答，都充分显示了口语的特点：句子短，停顿多，口语中常用的语气词也多，有些地方运用了缩略形式。个别地方，改变语序也可以。如“工作比较忙。因为现在家家都用上煤气了，所以，维修任务加重了。”也可以说成“现在家家都用上煤气了，维修任务加重了，工作比较忙。”语序改变了，意思却没有变。

广播电视语言的口语化，往往带有浓厚的生活化的色彩。口语化是指要用经过加工的口头语言；生活化则是指在观众接受的范围内寻求尽可能的接近性。生活化的语言，要防止片面追求华丽词藻的倾向，适应观众的听觉习惯，但又要引人入胜。电视新闻《难圆绿色梦》是这样开头的：

画　面	报　道　词
演播室	（内蒙古达拉特民歌） 三十里的明河四十里的水， 七十里的个我来寻徐志民你。 我来寻你呀你不在， 你在园子塔拉把树栽……
主持人	观众朋友，您现在听到的这首流传在内蒙古达拉特旗的山曲，唱的是一位老人植树治沙的故事。歌里的徐志民今年已经82岁了，他在园子塔拉种了一辈子树，耗尽了一身的气力。如今老人腰弯了、腿瘫了，但是老人心里依然惦记着那个绿色的园子塔拉。

《难圆绿色梦》讲述种了一辈子树的老人徐志民，在自然面前是个胜者，在人面前却只能叹气的真人真事。开头引用内蒙古民歌，一下子拉近了与观众的距离。在开场白中，又用口语化的短句子表述。“腰弯了，腿瘫了，耗尽了一身的气力”，让观众还没见到徐志民，脑海里已随着话语浮现出一个生动的护林老人的形象。这里没有华丽的词藻，也不需风花雪月的形容，只是运用贴近生活的语言，排比的句式，节奏铿锵，同样能创造出很不一般的形象。

第三节　电视新闻报道词写作技巧

一、电视新闻写作技巧

电视新闻的本体，是由导语、主体、结尾三部分构成的，这也是一般消息的结构形成。

（一）导语

除个别情况外（如插播的字幕新闻），一般电视新闻都有导语。关于导语的概念，中外有各种不同的阐述。毛泽东同志1951年2月在审阅《中共中央关于纠正电报、报告、指示、决策等文字缺点的指示》时指出：

> 除简短者外，一切较长的文电，均应开门见山，首先提出要点，即于开端处，先用极简要文句说明全文的目的或结论（现在新闻学上称为“导语”，亦即中国古人所谓“立片言以居要，乃一篇之警策”），唤起阅者注意，使阅者脑子里先得一个总概念，不得不继续看下去。①

这段话包含四层意思。即导语的位置：位于新闻正文的开头；导语的内容：说明新闻的主旨或主要事实；导语的语言：文字简要；导语的效果：吸引观众兴趣。

由此可知，导语是新闻文字稿的第一段（也有多段的）或第一句话，用简洁的文字扼要表述最主要、最新鲜的事实，揭示主旨，引起受众的兴趣和注意。②

导语是伴随着“5个W”的产生而形成的。导语产生初期，囊括了“5个W”的全部内容，集“5个W”于一身。这种导语写作方式一直沿袭到20世纪二三十年代，西方称之为“第一代导语”。经过长期的实践，人们逐渐认识到“第一代导语”存在的严重缺点：重点不突出，冗长沉重，最重要、最新鲜的内容被淹没了。新闻界不断地探索，终于打破了“第一代导语”的写作方式，代之而起的是只交待最重要、最新鲜的部分要素的“第二代导语”。“第二代导语”是对““第一代导语”的革新与改进，

---

① 引自《毛泽东新闻工作文选》，第167页。

② 常秀英：《消息写作教程》，中国广播电视出版社1995年9月版，第74页。

它是将消息写得重点突出、生动活泼、引人入胜的一个主要措施。“第二代导语”一出现，便获得新闻界的一致认同，“第二代导语”是目前世界新闻界普遍采用的新闻导语写作形式。

导语是电视新闻文字稿的精华，必须下功夫写好。导语的写作形式多种多样，不拘一格，常见的有以下六种形式：

1. 叙述式导语

叙述式导语，就是用叙述的方法，把新闻中最重要、最新鲜的事实简明扼要地交待清楚。例如获奖电视新闻《江泽民等慰问节日在岗职工》的导语：

画面	报道词
江泽民等同被慰问单位同志握手	今天上午，江泽民、李瑞环同志来到广播电影电视部、铁道部、交通部、北京长途电话局、北京无线电通讯局微波站，慰问坚持节日工作的干部职工。

这则导语用概括叙述的方式，交待清楚了主要的新闻事实：

时间——今天上午

人物——江泽民、李瑞环

地点——广播电影电视部、铁道部、交通部、北京长途电话局、北京无线电通讯局微波站

事件——慰问坚持节日工作的干部职工

叙述式导语是当前最常见的写法，广播和电视新闻用得更多。这种导语简练、明快、清晰；但也易流于干巴、死板。由于优点大于缺点，这种写法一直在导语中占绝大多数，成为一种传统写法。

2. 描写式导语

描写式导语，就是在导语中适当运用白描等修辞手法，使导语生动形象，增添情感，引人入胜。例如电视新闻《北京第一场春雪》的导语：

画面	报道词
纷纷扬扬的雪花。 街头雪景及观雪人。 街头清扫积雪的人。	从昨天下午2点，北京地区下起了第一场春雪，纷纷扬扬的雪花一直下到今天上午还没有停止，这次春雪再一次给首都披上了银装。许多首都市民、交通民警、解放军指战员和环卫工人一起清扫路面积雪，以保证车辆通行。

这个导语对新闻事实所处的特定时间和特定环境作简要的描写，再引出报道的内容。记者不仅用画面，同时也用解说，显现了北京街头的春雪景象。“纷纷扬扬”、“银装”的北京，一派诗情画意，不仅描绘了新闻事实的意境，也营造了感情的氛围，同时又烘托出新闻的主题。

描写式导语除对特定时间和特定环境作简要描写外，还可以运用叙述和描写相结合的方法，对主要事实、人物活动等作有特色的描写；也可以运用特写式手法，把新闻事实描绘成色香味俱全的特写式镜头。但是，无论运用哪种描写方式，都要有利于表现主题，往往只用几笔勾勒，避免滥用华丽词藻，要注意保持导语简洁扼要的特点。过多的描写，不必要的形容，只会画蛇添足。

3. 评论式导语

评论式导语，是对所报道的主要事实进行简要的评论，揭示其内涵和重要意义，升华主题。导语中的议论，要在叙述新闻事实之后，水到渠成地发表评论。如获奖电视新闻《湖畔老年迪斯科》的导语：

画面	报道词
演播室播音员出图像主持新闻。	老年人跳迪斯科，这是近年来出现的新鲜事，它给老年人的生活增添了色彩，也改变了许多人的观念。杭州电视台的记者在美丽的西子湖畔采访了正在这儿跳舞健身的老大爷、老大妈。

这个导语在交待主要新闻事实“老年人跳迪斯科是近年来出现的新鲜事”之后，简短地由播音员直接进行评论：“它给老年人的生活增添了色彩，也改变了许多人的观念。”话虽不多，但切中中心，观点鲜明。

导语中的议论，也并非都是记者、主持人、播音员等直接发表议论，有时通过别人之口进行议论，可信性更强，更有说服力。所以会写电视新闻的记者，总是千方百计地找别人，特别是一些权威人士来发表评论，来增强评论的权威性、客观性、可信性。

4．设问式导语

设问式导语，是用设问的形式，把新闻中要解决的主要问题突出地、尖锐地提出来，然后用事实作简要回答，以引起受众的关注和深思。例如获奖电视新闻《科威特——战争已结束，灾难仍存在》的导语：

画　面	报　道　词
科城全部油井全景	海湾战争后，恢复了领土完整和主权的科威特目前状况如何呢？对科威特人民怀有友好情谊的中国人民对此极为关切。本台记者在采访李鹏总理访问科威特时，利用两个小时的时间录下了这组镜头。

这个导语一开头就以设问的形式，提出了这则新闻要解决的主要问题：“海湾战争后，恢复了领土完整和主权的科威特目前状况如何呢?”然后在新闻的主体部分逐层加以解答。这种导语引人注目，吸引观众看下去。

运用设问式导语要特别小心，如果提问不恰当，会引起受众的逆反心理，给人一种故弄玄虚的感觉。要抓住受众普遍关心和与群众生活有直接关系的问题、受众未知而欲知的问题、存在疑问的问题来进行提问。而那些受众急于知道的信息，就不要用设问式导语。

5. 对比式导语

对比式导语，就是运用对比、衬托的方法，把要说的事实和观点鲜明地突出起来。例如获奖电视新闻《浙皖赣边界掠影》的导语：

画　面	报　道　词
主持人出画面播送。	浙皖赣边界群山连绵千里，多少年来，这里远离都市和经济发展中心，一直与封闭、贫穷、落后相伴。浙江人称之为浙江的西藏，江西人则认为是贫困的革命老区，安徽人叫他们为被遗忘的角落。
山村景色。	今天，当我们走过浙皖赣边界采访了一个个普通的山村后，我们发现，经过改革的时代大潮冲刷，这些沉寂的角落已被唤醒，这里的人们正在走出封闭。

这个导语用两段文字，对浙皖赣边界进行了今昔的对比，比出了“10年改革，唤醒了大山深处的沉寂，边远山区不再是贫穷落后的代名词，这里的人们不仅从封闭的山里走出来，而且从思想的封闭中走出来了”，从中点出了新闻的主题：“经过改革的时代大潮冲刷，这些沉寂的角落已被唤醒，这里的人们正在走出封闭。”

对比、衬托，都是使主题鲜明的好方法。对比的方法很多，有今昔对比、正反对比、点面对比、纵横对比等；衬托的方法也很多，有大小衬托、轻重衬托、冷暖衬托等。不论用哪种对比和衬托，都要运用得恰当，否则反而会弄巧成拙。

6. 引用式导语

引用式导语，就是在导语中引用名人名言、名篇名句，或新闻中主要人物的话，给人以强烈印象。这种导语，观点鲜明，主题突出。例如获奖电视新闻《全旺乡农民贴对联》的导语：

画　面	报　道　词
推车卖粮的村民。 扛粮上垛的村民。 村民在乡政府大门上贴对联。 对联内容。 笑逐颜开的村民。	12 月 1 日是全旺乡秋粮收购的一天，一大早就在全旺粮站发生了一件新鲜事。几位卖粮的农民给全乡党员干部送来了一幅对联。上联是“笑声喊声称赞声声声入耳”，下联是“急事难事大小事事事关心”。横批“群众欢迎”。

这个导语抓住了一件新鲜事——农民给干部贴对联。通过引用对联的具体内容，点出了新时期干部转变作风，农民盼望的党员形象又回来了这一重大主题。

引语式导语，最常见的是引用权威人士、知名人士、代表人物的话。引用时要交待清楚他们的身份和典型性，才能显示出引用的话的分量和价值。引用的话不在多，也不要长，精选最能揭示事物本质或特征的一两句话，适可而止。

导语在新闻中的作用十分重要，但是并不是所有的新闻都一定有导语。如报纸、广播新闻中的简讯、电视新闻中的字幕新闻，往往只有一两句话，就没有必要写导语了。因此，不能仅仅从有没有导语来辨别是否是一条新闻。

(二) 主体

主体承接导语，是新闻的主干部分。一篇新闻稿写得质量如何，主体部分写得好不好至关重要。要把主干写好，关键是要紧紧抓住“用事实说话”这个根本点。从这一点出发，可以运用多种表达方法来写作。常见的方法有以下七种：

1. 第三人称概述式

第三人称概述式，即记者站在第三者的立场，对新闻事实进行客观的叙述。例如电视新闻《钱家坪村民为已故 10 年的党员立碑》的主体部分：

画面	报道词
成片的树林爬满山坡，李大瑞生前照片	李大瑞同志是1965年到钱家坪乡工作的。先后担任过乡党委委员、书记等职。在任期间，他真诚为村民办实事，带领全乡人民开荒造林6000多亩。
参天的树木，青山依旧在。	如今，在他曾经洒下汗水的山坡上，已经郁郁苍苍了，杉树参天了。而李大瑞同志却因长期艰苦工作，劳累过度，于1978年长眠在这块土地上。
成片的杉树林。	他去世后，没有给自己留下什么名誉和财产，在他的身后只有木材积蓄量1万立方米的杉树林和村民们朴素的缅怀之情。

农村基层党员去世10年以后，村民自发为之立碑，这是难得一见的新鲜事。为什么会发生这种事？记者在主体部分，用一种“深深缅怀”的笔调，展示了党员李大瑞的事迹，表现了村民的感激之情。由于李大瑞本人已过世多年，又没有留下什么名誉和财产，身后只有他种下的大片的杉树林，因此记者采用了第三人称概述式，从客观的立场说明：一位给人民做好事的共产党员就是人们心中的丰碑。

第三人称概述式，过去一直被视为消息写作的固定格式，是最常见、最规范的写法，稍有突破，就会被认为“不伦不类”。随着新闻事业的发展，新闻竞争的激烈，这种格式也被突破。

2. 第一人称目击式

第一人称目击式，指记者出镜采访，将所见所闻忠实记录，传递给受众。这种方式经常伴有大量的同期声讲话。例如获奖电视新闻《农民高宗云举行新闻发布会》的主体部分：

画　面	报　道　词
记者招待会上现场采访。	记者：老高，你这个合同是1987年订的吗？ 老高：不，合同上写着呢，是1986年订的，到1989年止，1989年9月20日中止。 记者：当时是和村里一起订的吗？ 老高：对，会计和有关人员都来了。 记者：一共承包了多少亩？
激动状 老高抽泣。	老高：四十五亩半，1987年我种的白菜刚打墩，大队就来人逼我起出白菜，不然就赔偿大队损失费。我说别说有合同，就是没有合同也不能把种下的白菜半截上就起出来。
	记者：把你的土地收了以后，你到哪里去反映过情况？ 老高：到过乡党委，都解决不了。当时我难过，也没和别人说，只是自己对自己说：土政策我服你了，我这个状就不应该告！我哭完之后，到家里嘱咐孩子们：你们好好念书，争取以后考出去，不能再当农民了，你们看农民有些事多难呀！ 记者：现在你合同被中止了，你想过到法院或其他什么地方去告吗？ 老高：我头一次去法律顾问处，他们不管。 记者：为什么？
沮丧地。	老高：他们说政府发布了适度规模经营，我们不太清楚。 记者：噢，县里有关于适度规模经营的决定。 老高：对，有这么个框框，所以我也没处去反映，也别瞎耽误工夫。

主体部分全部运用记者出镜采访的方式，叙述了农民高宗云

被单方面中止承包合同的遭遇，以及他为什么要召开新闻发布会的原因。记者把“我”放了进去，当事人又现身说法，让人感到真实可信。

第一人称目击式的写法，冲破了新闻现场与受众之间的心理界限，有效地调动受众的情感，产生如临其境、如见其人、如闻其声的感受，生动、逼真、可信，成为电视新闻越来越普遍采用的写作方法。

3．特写式

特写式，即选择新闻事实中有典型意义的几个侧面或几个片断，抓住“特写镜头”，再现场景。例如获奖电视新闻《副省长冲上灭火最前沿》的主体部分：

画　面	报　道　词
远望隧道大火。 浓烟滚滚，火势凶猛，救火的人群观望火势，副省长到火场（字幕：7月4日上午10时）。现场商量对策。	1990年7月3日14时57分，载有47节油罐的0201次列车运行到我区万园县境内的离子园隧道中突然爆炸起火，造成湘渝铁路中断。一场罕见的火灾事故发生后，蒲海清副省长火速赶赴现场同有关部门负责同志一道指挥近百个部门的5700多名抢险人员与烈火展开了顽强的搏斗。
隧道洞口抢险全景。 封堵洞口的人群。 火势从洞口窜出来。 高压水枪喷射。 洞口传递沙包的人群，险情出现，人群撤退。	5日下午，隧道南洞口已被完全封堵，北洞口还剩一米多高。随着洞口的不断缩小，隧道内的温度和压力越来越高。洞内的油罐也在陆续的爆炸，凶猛的火焰将灭火勇士一次次逼离洞口，即将封口的沙袋随时都有被冲跨的危险。
副省长与铁道部李森茂部长在现场指挥，副省长登上封堵墙。 封堵墙上副省长看火情（定格）。	就在这冲上去就胜利在望，停下来就前功尽弃的关键时刻，一直在离洞口10多米处边指挥边传送沙袋的副省长抓住油罐爆炸间歇，推开拉住他的战士，冲上了洞口。

这里抓住灭火中的一个精彩片断，将中心人物副省长“定格”，使观众看到副省长冲到灭火最前沿的情景。这个特写，让我们感受到党的干部为了国家利益不惜牺牲自己的生命的崇高精神风貌。这是一个新角度的灭火故事，一个不同于以往扑火群像塑造的故事，一个不同于以往献身精神讴歌的故事。

特写式的写法，长于突出中心人物、中心事件，是比较吸引人的方法。但写作时，要注意抓准、抓活，不能“丢了西瓜，捡了芝麻”。

4．夹叙夹描式

夹叙夹描式手法，按照新闻事件发生、发展、高潮、结局的顺序，边叙述，边描写。叙述的地方穿针引线，寥寥几句勾勒出全貌；描写的地方精心刻画能揭示事物本质的细节。新闻报道中有了这些细节，整个新闻就“活”了起来，增强了可信性与可视性，收到“以一目尽传精神”的效果。例如获奖电视新闻《富春江堵坝抢险目击记》的主体部分：

画　面	报　道　词
决堤现场。洪水冲击。群众抬土。现场指挥。	深夜 11 点 50 分，春江乡八一村南浦闸突然下陷，意想不到的决堤发生了。洪水迅速冲开了一个 15 米宽的大口子，直扑富阳县的主要产粮区。春江危急！富阳告急！
抬草包、堵缺口。	10 分钟后，灵桥镇镇长俞召泉、春江乡乡长丁甲富带领一批乡村干部先后赶到，县委书记唐永富、副县长葛扬安、沈建国等随即赶到，1400 多名村民紧急动员起来，投入堵坝抢险。
架树木、填草包、缚缆绳、众人拉船、凿船。	洪水来势凶猛，草包被冲走，树木挡不住。临时指挥部当场决定，沉船堵水，不惜一切代价保护大坝。

画　面	报　道　词
	村民蒋永宁立即把自家新买的两条机帆船开了过来。这是他多年积蓄的惟一家当，寄托着多少致富的希望，而现在要亲手沉船，怎能叫他不揪心！但是在个人和国家面前，他毅然选择了后者。
运送物资。 送物资的船开向缺口。 缺口现场。 大坝泥土塌落、洪水滚滚。 战士乘船、下船临阵动员。 人拉人爬向缺口。队员落入水中。	在后方，30多名共青团员自动组织起来，草包等救灾物资源源不断地送到抗洪第一线。 四条船沉下去了，几千只草包堆起来了，经过连续奋战十多个小时，南浦大坝基本合拢。 可怕的事情又发生了，7月4号12点，刚刚合拢的堤坝又被冲垮，洪水呼啸着涌出堤内，两岸的塌方还在继续，缺口扩大到20多米。大坝再次告急！ 关键时刻，在县城待命的驻浙某部三团100多名指战员赶来了。 （同期声）这么多父老乡亲都在看着我们，我们一定要干好，有没有这个决心？ 众人答：有！ 好！按照连长部署立即行动。 20多名突击队员轮番上阵。水流湍急，根本无法靠近。不好！一名队员落水了。无论在什么样的危险面前，我们忠诚的战士没有一个怯阵的。
深夜战士堵缺口、拾木头、大坝全景，洪水退后的大坝和农田。	经过20多个小时的日夜奋战，富阳军民硬是在落差两米的南浦大堤上筑起一条20多米宽的草袋子大坝。这是党心、军心、民心共同浇铸的精神大坝。堤内3万人民的生命财产安然无恙，2万6千亩稻田化险为夷。富阳县的广大党员干部在大自然设置的考场上，在生与死、公与私的考题面前交出了一份

画 面	报 道 词
省委领导到大坝现场，李泽民同志慰问大家。	出色的答卷。 （同期声）谢谢了！谢谢了！我代表省委省政府向指战员表示衷心的感谢！这险风险堤，要是没你们的支援就很危险了。 关键时刻还是靠人民子弟兵！

这个主体部分，按照灾情发生、发展、高潮、结尾的顺序结构大的轮廓，着重描写了党员干部冲锋在前、农民群众舍己为公、子弟兵奋不顾身抢险等关键的场面和细节，展示了人的精神世界，只要我们有一条冲不垮的精神大坝，就一定能战胜任何灾害和困难。

新闻中的叙述，是主体的骨骼，将一个个生动的细节串连起来；而新闻中的描写，是把记者、受众和所描写的对象联系起来的感情枢纽，有时所写的人和事虽被淡忘了，这些闪光的细节却铭刻在心。边叙述，边描写，二者相得益彰。

5. 问答式

问答式，即记者以采访形式提问，被采访对象回答的写作方法。记者可出镜，也可不出镜。常见于电视新闻之中。例如获奖电视新闻《定西农民的心声》的主体部分：

画 面	报 道 词
（1979年资料） 人拉犁。 土屋前缝衣。 孩子们。 炕上破棉絮。 分返销粮。	1979年的冬天，记者曾经同几位老同志到定西地区采访，拍摄了群众生产、生活的困难情况。当时，定西地区250多万农民的生活普遍贫困，而李发海、朱克昌等几位农民贫穷的程度更使人吃惊。九年过去了，他们现在的生活怎样呢？

画面	报道词
	记者又沿着当年的采访路线来到李发海的家。
从沟上田地摇到李发海的家。 屋内摆设变了。 采访李发海。	（同期声）问：现在比 1979 年好多了？ 答：是的。 问：我记得 1979 年来时，你全家的家当加起来一共才 40 多块钱。 答：是的。连一把椅子都没有。
在太阳灶前采访魏其方。 采访杜忠义、周炎昌。 炕上的棉被。 门前的对联。 场院的粮食。 坝上的新房。	（同期声）问：79 年家里是个啥情况？ 答：全家 3 口人，家产一共不到 50 块钱。 问：粮食有多少？ 答：没有粮食。 问：现在收多少粮？ 答：现在还有余粮。 问：这是哪一年做的？ 答：前年做的。做了三床被子。

十年前，记者采访过定西农民李发海、魏其方；十年后，记者再次采访二人，通过问和答，定西的变迁也就一清二楚。

运用问答式，结构层次清晰，一目了然。问题提出和回答都直截了当，干净利索。事情交待得清，问题讲解得明。除现场感强外，还可以弥补一些未能及时采访到的事情。

6．工作记录式

工作记录式，即以记录工作情况的方式进行现场报道，真实可信。例如获奖电视新闻《江泽民等慰问节日在岗职工》的主体部分：

画　面	报　道　词
江泽民同播音员握手、交谈。	这是中央人民广播电台。 (同期声) 领导介绍：这是朝鲜族，这是哈萨克族…… 江泽民：(问维吾尔族女播音员) 你会说汉语吗？维语的"你好"、"谢谢"怎么说？
江泽民同播音员握手、交谈。	领导介绍：这是铁城、岳斌…… 播音员：总书记是哪里人？ 江泽民：我是扬州人。 播音员：跟林黛玉是老乡。 江泽民：噢，不，那林黛玉那么苗条。 (众笑)
江泽民同记者、编辑、播音员交谈。	这是中国国际广播电台。 (同期声) 领导介绍：这是日语部副主任。 江泽民：……（用日语问候）
江泽民等参观、视察机房、演播室。 在演播室，江泽民同播音员交谈。	这是中央电视台 (同期声) 江泽民：为什么你在荧光灯前坐下来一点都不紧张？ 播音员：第一，稿子要熟，另外一定要适应灯光。还要注意广义的备稿，经常看报、听广播，对国家各方面政策要了解。 江泽民：我告诉你，我在上海进电视台播过好多次，比我到大会上去演讲难得多。因为一个人没有，有人才好讲，对着一个空旷的空

画　面	报　道　词
	间讲，感情发挥不出来。 播音员：播音员跟您不一样。你在人民大会堂跟数万人讲不紧张，我是在这儿不紧张，可能见人多就慌了。
江泽民等视察导播室。	江泽民说，广播电视很重要，最近几年来，广播电视发挥了重要作用，在传播信息等方面给人们留下了深刻的印象，你们责任重大。
江泽民等视察机房。	江泽民等同志来到北京长途电话局和北京无线通讯局微波站。
江泽民同战士握手、交谈。	慰问途中，当面包车途经复兴门立交桥时，江泽民看到这里的群众很多，他临时决定停车看望大家。 (同期声) 战士：总书记好! 江泽民：向部队同志问好!
江泽民同群众握手、交谈。	群众：江总书记好! 江泽民：（对一抱小孩女同志）你是哪里人? 妇女：我是四川人。 江泽民：你们那里小孩的习惯同我小时候一样。
江泽民同群众握手、合影。	江泽民：咱们一心把国家建设好。

这个新闻的主体部分，记者运用“随机同步”的跟拍方法，

将江泽民等中央首长慰问节日在岗职工的工作过程一一记录下来，记录得准确周到。特别是江泽民临时停车，完全是个意外，根本来不及做任何准备，这一场面得以完整记录下来，完全是记者的新闻敏感和动作敏捷，让观众在看电视时，同样感觉到了现场的特殊气氛。

工作记录式的写法，一般按照工作的时间顺序，一一记录。但也不是“流水账”式的，事无巨细。要选择那些有代表性的细节，突出主要新闻事实。

7. 画面加字幕式

文字加图表式，本指文字新闻中加图表的形式，电视新闻中指在画面上加字幕、图表的形式。获奖经济新闻《节能网骗你没商量》中揭露骗招之一“两罐气当三罐用”时，就运用了图表和字幕来说明问题：

画　面	报　道　词
字幕：骗招之一：两罐气当三罐用	
记者	按国标 16410—1996《家用燃气灶具标准》规定：灶具热效率为 55%。节能网的说明书则清清楚楚地写着热效率为 58%；有的竟然宣
字幕：灶具热效率：55%	称节能 33%，两罐气当三罐用。这无疑对历来有节约传统的中国消费者来说，是一大福音。
消费者 E	试一下。反正花那么少的钱。又能省（煤气），我就买了。
消费者 F	好像比一般的能快一点。
消费者 G	可以节能吗？节能我想到……

<table>
<tr><th>画　面</th><th>报　道　词</th></tr>
<tr><td>记者</td><td>然而，节能网究竟能为大家节省多少气呢？在我们对使用节能网的消费者调查中，竟然没有一个人认真地计算过、对比过。</td></tr>
<tr><td>消费者 H</td><td>这不用计算，每天都做饭。</td></tr>
<tr><td>消费者 B</td><td>没有注意，我们每天上下班太忙。</td></tr>
<tr><td>表 1：使用节能网前后热效率对比表
<table>
<tr><th>商　标</th><th>不加节能网</th><th>加节能网</th><th>差值</th></tr>
<tr><td>超能牌</td><td>56.6%</td><td>55.9%</td><td>−0.7%</td></tr>
<tr><td>火炬牌</td><td>53.2%</td><td>50.8%</td><td>−2.4%</td></tr>
<tr><td>盛能牌</td><td>56.8%</td><td>53.1%</td><td>−3.7%</td></tr>
<tr><td>全美牌</td><td>54.8%</td><td>52.5%</td><td>−2.3%</td></tr>
<tr><td>火炬牌（汕头产）</td><td>53.8%</td><td>47.7%</td><td>−6.1%</td></tr>
<tr><td>红日牌</td><td>50.0%</td><td>50.7%</td><td>+0.7%</td></tr>
</table>
</td><td></td></tr>
<tr><td>字幕：两罐不等于三罐</td><td></td></tr>
<tr><td>记者</td><td>消费者没有时间计算，那么我们请检测站工作人员替大家为节能网把把关。在相同室温，使用同一灶具、同一检测仪器的前提下，“超能”牌、哈尔滨产“火炬”牌、“盛能”牌、“全美”牌、汕头产“火炬”牌使炉具热能分别下降 0.7%、2.4%、3.7%、2.3% 和 6.1%。“红日”牌虽然热效率上升 0.7%，但也起不到节能效果，更达不到包装上所称的节能率为 33.3%，两瓶气顶三瓶用的功能。</td></tr>
</table>

运用图表和字幕，鲜明醒目，一目了然，有助于问题的解决。但是图表和字幕不能用得太多，那样的电视新闻是不耐看的。图表和字幕要简洁明了，配合活动画面来进行新闻报道。

（三）结尾

结尾是电视新闻的最后一段或最后一句话，与导语一样，要求写得简明扼要。如果说电视新闻需要有个“凤头”一样美丽的导语，“猪肚”一样丰满的主体，那么，也需要有个“豹尾”一样有力的结尾。一个技艺高超的电视新闻记者，应该会选择一些恰到好处的语言放在结尾处，形成一个“豹尾”。

结尾的方法也是多种多样的，常见的有以下六种：

1. 小结式

小结式就是把新闻的内容作一个概括，给受众一个完整而深刻的印象。例如获奖电视新闻《阳泉工商局要求工商管理人员不在所管摊位吃喝拿商品》的结尾：

画　面	报　道　词
记者作现场报道。	（同期声）俗语说：常在河边走，哪有不湿鞋。阳泉市工商局从最敏感的吃喝拿买上做出硬性规定，其目的就是纠正行业不正之风，在人民群众中树立工商管理人员的良好形象。我们想：如果各行各业都能够从各自身边的事情做起，那我们的社会风气将会大大好转。

这则新闻的主要内容，是阳泉市工商局作出决定：要求管理人员不“吃喝拿”自己管区的商品。新闻的结尾，总结了新闻的主要内容并进一步点出这条新闻的主题：“纠正行业不正之风，在人民群众中树立工商管理人员的良好形象。”

一般小结式的结尾，都在总结新闻内容的基础上，进一步点出新闻的主题。

2. 照应式

照应式是结尾与导语提到的主要事实照应，加深受众印象，进一步深化主题。例如获奖电视新闻《两座商厦在治理整顿中呈现不同景观》，导语是这样的：

画　面	报　道　词
太原街景。	80年代末，太原市两个商业骄子新星商场、天龙大厦，在治理整顿中呈现出冷落与繁荣的不同景观。

结尾与导语中提到的主要事实——“太原市两个商业骄子新星商场、天龙大厦，在治理整顿中呈现出冷落与繁荣的不同景观”照应，并进一步点出了主题：

画　面	报　道　词
天龙大厦内火红的盘货场面。	新星已成为昨夜星辰，而天龙却实现了腾飞。从两座商厦的对比中，不难看出，天龙由于实行了以统放结合为龙头，售前服务、厂商结合为两翼的新格局，从而使经营步入良性循环的轨道，商品的货台越搭越大，买卖也越做越红火。

照应式结尾，更适合电视新闻。因为电视是一次性传播，结尾与导语照应，能更加深观众印象。照应并不是简单的重复，而是对新闻事实一层深过一层的挖掘，所以每一次照应，都要有一点新意，意思要更深一层。

3. 展望式

展望式是在结尾写出当前新闻事实的发展趋势，引起人们的关注。例如获奖新闻《“四跨”使海尔提前超百亿》的结尾：

画　面	报　道　词
字幕：海尔集团总裁张瑞敏 采访张瑞敏	“13年的时间，从零干到了现在的100亿，对我们自己看应该是很快了，但是对比世界上的国际化企业还是差距非常大的。我们要进入世界500强，我们想——争取10年之内达到这个目标。”

这则新闻主要报道了“海尔集团”贯彻中央精神，实现“跨地区、跨行业、跨所有制、跨国经营”，利润提前超百亿。这是一篇成功反映我国企业改革先进典型的新闻，结尾更高瞻远瞩，为“海尔集团”的发展提出了更高的目标——争取10年之内进入世界500强。

作展望式的结尾，必须是重大的新闻事实，或是广大群众关心的事情。那些一般的新闻事实，不是大众关注的事情，就没有必要作展望式的结尾。

4．评论式

评论式结尾，是对所报道的新闻事实进行议论，说明它的实质、意义等，点出主题。例如获奖电视新闻《晋中专员田间考县长》的结尾：

画　面	报　道　词
记者采访。	（同期声） 记问：往年召开这样的会吗？
祁县县长朱照健讲。 晋中农委副主任段景勤讲。	朱答：没有过。一般县长这一级的都是动嘴皮的，光说，做就没有了。这次是既要说还要做，实际操作嘛。
记者专员边走边说。	段答：作为一个领导干部，你要指挥生

画　面	报　道　词
	产首先必须熟悉生产，懂得生产。这样的会，我认为能密切干群关系，对于领导取得指挥生产的主动权很有好处。

这则新闻报道了一个特殊的考场。自古以来有各种各样的考场，但从未听说过有谁在田野设考场考县官。这个从未听说过的考试，意义可就非同一般了。记者就抓住这一点，采用现场同期声采访的方式，在结尾处对这种考法发表意见，说明它的现实指导意义，点明新闻的主题。

在评论式结尾中，议论的同时，还可以就新闻事实进行分析，在肯定成绩的同时，指出不足之处，以及努力的方向。运用评论式结尾时，要注意必须在光叙述事实还不足以揭示实质时，才作精辟的议论，起到画龙点睛的作用。

5. 激励式

激励式结尾，是以新闻中所宣传的先进思想、革命精神或豪言壮语，来激励人们，鼓舞人心。例如获奖电视新闻《济南市第一次为聋哑青年举行集体婚礼》的结尾：

画　面	报　道　词
新婚人李娜用手势发言。 现场翻译哑语（同期声）。 证婚人给新婚夫妇发礼品。 会场的人欢迎。 向新人祝贺。	新娘李娜代表新人发言。她说："这几年，党和政府兴办了许多福利事业，使我们这些有劳动能力的残疾青年都有了为社会出力的机会。我们在单位里和健康人同工同酬，同样分房子，热心的同志还为我们牵线搭桥当红娘。我们虽然不会说，不会唱，但心里有数，一定要加倍地工作来报答党和人民的关怀。"

这则新闻主要报道济南市为聋哑青年举办集体婚礼。党和政府多渠道、多层次、多形式地为残疾人排难解忧，深深地打动了残疾人的心。新闻中的聋哑人虽然不会说话，但是用手语，通过现场翻译，也道出了他们的心声，同样也激励了千千万万的电视观众。

激励式结尾往往运用一些激励人心的话语，抒发人们的豪情壮志。但是作为电视新闻这种特殊的传播方式，还可以充分调动画面、音响等电视手段，以激励人心的场面来结尾。例如获奖电视新闻《副省长冲上灭火最前沿》，就是以灭火胜利，人们欢呼雀跃的场面来结尾的。在高潮中结束报道，令人真有“余音绕梁，三日不息”的意味。

6．诘问式

诘问式结尾，即在报道完新闻事实之后，对新闻事实所提出或揭示的问题进行追问、反问，以引起注意，促使问题更好地得到解决。例如获奖连续新闻报道《军民奋力扑救南炼 310 号油罐大火》中的第七次报道。这则报道主要分析 310 号油罐发生火灾的原因，结尾是这样的：

画　面	报　道　词
车间杂瓦景象	同期声：为什么不落实？我们的基层现在……像这个车间比较突出，这个车间的基层，一点样子都没有，干部都没有什么事！搞生产，是很硬的东西，没有强烈的事业心，能搞得起来吗？事情发生好像是偶然的，但是生产管理成这个样子，不发生事情就成了偶然的了，发生事情就成了必然的了，不在这里发生，就在那里发生！ 目前，由江苏省、南京市和中国石化总公司组成的调查组正对事故责任和损失情况作进一步的调查。

这个结尾，用反诘的句式，点明 310 号油罐火灾的原因是工作不负责任、违反操作纪律、纪律松弛、管理混乱，没有按有关

部门的要求落实整改而造成的重大责任事故，并责成有关部门抓紧时间进行整改。

诘问式结尾大多用于批评性报道。因此，所提出的问题应该抓住关键，一针见血。

俗话说："编筐编篓，重在收口。"结尾与导语都占据着电视新闻的特殊位置，所起的作用是不可忽视的。但是，也不是所有的新闻都必须要有结尾。像报纸的简讯，电视的标题新闻、插播新闻，就不必有结尾。长一些的新闻要不要写结尾，也要根据内容和主题的需要，灵活地掌握。

二、电视新闻背景写作技巧

电视新闻背景是对新闻本体进行解释的附属事实材料，不是新闻中的独立组成部分，大多安插在主体部分播出。

这个概念有四层含义：新闻背景是新闻本体事实的从属部分，而不是新闻本体。新闻背景是事实材料，而不是议论，不是记者对新闻事实的看法。新闻背景的主要作用，是对新闻本体事实进行解释。新闻背景的位置，放在导语、主体、结尾都可以，但大多放在主体部分中。

从新闻的结构上来讲，新闻背景不是新闻独立的一个组成部分，但它往往是新闻不可缺少的内容。因为任何新闻事实都是在一定的环境和历史条件下产生的，许多新闻事实只有放在一定历史条件下和特定环境中，才能显示出真正的价值。背景的交待，对新闻本体事实往往起着陪衬、渲染和烘托的作用。而电视画面只擅长表现"现在进行时"，对于过去和将来的展示显得力不从心，仅有的零星照片或文字材料又十分有限，交待背景就往往依靠解说。如何在对应的画面中找到一个适合的插入点，充分发挥新闻背景的作用，直接影响新闻的质量和宣传效果。

(一) 新闻背景的作用

胡乔木同志曾经指出："你得在你的新闻里，每一次供给他详细的注释，纵断面和横剖面的背景，色、香、声、味，呼之欲出，人证、物证一应俱全。这样，你的新闻就叫做'立体化'了，就叫做让人明了了。"① 可见要写好新闻背景，首先就得了解新闻背景的作用。具体来说，新闻背景有以下几方面的作用：

1. 揭示新闻价值

如果孤立地看一则新闻，往往不足以体现出新闻价值，但是将新闻事实放在一定的大背景中去写，不仅增加了新闻的深度，而且使它的新闻价值升值。例如中央电视台的《观察与思考》栏目播出的新闻《会海大透视》，追踪各种社会信息，找出会议成灾的根本原因。新闻中利用中、美会议背景材料，进行全方位的对比，说明会议成灾的原因不在于数量的多少，而在于质量与效率。将它放在世界的大背景上去看，更显示出这条新闻的分量。

2. 烘托、深化新闻主题

"用事实说话"，这是新闻写作的基本原则。一方面，指的是新闻本体要"用事实说话"；另一方面，也指的是新闻背景要"用事实说话"。但是它们在同一条新闻中，说的并不是同一件事实，在新闻中的地位也不一样。新闻事实是"本体"，新闻背景是"衬托"。新闻本体有了背景的烘托，主题更得到深化。例如系列（连续）报道《弹指一挥间》，报道了祖国建国 40 年来方方面面取得的成就。在表现科技和工业成就时，第一个镜头就是 1964 年原子弹爆炸成功，是用历史背景引入特定情景，烘托主题，科技和工业方面的辉煌成就就更充分地显现出来。

3. 说明新闻事实产生的原因和条件

任何新闻事实的产生，都有一定的原因和条件，要交待清楚

---

① 胡乔木：《人人要学会写新闻》，原载 1946 年延安《解放日报》。

新闻事实，就必须说明它发生的原因和条件。例如获奖电视新闻《乐山大佛旧貌换新颜》中的背景材料。乐山大佛举世闻名，但很少有人知道它究竟有多高、有多少岁，更不知道风化剥蚀正严重威胁着它的寿命。“年龄有 1100 岁的乐山大佛身高 71 米，从头到脚杂草丛生。这些杂草灌木渗透到大佛身体里太多太深，就会引起大佛表层的风化脱落。”寥寥 60 个字，就把乐山大佛的情况交待得一清二楚，并说明必须进行修缮的原因。正因为举世闻名的乐山大佛已有 1100 多年的历史，对它进行全面清扫方显得意义重大；正因为乐山大佛身高 71 米，成都军区某侦察分队在上面清扫，才不仅展示了他们练就的攀登本领，更显示了他们不畏风险的英雄本色。

4. 表达记者对新闻事实的看法和意见

一位常驻国外记者说：“新闻背景被用来表达记者的观点，几乎成了西方记者共同遵守的准则。”①西方新闻界不允许记者在新闻中发表评论，但记者总是有自己的立场和看法的，一些高明的记者就将自己的立场和观点巧妙地穿插在新闻背景之中。这种作法，在我国的新闻写作中也是常见的。例如获奖电视新闻《静海寺零点敲响警世钟》是诸多有关香港回归报道中出类拔萃的一篇，它展示了7月1日零点，在当年《南京条约》议约地静海寺内，敲响迎接香港回归警世钟的精彩瞬间。记者在交待林则徐后裔林纲、邓廷桢后裔邓源是撞响第一声钟声的人后，满怀激情地解说：“这标志着155年前在这里蒙受的耻辱，经过中国人民155年的抗争和奋斗，终于洗雪，又恢复了对香港行使主权。”这既是记者的心声，又是千万中国人民的心愿，情不自禁地引起受众的共鸣。

5. 增强新闻的知识性和趣味性

① 黎信：《新闻背景及其作用》一文。转引自常秀英：《消息写作教程》，第140页，中国广播电视出版社1995年版。

正像唱戏一样，背景是演“配角”的，往往不容易引起人们的注意。但如果“配角”演技高超，也会赢得观众的喝彩，给整台戏增色。电视新闻《在大禹治水的地方》，反映了山西省河东沧海桑田的变化。这则新闻的背景材料如下：

画面	报道词
从空中看黄河。 黄水涛涛。 古老的辘辘片。 长长的井绳。	相传在四千年前的洪荒年代，大禹曾在这里凿开龙门引退洪水，水患解除了，却留下了干涸的土地、起伏的黄土丘陵和世代延续下来的取水方式。 (同期声)
记者在人群中采访老大娘。	问：你们这里哪年最旱? 答：光绪三年。 问：旱到什么程度?
石碑特写。	答：碑上写着呢——人食人，犬食犬。

这是一则历史性背景材料，它由“大禹治水”的神话传说，引出了过去这里发生的“人食人，犬食犬”的历史悲剧，与今日农民“闹红火”的场面形成鲜明的对比。这条本来很简单的农民丰衣足食的报道，由于今天丰收的场面与历史背景的结合，不仅使人增长了知识，而且增强了趣味。正如有人所说：“以报道读者未知、欲知、应知的‘旧闻’和‘远闻’为主要内容的文体，也就是主要由新闻背景材料构成的文体。”① 这则新闻背景正是这样脱颖而出，使整个新闻熠熠发光。

(二) 新闻背景的分类

新闻背景的分类，由于着眼点不同，分法也不同。从背景的时空着想，分为纵向背景和横向背景；从背景的内容着眼，分为地理背景、历史背景、事物背景、社会背景等。从写作的角度来

① 仇学平：《背景新闻和新闻背景》，原载 1992 年第 10 期《新闻与成才》。

看，从背景的作用着眼进行分类，是通常习用的方法：

1. 对比性材料

对比性材料是通过正误对比、今昔对比、彼此对比、先进与落后对比等，以突出新闻事实的意义，烘托和深化主题。如获奖电视新闻《两座商厦在治理整顿中呈现不同景观》的背景材料：

画　面	报　道　词
天龙大厦外景。 大厦内顾客盈门。	天龙大厦今年一到十月份销售额达一亿六千万元，利润 686 万元，分别比去年同期增长 46% 和 4.5 倍。增长幅度居全国国营商场之首。
新星商场内景。 冷清的柜台。	而新星商场已濒临倒闭，47 家经营单位已有 8 家停业，31 家亏损。

这是一组正反材料的对比，充分说明了这条新闻的主题——新星已成为昨日星辰，而天龙却实现了腾飞。在此基础上，进一步探究其中的道理。这组新闻背景起到了烘托、深化主题的作用。

2. 说明性材料

说明性材料是在背景中介绍有关政治背景、地理环境、历史演变等，说明事实产生的原因、条件、环境，以及与周围事物的联系、影响和相互作用，帮助受众理解新闻发生的必然性。如获奖电视新闻《河北元氏县山区光棍征婚热》的背景材料：

画　面	报　道　词
贴着红喜字的洞房。 山区外景。	通过征婚为自己寻找生活伴侣，对元氏县山区的青年来说，过去连想也不敢想。 占这个县面积 2/5 的山区人多地少，曾经连温饱都难以维持，姑娘外嫁，光棍成群。在姬村乡一个不到 300 户的小村子里，就有老少光棍 108 个，被称为“一百单八将”。

这个背景材料用幽默而又含苦涩的历史材料，回顾了河北元氏县山区“在姬村乡一个不到300户的小村子里，就有老少光棍108个，被称为‘一百单八将’”的事实，说明了今天的新闻是“过去连想也不敢想”的，揭示了改革开放给山乡带来的巨变。

3．注释性材料

注释性材料指对人物出身经历、性格特点；对产品的性能、使用方法；对科技知识、名词术语的解释，使人们更好地理解新闻事实及其意义。如获奖电视新闻《我国第一个试管婴儿诞生》的背景材料：

画　面	报　道　词
图像资料： 张丽珠教授手术取卵，刘斌副教授作试验，为孕妇检查，作CT扫描的图像。	试管婴儿是指体外授精和胚胎移植的新技术。它的出现是人类生殖医学发展史上重大突破。1978年，世界上第一个试管婴儿在英国出生。北京医科大学张丽珠教授、刘斌副教授等人从1984年12月开始了试管婴儿的研究。

这个背景材料介绍了“什么是试管婴儿”这一科学知识，简述了试管婴儿在国内外研究的情况，说明了这则新闻的重大价值和历史意义。

新闻事实与新闻背景的关系，就像红花和绿叶的关系，所以一般新闻都要交待背景。但是也不是所有的消息都必须交待背景。如简明新闻、简讯、标题新闻、字幕新闻等，事件单一，意思明了，文字简短，无须交待背景。有些新闻事实的原因、条件、环境是不言而喻的。通过画面就明白了，也没有必要交待背景。还有些连续报道，前边的报道往往就是此次报道的背景，只要讲清最新动态即可，也无须重复。

第四节　电视消息类节目编排中的写作

电视新闻篇幅短小，一般不单独播出，而是将若干条电视新闻集中在一起，在特定的时间内，在特定的栏目中播出，这就有一个节目如何编排的问题。

电视消息类节目编排，就是按照党的路线、方针、政策和新闻传播的规律，突出当前一个时期的宣传重点，由编辑对诸多单条电视新闻加工、整理、归纳、选择、调配后进行的有机串联。节目编排是电视新闻播出时的最后一道关口，起十分重要的作用。

一、电视消息类节目制作的五个到位

电视消息类节目的编排，是在电视消息类节目制作五个环节到位的基础上进行的：

（一）选题到位

选题是电视新闻采访报道的第一步。人们常说："题选好了，就成功了一半。"选题往往决定电视新闻采访报道一系列活动的价值取向。因此，新闻部门越来越重视选题工作，许多单位设立专门的节目策划机构，组织专门的班子进行选题策划。

电视新闻常见的选题，根据来源分为两大类：一类是上级命题，一类是自己命题。在日常工作中，经常遇到这样的宣传任务：有关领导要求新闻单位就某一主题作出重点而有力度的宣传报道。这些主题都比较大，内容广泛，往往只是一个宏观的概括，离构成新闻事实还有很大的距离，必须将这种抽象的主题变成具体的新闻，才能宣传出去。这时，首先要做的工作，就是策划，进行选题。

为了少走弯路，少出问题，尽快地顺利选好选题，做出节目，必须坚持正确的舆论导向，选择具有深刻社会价值的题目，选择具有代表性的典型题目或比较特殊性的题目，具备极强的新闻价值。这些基本原则是选题时必须坚持的。

（二）案头准备到位

案头准备工作是新闻采访报道的首要步骤。只有运筹帷幄之中，才能决胜千里之外。

案头准备工作主要体现在前期制作时的采访提纲，及后期制作时的新闻文字稿和节目编排稿的写作。

在写作采访提纲时，应注意以下几方面的内容：

1. 事件的主要经过和拍摄内容。

2. 事件的关键细节或主要情节。

3. 对主要当事人及相关人的采访和所提的问题。

4. 事件产生的原因及有关分析。

5. 事件的意义或影响。

6. 背景材料的取舍。

（三）现场采访到位

常言说得好："巧妇难为无米之炊。"现场采访就是搜集新闻素材，所以十分重要。

电视新闻采访常用的方法有：

1. 现场报道。这是记者在新闻事件现场，与正在发生的新闻事实同步进行的采访，记者以第一人称和见证人的身份出现在新闻现场，向观众介绍新闻事实。

2. 直接采访。记者直接面对新闻事实或被采访对象，进行采访。

3. 间接采访。新闻事件已经过去，或记者无法到达现场，或无法面对新闻事件和当事人，只有采访相关的人和事，进行间接采访。

4. 迂回采访。直接采访无法实现，间接采访又达不到目的，这时只有通过其他人和地方进行迂回采访。主要事实水落石出时，被采访对象也只能露面。

5. 立体采访。一个角度或一个方位不能采访到的时候，可以多角度、全方位地进行采访，称为“立体采访”。

6. 电话采访。在采访对象无法见面，或图像传播不能进行时，电话采访便发挥出了它的优势。

7. 偷拍。难以进入的场合，或难以公开的事情，可以运用偷拍。在批评报道中，偷拍常常取得其他方法不能取到的效果。

（四）摄像到位

电视新闻是“声画合一”的，摄像是记录视听场信息不可或缺的手段，只有摄像到位，才能真实记录场信息。

电视新闻摄像注意以下问题：

1. 突出主体。主体可以是人，也可以是物，摄像的主要任务就是突出主体。

2. 选好角度。为达到表现意图，最佳角度只有一个，摄像就要寻找到这个最佳角度。

3. 选好环境。环境，包括背景的选择，要有助于新闻事件的报道。

4. 掌握均衡。即要人看着舒服，不别扭。

5. 运用字幕。要注意字幕位置与画面的配合。字幕的运用要恰当，不能过多。

（五）后期编辑到位

前面四个到位，是解决“说什么”和“怎么说”的问题，后期编辑到位则是要解决“如何说得好”的问题。

编辑到位的要求有以下几个方面：

1. 事实清楚。编辑到位的新闻节目，要利用画面语言和现场音响完成对新闻事实的再现。

2. 主体突出。主体出现的时间、位置、次数、景别，要超出其他内容。

3. 主题鲜明。新闻图像的次第编排与文字解说共同表现新闻主题，图像表现的主题要明白易看，与文字稿表现的主题对应。

4. 结构完整。要根据画面语言的语法、句法、章法来结构画面，把握好节奏。

5. 注重细节。细节具有非常重要的作用，往往是新闻事实精华之所在。

二、电视消息类节目编排中的写作内容

电视消息类节目的制作过程中，除电视新闻本体及背景材料文字稿写作之外，还包括节目预告、新闻提要、标题、消息头、串联词、结束语的写作。

(一) 节目预告

节目预告往往在播放开始，由主持人提示出来。1997 年 7 月 1 日《新闻联播》中，香港演播室主持人在节目的开始说道：

中华人民共和国百年期待的香港回归祖国在 1997 年 6 月 30 日至 7 月 1 日凌晨实现了。

这是中华民族的盛事，这是永远令人难忘的时刻，这是永远载入史册的时刻。请看报道。

主持人直截了当地交待了当天《新闻联播》的中心内容。香港回归祖国，这是 20 世纪末最为世人关注的一件大事，也是新闻媒体报道的一场重头戏。报道回归，见证历史，这是多么吸引观众的节目。

人们收看电视的状态是边看边听，当听到好的节目内容时，再全神贯注地收看。观众收看电视新闻的这种状态，对写作节目预告提出了特殊的要求，关键是调动观众的收视兴趣。通常是以直截了当的方式，将新闻标题播放出来。在专题性新闻节目中，

节目预告往往将一次节目全部选题报道给观众。有些节目还利用特技、音乐，或用典型画面加上响亮的提示语，来引吸观众收视。节目预告的方式比较灵活，但不能冗长，要简洁明快。

（二）新闻提要

一般在节目预告之后，主持人就播报节目内容提要，画面也配合播放最重要内容和典型的场景。1997年7月1日《新闻联播》在预告节目后，现场主持人马上接着说：

> 各位观众，这里是香港会议展览中心二期工程大会堂，举世瞩目的中英两国政府香港政权交接仪式就在这里举行。

直接点明这则新闻的主要内容——中英香港政权交接仪式在香港隆重举行。话说得简明扼要，类似新闻的导语。在播报新闻提要之后，接着播报新闻内容。

新闻提要的写作要领，一是要有具体内容，二是要准确无误，三是要简短、贴切、紧凑。新闻提要的写法有以下几种：

1. 用典型画面配提要解说。

新闻提要力求写得干净利落，不拖泥带水，配以典型画面。画面可以运用翻页、画框等特技手段，给观众以视觉感觉上的新鲜感。解说与画面相互配合，相得益彰。中央电视台《新闻联播》常用这种方式。

2. 先由播音员或主持人播报，然后插入带有现场同期声的典型画面。

这种方式，编辑时要注意解说与现场同期声的配合，声音不要“打架”，形成屏幕上的“噪音”。这种方式的特点是节奏快，口头播报与现场画面的转换特别快，在一定程度上激发了观众的收视愿望。北京电视台《北京特快》常用这种方式。

3. 先由播音员或主持人出镜播报，地点选择在演播室或现场，然后用现场拍摄的典型画面浓缩组接在一起。

这种方式借鉴了电视剧开头的方式，将剧情和主要人物先展示给观众。浓缩的典型画面中，有现场同期声、特写镜头，也可以有记者的采拍镜头、人物活动，有时还有画面加解说的片断。这种方式大多用于专题性新闻节目，如中央电视台的《新闻调查》等。

（三）标题

制作标题是新闻编辑的主要工作程序之一，编辑要用标题来概括、评价新闻的内容，帮助观众收视和理解新闻。

报纸新闻的标题比较复杂，花样繁多，包括主题（主标题）、肩题（引题、眉题、上辅题）、副题（子题、下辅题）、分题（插题、小标题）、提要题（纲要题）、通栏标题（大标题）等，编辑也十分重视拟定标题。广播新闻的标题播送不出来，听众也听不见，往往只在记者和编辑之间使用，因此对标题不太重视。而电视新闻的标题，或以字幕形式出现在画面上，或通过播音员、主持人口头播报。时间只有五六秒钟，字幕位置也不突出（标题新闻除外），因此，有形式上的种种限制，也不能像报纸新闻标题那样花样翻新。

以 1997 年 7 月 1 日《广州电视新闻》的电视新闻标题为例。这次节目共播报了 20 条新闻，编排顺序为：

卫星传送

1 导播 今日零时中国对香港恢复行使主权

2 导播 香港特别行政区政府宣誓就职仪式举行

3 导播 香港特别行政区成立庆典今天上午举行

4 导播 驻港部队军容严整，深港居民冒雨送迎

5 导播 新闻特写——别了，彭定康！

6 录播 版头

7 导播 广州地区各界隆重庆祝香港回归祖国

8 导播 白云机场迎来回归后首批香港旅客

9　导播　洲头嘴码头首批抵穗港客受到欢迎

10　导播　香港回归后首班广九直通车抵穗

11　导播　中英街一片欢腾庆回归

12　口播　九龙海关更名为深圳海关

13　导播　马万祺表示澳门的明天会更好

14　导播　广州传媒倾尽全力报道香港回归

15　录播　版头

16　导播　北京市民通过电视见证香港回归

17　导播　穗港兄弟一家亲　电话诉说回归情

18　导播　四位上海居民回归日喜获赴港单程证

19　导播　东莞举行隆重集会庆祝香港回归

英国专递

20　导播　英国国内对香港回归表现平静

美国专递

21　导播　美国侨界对香港回归后繁荣发展充满信心

加拿大专递

22　导播　香港回归吸引加拿大华人移民回流

这栏新闻节目本着“立足广州，兼顾全国，放眼世界”的宗旨，分为三个板块播出：首先是香港方面的消息，其次是广东省及广州市同庆回归的报道，最后是国内外对香港回归的反响。从标题内容来看，以简单的陈述句居多。如《今日零时中国对香港恢复行使主权》、《香港特别行政区政府宣誓就职仪式举行》、《广州地区各界隆重庆祝香港回归祖国》、《北京市民通过电视见证香港回归》、《美国侨界对香港回归后繁荣发展充满信心》等在 20 条新闻中，简单句占了 17 条。也有用对称句子的，既工整，又通俗，很上口。如《穗港兄弟一家亲，电话诉尽回归情》、《驻港部队军容严整，深港居民冒雨送迎》，易懂易记，效果也很好。还有一则新闻特写运用简短的惊叹句：《别了，彭定康!》，既幽默，又含有讽刺意味，给观众留下了深刻的印象。总的来看，不管以什么形式拟定新闻标题，总的创作原则可以用八个字来概括：简练醒目，恰当易记。

（四）消息头

消息头指消息发布单位、时间、地点的说明。最早用于报纸新闻，位置在消息正文前边。一般用黑体字，有的还加上括号，后面空一格，开始写消息正文，以示区别。包括“电头”、“本报讯”、“本台消息”等。

“电头”是通讯社电讯稿件发布单位、时间、地点的说明，多放在正文前面，有时也可放在稿件的末尾。一般用括号或不同于正文的字体标出，如有删节，则在原电头前加“据”的字样。一般广播、电视采用通讯社电讯稿，都有删改，往往用“据××社报道”说明消息来源。发布时效性很强的重大新闻时，电头不仅一般地说明时间（×月×日），还要标明发稿的时、分，如“××社×（地）×月×日×时×分电”。

“本报讯”是报纸自己的记者、通讯员采写的报道的标志，一般放在稿件正文前边，用不同于正文的字体标出。广播、电视往往放在正文的后面播出。如1997年7月1日《新闻联播》中，在播报完一条新闻后，加上一句“这是中央台记者从香港发回的报道”，或“这是中央台报道的”，都属于这一类。如果是用电报、电话远距离传递的稿件，则要标明“本报（台）电”或“本报（台）×（地）×日电”。

“本台消息”是电视台、电台自己的记者、通讯员采写的消息的标志。有的放在消息正文的前边，但大多都放在消息播报的末尾。如果是重大的、时效性强的消息，有时不仅说明发稿单位（本台），还要说明地点和时间，有的还直接说明报道者的姓名。如“本台记者×××报道”、本台记者×××从××地发回的消息”等。

消息头大多放在消息正文的前边，因此被称为“头”；但是也有放在消息播出之后的，可视为消息头的“变体”。

在写作消息头的时候，要求要交待清楚三个内容：一是发布新闻的单位或个人的名称；二是发布新闻的地点；三是发布新闻的时间。这三个内容，被称做“消息头三要素”。在运用消息头时，有时三要素俱全，有时只有发布新闻的单位或个人的名称，或发布新闻的单位和时间，不一定三要素俱全，视需要而定。

以是否有消息头作为识别消息（新闻）的依据，只能说一般是适用的。也有一些消息（新闻），如简讯、字幕新闻等，并不冠以消息头。

（五）串联词

串联词是指将一次节目中的各个组成部分连接成有机整体的语言文字形式。在消息类节目编排中，播音员或主持人的串联词，代替了传统的新闻导语的形式，成为引导新闻的“导播”，是引导收视节目的重要编辑手段。

与其他电视片的串联词相比，电视消息类串联词有独特的写作要求。其他电视片的串联词可以别出心裁，旁征博引，谈天说地，花样翻新。而电视消息类节目的串联词，主要起一个承上启下的作用。例如获奖系列（连续）报道《西瓜车皮被倒卖的思考》，在第一集和第二集之间，插入了这么一句话：

> 各位观众：在这次河套地区出现的卖瓜难问题中，人们议论最多，但又说不清的是车皮倒卖问题。

这句串联词，上一个分句总结了第一集新闻事实的主要内容，下一个分句引出了第二集新闻事实的主要内容，承上启下的作用十分明显，比较典型。由此可见，串联词只要做到从上篇消息的内容说开去，引出下篇新闻的内容，就达到了目的。

电视消息类节目的串联词，还必须做到扣题说话，写作上要言简意赅，避免华而不实。获奖系列报道《南京地区四大化工企业强强联合》，由三集报道组成。党的十五大提出了企业“抓大、放小”的方针，企业联合，建立具有较强竞争力的大企业集团，已成为经济界和党中央共同关注的大事，这个系列报道正抓住南京四大化工企业强强联合这个典型。第一集《南京四“鹤”难齐飞》，报道分析了南京四大化工企业各自为政、优势得不到互补的现状。在第一集和第二集之间，插入了一段串联词：

> 南京地区四大化工企业长期各自为政，原因就在于他们在行政上分属于不同的部门和地区。这种条块分割的管理体制是企业走向自我循环和无序竞争的原因，也是四强联合的最大障碍。

接着引出第二集报道《条块体制成为联合的最大障碍》，报道分析了四强长期不能联合的原因。在第二集和第三集之间，又插入了一段串联词：

> 南京地区四家化工企业之间的条块壁垒已经被打破，樊篱已经被拆除。强强联合已经走出了可喜的一步。但是，如何摆脱旧有体制的束缚，以资本为纽带，通过市场形成真正意义的石化产业集团，成了人们最为关注的话题。

然后推出第三集报道《拆除樊篱天地宽》，报道分析了联合后的前景。

这个系列报道中的两段串联词，不仅囿于承上启下，连接上下集；而且着重分析，透过纷纭复杂的企业联合看本质。先剖析了四强联合的困难原因，再剖析了四强联合的发展前景。扣紧主题，一步一步深入，一层一层递进，引导观众逐步理解整个报道的内容和深远意义。

（六）结束语

结束语的写作是比较简单的，只要以简洁、干净利落的方式来报告节目的结束，也就可以了，不需过多的技巧。

以往，结束语以简单的形式，告知观众这次节目播送完了。后来又增加了带有礼貌成分的客气话，如“谢谢收看”、“欢迎继续收看”、“下次节目再见”、“明天再见”等。随着节目的多样化发展，结束语增加了一定的信息成分和感情色彩。有些节目在结束时预告一下接下来的节目；有些节目将下一次连续报道的信息告诉观众；有些节目欢迎观众提供线索，并告知观众热线电话号码；一些深度报道节目中，还在结束语中提出引人深思的问题和信息。主持人在微笑中开始报道节目，也在微笑中道一声“再见”，划上一个圆满的句号，让观众的脑海里深深印上一个满意的印象。

总之，节目预告、新闻提要、标题、消息头、串联词，包括新闻本体和背景材料，在电视消息类节目的编排中，它们都不是孤立的，而是整个节目中的一个组成元素。要将分散的这些新闻元素“化合”成一个整体，就要突出整体意识、栏目意识。编辑要善于创造完美的视听组合，通过集中编排、连续编排、重点编排、对比编排、对等编排、交叉编排等多种编排方法，表达自己的思想和观点，使整个节目体现出“1+1>2”的效果。

复习与思考

一、什么是新闻？什么是电视新闻？

二、电视新闻有哪些特点？

三、电视新闻有哪些报道的方式？

四、写作电视新闻报道词有哪些基本要求？

五、什么是导语？什么是新闻背景？

六、电视消息类节目编排中有哪些文字写作形式？

七、到本地电视台或电视新闻制作单位去，参加一条新闻采写的全过程，了解一条电视新闻是怎么制作出来的。

八、按照电视新闻报道词的格式，自己动手写一条消息。

第四章

电视专题类节目文体写作

自学提要

• 本章自学 18 课时，面授 8 课时。

• 电视专题类节目是就某一新闻题材作专门的、详尽的、有深度的报道节目。

• 电视专题类节目的审美特征：永恒的真实性、完整的叙事性、独特的艺术性。

• 电视专题类节目构思要经过构想初步形成、对构想的再孕育、加工定型三个阶段；经历明确节目的目的和出发点、考虑观众的具体情况、确定主题、组成整体框架、精心选择节目内容、设计具体表现形式六个步骤。

• 电视专题类节目分镜头脚本写作格式。

• 电视解说词是电视专题节目和电视纪录片的文字稿。它是协调性的，并非独立文体；它是说明性的，并非修饰性文字；它是口语化的，并非文学性语言。

• 解说词不是画面的简单说明和解释，必须注意画面与解说的相互配合协调，不要描写形象，也不要追求自身文字形式的完美。

• 电视专题类节目包括电视纪录片、电视新闻调查、电视新闻杂志节目、电视专访、电视专题报道五种类型。

第一节 电视专题类节目分镜头脚本创作

电视专题类节目，是就某一新闻题材作专门的、详尽的、有深度的新闻报道节目。它兼有新闻节目的真实性和一定的艺术性。从内容上看，它几乎包罗万象，涵盖大千世界；从形式上看，它广收博取，功能齐全，集电视表现手法于一身。电视专题类节目极具电视特色，能充分发挥电视的优势，被称为“信息窗”、“知识库”、“百花园”、“服务台”，是电视主要节目形态之一。

一、电视专题类节目的审美特征

电视专题类节目是人们用自己的审美观创造出的具有一定审美价值的作品。美是人类共同的追求，是艺术的最高境界，也是电视专题类节目制作中孜孜以求的。电视制作者通过节目的创作，将自己的审美观融入节目，然后再传播给观众。因此，了解电视专题类节目的审美特征，有着重要的现实意义。

电视专题类节目的审美特征，集中反映在以下三个方面：

（一）永恒的真实性

“电视专题类节目属于电视新闻性节目的范畴”[①]，因此，真实性是它的本质属性。“它要求把现实生活的存在方式和本质意

① 《中国应用电视学》，第153页，北京师范大学出版社1993年版。

义通过创作者的创作活动体现到作品中。”[①] 而观众也是以是否真实来评价电视专题类节目的好坏。

电视专题类节目的真实性表现在两个方面：

一是内容的真实性。电视专题类节目选择的内容对象必须是客观的真实存在，不是“可能存在”，更不是“不存在”。它记录的对象是现实中真正存在的事物，严格地说，是与摄影机同步记录同时同地存在的事物，而这一客观存在的事物必须以自然本真的状态出现在镜头面前。例如同是反映“打官司”的内容，电影《秋菊打官司》也力求纪实风格，但谁也不会将它看做纪录片，因为它的“真实”内容是虚构的、由演员表演出来的；而纪录片《毛毛告状》的内容，是拍摄同时同地存在的客观世界的事物，从中可以切实地品尝到生活的原汁原味。这种生活的真实，是任何人为的加工所代替不了的。“它从现实生活中选取典型，真实地反映生活，所记录的必须是真人真事，不允许虚假、扮演，具有纪实性的特点”。[②]

在世界范围内，并不是所有的纪录片等电视专题类节目都严格遵守“内容客观真实”的原则。摄影师阿·E·史密斯在拍摄美国和西班牙战争时，罗斯福在向圣胡安高地进军途中主动停下来，摆好姿势，以照顾摄影机的位置；狄克逊在拍摄布尔战争时，让英军总司令罗伯茨和参谋人员把办公桌搬到室外阳光照射的地方，以保证有充足的曝光；在《俄日国境警备队的冲突》中，装扮的士兵向固定的摄影机冲上来又退下去；被誉为“纪录片开山之作”的《北方的纳努克》中，纳努克捕杀海豹是在事情发生之后补拍的，等等，不胜枚举。这些说明在实际创作中，“内容客观真实”有一定的宽容度，但也是一块“硬伤”。扮演、

① 《中国应用电视学》，第336页，北京师范大学出版社1993年版。

② 叶子：《电视记者工作》，第107页，北京广播学院出版社1989年版。

摆拍、补拍等“故事片手法”，违反了纪录片等电视专题类节目真实性的本质属性，纪录片大师伊文思批评这些做法“是理想主义，把真的拍假了”。

匈牙利电影美学家贝拉·巴拉兹说得好：“艺术不在于虚构，而在于发现。艺术家必须在经验世界的广阔天地中发掘出最有特征意义的、最有趣的、最可塑造的和最有表现力的东西，并且把自己的倾向性和思想意图异常鲜明地表现出来。”[①] 电视专题节目在制作过程中，必须直接拍摄真人真事，在事件发生、发展的过程中，“记录真实环境、真实时间里发生的真人真事。”[②] 这“真实环境”、“真实时间”、“真人”、“真事”——“四真”，被称为“纪录片的生命”，也是电视专题类节目的生命。

另一是形式的真实性。纪实影视艺术不仅判断客观世界，还要求对客观世界的外形进行复原。形形色色的大千世界，都要落实到独特的物质形式——录像磁带上，通过光波和声波的传递呈现在人们面前。当我们把电视中的运动分解到最小单元时，就会发现它是一个个记录着运动瞬间的静止画面。这一系列静态画幅在电视屏幕上以每秒 25 帧的速度连续出现，通过人的视觉暂留现象，产生频闪效应，把画面连续起来，让瞬间的格局在时间的向度上展开，从而为静止的画面注入了运动的生命。从活动画面的构成这个意义上来说，真实对于电视本身是一个幻觉。如果把影视艺术比作一面反映生活的镜子，那么，世上没有哪一种镜子能比它更客观、更真实地反映世界的本原；同时，也没有哪一面镜子能比它更易扭曲、更易变形地反映客观世界，甚至伪造一个让人信以为真的虚幻世界。影视艺术的这种二重性，要求电视专题类节目必须具备一种特殊的美学品格，这就是“纪实”。只有

① 贝拉·巴拉兹《电影美学》，第 166 页，中国电影出版社 1978 年 12 月版。

② 《中国应用电视学》，第 321 页，北京师范大学出版社 1993 年 6 月版。

“纪实”，才能“真实”。

“纪实，是一种特殊的记录形态。这种形态强调记录行为空间的原始面貌，强调记录形声一体化的行为活动。”① 在现实生活中，人与物的存在，都是以声形一体化的完整形态进行的，在以光波的形式传递出形象的同时，也以声波的形式传递着音响，两者的运动共同构成了特定对象的具体实物。因此，影视制作中，对事物的记录，也应该是形声一体的。影视的记录功能不同于照像的复制功能，记录功能在体现逼真的同时，还要实现创作者对现实对象审美属性的把握和反映，使对象的审美属性变为具有审美价值的屏幕形象。20 世纪 30 年代，法国导演让·雷诺阿对深焦距、长镜头进行充分的实践，后来巴赞及克拉考尔最终用长镜头理论解决了“内容的真实”的形式基础。埃德加·多斯梯和阿瑟·埃尔顿的《住房问题》中，又出现了直接面对摄影机讲话的同期声。这时，纪实影视艺术就真正诞生了。

（二）完整的叙事性

电视专题类节目重在“用事实说话”，所以是叙事性的作品。但是电视专题类节目的叙事又有它的独特性，它不能像其他叙事艺术，如电影、戏剧、小说、电视剧等那样安排情节、讲述故事、塑造典型。在这些作品中，情节是作者精心安排的事件，通过典型化的创作手法，把生活中可能出现的矛盾冲突集中、提炼、浓缩，根据一定的冲突原则编排在一起。“必须有某种意义的对立并采取对立者互相斗争的形式才能展开戏剧性的局面。所说的没有争斗就没有戏剧，就是指此而言的。动和反动，命题和反命题是展开戏剧性局面的基本条件。”② 而电视专题类节目是

---

① 钟大年：《纪录片创作论纲》，第 53 页，北京广播学院出版社 1997 年 4 月版。

② 日本舟桥和郎：《电视剧脚本作法》，第 178 页，中国广播电视出版社 1990 年 12 月版。

不能够用虚构的方法去组织矛盾和安排情节的发展的。它的叙事是创作者根据生活的本来面貌，对生活事实的艺术表述。通常是选择生活的片断，平淡的故事不一定有冲突性的情节，也不一定有惊险的事件，故事就是生活本身。创作者只有从现实中去发现"最典型、最有代表性的、最可塑造的、最有趣的"[①] 题材和主题，借此来把作者的社会倾向鲜明地表现出来。

"纪实主义的作品，在叙事结构上的特点，就是事件的完整性受到尊重，并以细节交代为叙事单元，代替了传统的蒙太奇电影惯用的时间、空间'省略法'"。[②] 电视专题类节目要对一件事物的发生、发展的过程进行记述，因此，表述过程更重于展示成果。有了过程，就产生故事性，一波三折，像故事片一样生动好看。

叙事学认为，叙事是对事件序列进行记叙，在这种记叙中，叙事和表现叙事是叙事结构的两个层面。叙事就是讲述的故事，称作"想象世界"，是作品的内容层面；表现叙事就是画面系列的物质性表达，称作"叙事本文"，是作品的表达层面。内容面的故事是通过表达面的形式技巧来叙述的。电视专题类节目创作者的"过程"意识，是通过"跟拍"的创作手法来实现的。"跟随、跟随、再跟随"最早由日本北九洲电视台的纪录片导演园田健夫提出，后来成为纪实作品的主要创作手法。我国的获奖电视纪录片《望长城》非常成功地运用了这种手法，并且取得了极大的反响。"主持人跟着长城遗址走，摄像机跟在人后走，这种跟随再跟随的拍法，用仿佛不加修饰的现场抓取、发现的方式，不仅为国外纪录片创作常用，而且也体现出了纪录片创作的基本原则，在事件发生、发展的过程中，运用跟随拍摄或挑等抢的采访

① 贝拉·巴拉兹：《电影美学》，第166页，中国电影出版社1986年10月版。
② 任远：《电视纪录片新论》，第77页，中国广播电视出版社1997年12月版。

拍摄，反映在真实环境、真实时间中发生的真人真事。”[①]

这种讲“过程”的叙事内容，“跟拍”的创作手法，决定了电视专题类节目必须做到“三个一”，即一个主题，一根主线、一个故事。这“三个一”被称为“现代纪录片的三一律”，也是电视专题类节目制作的“三一律”。这个“三一律”，是建立在纪实主义原则基础之上的，纪实原则决定了电视专题类节目的叙事策略。

（三）独特的艺术性

电视专题类节目不允许虚构，但是也不能“照像式”地“复印”生活，它要求从广阔的物质现实中，去发现和揭示最有意义的、最可塑造的、最有典型意义的事件和行为，在反映现实生活原貌的同时，也表达了一定的社会倾向。因此，从现实生活直接抓取的素材，必然要经过筛选、组织、剪裁，方能成为作品。“当你为摄影机选择位置的时候，影片的艺术就开始了”。[②] 这是一种独特的艺术，有人称之为“发现的艺术”、“采访的艺术”、“编辑的艺术”。

艺术大师罗丹说得好：“对于我们的眼睛，不是缺少美，而是缺少发现。”[③] 一个新的题材的发现，是电视专题类节目成功的先决因素。获奖纪录片《十字街头》用两年时间跟踪拍摄上海退休老人上街头维护交通秩序的事迹，从中发现了他们的追求，他们的苦乐观，以及他们的价值观，对如何解决世界性的老年问题，起到了震聋发聩的作用。

发现，不仅可以找到好的题材，而且也可以帮助创作者找到叙事结构的切入点。《望长城》中寻找民间歌手王向荣一段，原

---

① 任远：《浅议〈望长城〉创作方法》，载 1991 年 3 月 12 日《解放时报》。

② 尤里斯·伊文思：《摄影机和我》，第 196 页，中国电影出版社 1989 年版。

③ 罗丹：《罗丹艺术论》，第 128 页，中国社会科学出版社 2001 年 4 月版。

设计并不是寻找，曾想通过黄河上的船夫号子引出王向荣，因太不切实际被否定。后又设计从府谷县的一些历史文化遗迹开始，通过解说直接切入。但是在集市上发现了片中那位边唱边卖瓜的老汉，他会不会认识王向荣呢？摄像师扛着摄像机走上去，边拍边说："老乡，您唱得好啊！""还有比我唱得强的哪！""谁呀?""王向荣……"终于抓住了一个比原设计更精彩的切入点，使整个情节更富有戏剧性，为寻找王向荣做了一个很好的铺垫。

发现的过程，在很大程度上说，也就是采访的过程。只要凭借摄像机来完成报道任务，就离不开采访，许多节目本身就是采访的记录。获奖纪录片《呼唤》讲述的是上海癌症患者向死亡抗争的故事，重点采访了姜念椿、杜琼、刘立群三个典型。采访是以报道、创作为目的的调查研究活动，采访不仅仅是搜集材料，在很多情况下，采访过程本身就是报道的过程。采访刘立群等人的过程，也正是报道人类在癌症面前经受生死考验的过程。姜念椿、杜琼、刘立群这些汇集在上海癌症患者俱乐部的不幸的人们，组成了一支向命运之神开战的不屈不挠的军队。他们蔑视死亡，在死亡面前显示出了人的尊严。

电视专题类节目最终是完成在剪接台上的，因此又是编辑的艺术。电视专题类节目的编辑工作，分为画面剪辑、解说词写作、声画合成三项主要任务。其中画面剪辑是最重要的，因为电视专题类节目不是像电视剧那样用戏剧化的故事情节打动观众，而是靠镜头的联接来吸引观众。它向观众展示的是事物的运动，通过运动在人们面前树立起一个形象，一个主题来。因此，以事实为基础，根据节目主题的要求，在拍摄和剪接上充分发挥动向表现的特点，是提高节目艺术性的重要环节。

艺术离不开想象。要使电视专题类节目成为"发现的艺术"、"采访的艺术"、"编辑的艺术"，同样也离不开想象。当一台节目充满了比喻、对比、类推、幻想、夸张等艺术手法时，观众就会随之张开想象的翅膀。《天驹》介绍了各种类型的马，道尽了“龙马精神”，然而仅仅是在说马吗？片中讲到一匹白马被日本军官看中，想尽一切办法弄到手，白马却脱缰逸去。这个日本军官在他的日记中写道：“中国的马都不服我们的奴役，何况中国人呢?”原来，“龙马精神”写的是中国人的精神。

二、电视专题类节目的构思

电视专题类节目的制作过程是一个系统工程：

电视专题类节目　(前期) 选题→拍摄提纲→拍摄→
　　　　　　　　(后期) 播出←合成←解说词←编辑←

从电视专题类节目的制作全过程中可以看到，电视专题类节目的制作主要经过“构思——制作——播出”三个大的环节。其中构思始于节目形成的开端，但又贯穿于节目制作的始终。它是一个“软件”，却又处处处于主动地位，主导着节目制作的全过程。它就像盖房子的设计蓝图，这个设计图的好坏，直接影响房子的质量。因此对构思决不可掉以轻心，是节目创作者必须“惨淡经营”的。

电视专题类节目的构思，从整体看，要经过三个基本阶段；具体分析，要完成六个具体步骤。

(一) 节目构思的三个基本阶段

1. 节目构思初步形成

节目构思初步形成是构思的第一个基本阶段。过去说为节目创作想一个点子，现在说为节目创作进行策划，就是确定创作一个什么题目的节目。俗话说，好的开始就是成功的一半，所以选题至关重要。选题要坚持正确的舆论导向，具有深刻的社会价值和新闻价值，确保典型性。北京电视台与美国中文电视合作的七集系列片《呼唤奥运的北京》，正是在 1990 年全国人民争办奥运的热潮中播出的，当时“争办奥运”是最热门的话题。为了“争办奥运”，就必须向国外宣传北京。而这部系列片第一次向国外全面介绍了北京的衣、食、住、行、玩等，因此确定分为七集分别进行介绍：

①纵览京城——北京申奥总印象

②古都掠影——北京的文化氛围

③大院内外——北京的居住条件

④市井新容——北京的市场供应

⑤路桥织锦——北京的交通状况

⑥企业新光——北京的工业生产

⑦走向世界——北京申奥的希望

2. 对构想的再孕育

构思的第二个基本阶段，是对构思再酝酿、再认识的过程，将构思初步形成的东西进一步明确化和具体化，使最初的构思逐步清晰。一般在这个阶段形成拍摄提纲，并根据这个拍摄提纲去拍摄素材。有些创意在这个过程中发现是不切合实际的，或是没多大价值的，最后就放弃了。只有那些经过深思熟虑、切实可行的创意，最后才能兑现。这是一个不断构思、不断修改的过程。

3. 加工改造定型

构思的第三个基本阶段，是加工改造定型的阶段，即节目完成的过程。节目完成的标志是播出带的制成。这一阶段大体上是节目后期制作，包括画面编辑、解说词写作和声画合成三项主要内容。编辑将素材带按5:1或6:1的比例，剪接成未完成带（俗称“毛片”），然后根据编辑好的画面的要求写解说词，最后经过合成，制成播出带。

（二）节目构思的六个具体步骤

1. 明确节目的目的和出发点

对所有的电视节目来说，节目的根本目的就是“传播、交流”；但是就某一个节目来说，内容不同，传播意图就不相同。

例如39集系列片《大京九》是反映铁路工程建设的，制作者们京九采风五千里，深深感受到2578公里的京九铁路，一桥一洞，一轨一枕，都是16万英雄筑路工的化身，于是定下既拍工程又拍人的宗旨。而《远在北京的家》是反映安徽农村姑娘进城当保姆，既有对外面世界的向往，又有生活的不安定与艰难，目的是揭示改革开放大潮对封闭的农村的冲击。明确节目的基本出发点和目的，就是要考虑好传播的意向。

2. 考虑观众对象的具体情况

理解受众，这是节目构思首先要考虑的重要内容。不同地域、不同层次、不同年龄、不同性别的受众，兴趣和爱好都不一样。北京人爱听相声，拿到南方去就不吃香；而广东的粤曲，北方人也听不懂；老年人爱看京戏，年轻人却爱看电影。节目不能脱离群众，否则没人锁定频道，收视率立刻下降。所以了解受众，这是具体构思节目内容之前必须考虑的一个重要方面。

3. 确定主题

主题是节目的灵魂，节目的旗帜。节目成功与否，首先要看主题如何。确定好主题，节目就找到了支撑点。因此，确定主题是具体构思拍摄提纲时的首要环节。

明确主题，首先要“立主脑”。“立主脑”就是立中心。一个片子，中心只能有一个，就像人的脑袋只能有一个一样。不然，则意多乱文，成了三头六臂的怪物。

明确主题，还要“减头绪”。有的人制作片子，恨不能把所有的素材都一股脑儿装进去，结果内容庞杂，肢体臃肿，成了“货郎担”。要使主题鲜明，就要善于“剪裁”。就像种庄稼，不仅要锄草，还要间苗，庄稼才有望丰收。

明确主题，也要“防跑题”。古人说：“君子慎始，差若毫厘，缪以千里。”这句话很有道理。要不跑题，就要处处扣题说话。尽管手头素材很多，但是就所做的片子来看，一个片子所容纳的材料是有一定范围的，也就是说，有一定的特殊性，制作时就要从这个特殊性上去做足文章。根据主题的需要，该留的留，该删的删，要善于扣题说话。

4. 组成整体框架

整体框架的组合，指各个局部间的组合关系，要在主题的统帅下完成。常见的组合方式有以下三种：

一是递进式结构。

有的按时间顺序递进。如电视纪录片《让历史告诉未来》，12 集按历史发展的先后顺序来组织、安排：

①《血的奠基》 1927 年～1933 年
②《苦难风流》 1933 年～1936 年
③《血肉长城》 1936 年～1940 年
④《醒来的黄河》 1941 年～1945 年
⑤《命运的决战》 1945 年～1947 年
⑥《王朝末日》 1947 年～1949 年
⑦《为了和平》 1950 年～1958 年
⑧《百年梦想》 1958 年～1966 年
⑨《动乱年代》 1967 年～1976 年
⑩《重振雄风》 1978 年～现在
⑪《献给母亲》 现在
⑫《啊，军歌》 现在

全片以中国现代历史和中国人民解放军的发展史为时间段落，按线性向前推进，环环相扣，线索清晰，叙事流畅，成功地表现了中国人民解放军成长壮大的光辉历程。

有的按意识流动递进。如获奖纪录片《摩梭人》从人类学的角度，记录了至今仍保留着母系大家庭和“阿夏”走婚制的摩梭族的现实生活。全片的结构是："一夫一妻制运动"的烟消云散——摩梭人的来源——以女性为中心的大家庭实例解剖——男子成丁礼和女子成丁礼——"阿夏"走婚制——摩梭人的葬礼——摩梭人的信仰。这个结构，既不按时间顺序安排，也不按空间安排，而是按创作者认识的思路安排。按这种结构方式安排时，要抓住"形散神不散"这个要点，形成漫谈式的效果。

有的按时空交错递进，又称"复合结构"或"散点式结构"。这种结构往往是以时间为主线，以空间跳跃为辅。例如获奖纪录片《望长城》的整体结构框架，创作者们总结成一个公式：

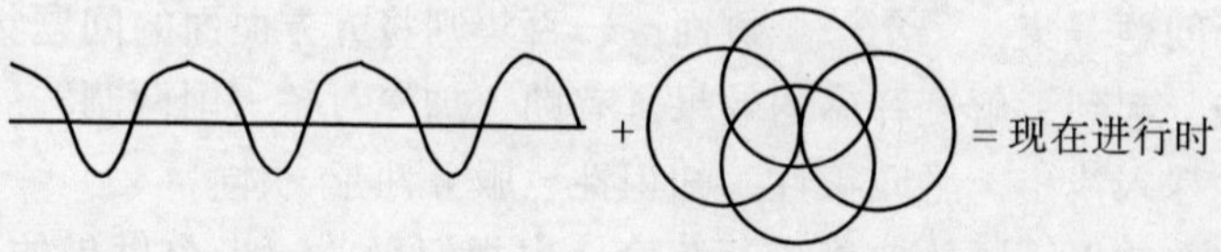

第一个符号表示，结构以寻找长城为主线，但又必须经常离开长城去表现风土人情和各民族人民的生活，不能拍成风光片。第二个符号表示，要分别从历史作用、民族关系、民风民俗及生态变化四个横向来介绍长城。既分清各集的内容，又允许每一集以某一方面内容为主，涉及其他内容。"现在进行式"概括了拍摄的纪实风格，也就是说，不仅把长城作为历史的遗迹来拍，还要透过现实生活去望长城，将长城的演变和长城两边人民的今昔联系起来，作为历史发展的过程来表现。这种结构完全打破了生活正常时间、空间的连续性、顺序性，时空纵横交错，将古今中外熔于一炉。它不是单一的线性，而是交响乐式，立体交叉，具有深度和厚度的网状结构。

二是集合式结构。

有的以空间为顺序进行集合，又称"横向式结构"。电视风光片大多采用这种方式结构全片，如《世界遗产旅游系列之人间仙境黄龙、九寨》中“九寨”部分的结构就是如此。九寨沟在1992年被联合国列入世界自然遗产名录，在1997年被纳入世界生物圈保护区。九寨沟之所以名闻天下，主要是因为翠海、叠瀑、彩林、雪峰、藏情五绝。九寨沟的景色概括起来有三沟、四瀑、两滩。作者以游览三沟为主要线索，引领观众看遍了九寨沟的美丽景色。在介绍不同风景点时，作者运用“移步换形”的手法，着重“随物赋形”，取得了很好的效果。

有的从不同侧面进行集合。在香港回归倒计时最后一百天里，中央电视台播出了《香港百题》节目。这个节目以问答的形式，生动的事例，解答了人们最关心的一百个有关香港的问题。一个问题一集，一集一个侧面，一百集则将方方面面的问题集合起来，起到了解疑释惑的效果，有助于加深对“一国两制”的理解，深入浅出，融政策性、知识性、服务性于一体。

有的用不同的典型进行集合。电视纪录片《半个世界的爱》共介绍了14对金婚夫妇的具体生活经历，展现了相濡以沫、伉俪情深的家庭情景。这14对夫妇，就是14个典型。他们中有老将军、老知识分子、老艺术家、老农民、老工人，也有皇族遗老，这些不同典型安排在一个整体中，既表现了每个家庭的个性，又形成一个整体的形象。

有的以板块式进行集合。即用几大块相对独立的内容，并列地组织在一起，每块有一条自己发展的线索，但都从一个基点出发，综合地表现一个主题。如电视纪录片《不能消失的颜色》，讲的是植树造林，节目把这个主题分成三大块：一块讲对生态平衡被破坏的感慨，一块讲被破坏的生态对人类的报复，再一块讲植树造林的必要性，以及人们所做的努力。三个板块相对独立，又互相联系，材料的使用有很大的随意性，层次和演进不再是单线性的，而是呈放射性的。每一部分沿着自己的方向向外发散，而所有的放射线又共同拥有一个集合点，就是同一个主题和中心。

三是比较性结构。

比较性结构是把两条线索或两种对立而又相关的内容组织在一个整体里，利用比较和冲突，显示出感人的力量和深刻的思想意义。例如获奖纪录片《沙与海》，一个片子里同时出现两个空间发生的故事，一户是生活在沙漠中的牧民，一户是生活在海岛上的渔民。把他们对生活的看法，两代人的不同态度，与自然的依赖与抗争，对未来的憧憬等内容对比地加以表现。在对比中探索人的生存意识、人与自然的关系等深刻的主题。这种结构是一种理性结构。俗话说："不怕不识货，就怕货比货。"两个具体的人或事，经过比较，具体的就上升为一种具有普遍意义的理性思考。

5. 精心选择节目内容

内容是节目的血肉，离开了内容，形式就只剩下了空架子，直接影响节目的质量。对内容的筛选，是节目构思的关键一环。

概括地说，电视专题类节目的内容不外乎三个方面：一是人与自然的关系，如《最后的山神》、《地球今天是怎么了》等。二是人与社会的关系，如《德兴坊》、《十字街头》等。三是人与人的关系，如《远在北京的家》、《半个世纪的爱》等。总之，核心是人。电视专题类节目的主体，应该是人。而电视专题类节目是叙事性结构，因而，它应"以情感人"。在节目内容的挖掘上，要重在显示感情的力量。

电视专题类节目中生活本身包含的感情，是通过创作者的感情表达出来，使受众获得感情的。如何显示感情的力量，创作者在节目制作过程中，要做好两件事：一是动情点的捕捉。电视专题类节目所表现的对象往往都是普通的人、普通的事、普通的经历，它们本身很少含有戏剧性冲突。要做到以情感人，就要去捕捉生活中的动情点，从平凡中发现非凡。获奖纪录片《沙与海》

中，从一双像船一样由沙丘滑下的小鞋中，我们感悟到了牧民那种沙枣树般坚强挺拔、不畏艰险的生活态度。首先要善于捕捉到动情点，然后才能形成作品的高潮，并用以感染受众。另一是动情点的营造。动情点其实就是片子的高潮。电视专题类节目的高潮与故事片、电视剧不同，它是以一种特殊形式表现出来的，其实就是内容的重点，作品应该着重描述的地方，或是一个情节，或是一种情绪，或是一种思想。这种地方一定要充分利用素材，运用种种手段，尽情发挥，把"戏"作足。使人动情的画面是不可缺少的，但是由于画面的"一次过"，时间很短，有的画面又具有意义的"模糊性"和"多义性"，光靠画面还不足以营造好动情点，这时候就要借助于其他手段，如解说词、音乐、效果音响等。如获奖系列片《中国母亲》之九"初为人母"中，多次出现母亲扒在桌上写东西的镜头，光凭画面看不出动情点。这时解说词进入了画面："我们每天记宝宝日记，打算等宝宝长大以后，把它当生日礼物送给他。"短短一句话，道出了母亲培育孩子的良苦用心，观众也可从中感悟到母爱的伟大。

6. 设计节目的具体表现形式

形式是为内容服务的，内容决定形式，但是形式反过来也影响内容。一个内容，往往只有一种形式对它最适合。创作者的任务，就是要寻找到这个最适合的形式。这种寻找有时是很难的，但是一旦找到了它，将会发挥出巨大的威力。

三、电视专题类节目分镜头脚本写作格式

电视专题类节目的创作构思，最终要落实到分镜头脚本上。电视专题类节目的分镜头脚本有固定的写作格式：

镜号	景别	技巧（特技）	长度	画面·字幕	解说·同期声	音乐	效果

（10×20×2＝400）　　　　第　页

分镜头脚本的中心是画面与解说，体现了电视的最大特性——声画合一。画面以左的各栏，都根据画面的要求而设：

1. 画面：分镜头脚本的画面为本体，写作时首先写好画面设计，即分镜头。

2. 长度：以时间计算长度，一般以分和秒为单位，如 2′（2分钟），15″（15 秒钟）等。长度的最小单位应为“帧”，一般的速度为 25 帧/秒。但这样来设计画面过于繁琐，因此一般不必划分到“帧”。在设计画面的同时，就应确定画面的长度，解说词的长短、多少，要根据画面的长度来确定。

3. 技巧（特技）：技巧指拍摄的技巧，如推、拉、摇、移等。有的分镜头脚本将技巧与特技分开为二栏，其实没有必要，因为一个画面，要么用一般拍摄技巧，要么用特技，二者必居其一，不会相互冲突。

4. 景别：景别一般分为全景、近景、中景、远景、特写五种。有时画面有景别的要求，有时没有，有要求时则写，无要求时则空，给摄影师留有自由发挥的余地。

5. 镜号：即镜头的顺序，按数字的顺序写。可以是一个镜头一个镜号，也可以是一组镜头一个镜号。画面和长度确定了，镜号一般也就出来了。

6. 字幕：字幕有两种情况，一种情况是叠加在其他画面上的字幕。这种字幕自己不单独占有长度，但与画面共占一个长度；另一种情况是固定字幕，这种字幕自己单独占有长度。由于字幕都是侵占画面的长度，因此尽管它是文字语言，却放在画面栏中写明。字幕的内容，一般用黑体字或加括号单独注明。字幕的运用不可过多，要简洁鲜明，点到为止。有人研究的结果，不论屏幕大小，字幕以每行 12 个字为最清晰。

画面以右的各栏，均与声音有关。写作时，不仅要注意与画面的配合，而且要注意声音之间的相互配合，不要相互干扰，成为屏幕上的噪音：

1. 解说：解说词的长短，要根据画面的长度而定，因此要在画面设计好了的基础上进行写作。解说词最长要与相应的画面相等，但是允许比相应画面时间短。解说词从什么地方开始，一定要与相应的画面对齐，以便后期制作。

2. 同期声：这里所说的同期声，是指人物现场讲话或现场演出的声音，不包括现场音响效果。同期声在电视专题类节目中经常出现，它侵占的是解说词的时间长度，因此与解说放在一个栏内写作。同期声的内容一般要注明，注明的方法或用括号，或在前面加上“（同期声）”字样，将它与解说区别清楚。有解说时，就没有同期声；有同期声时，就没有解说。

3. 音乐：配乐的原则是不要与其他声音，特别是解说和同期声冲突。从哪儿开始，到哪儿停止，一定要注明，否则会一直配乐到底。音乐一般是渐起、渐止的，不能太突兀。一般要讲清配什么情绪的音乐，是中乐还是西乐。不必具体点明音乐的标题，给配乐的编辑留有创作的余地，效果会更好一些。

4. 效果：配效果声的原则与配乐的原则一样，此外，效果声不能过多，太多片子就显得杂乱。与配乐相反的是，哪要效果声，哪就注明；不注明的地方，后期制作时不会加上效果声。一般只要简单地注明需要什么样的效果声，如鸟鸣声、敲鼓声等，就可以了。效果声不能时间太长。

下面以《望长城》第一集“万里长城万里长”（上）片断为例。

序号	长度 分	秒	帧	景别	特技	画面内容·字幕
38		21		特写	淡出	电影《秦始皇》片头字幕。
39		28	5	大全景升		雄伟的秦王宫前，十二个铜人分列两排，焦建成向大殿走去。 字幕：西安电影制片厂秦王宫
40	1	0	1	中景		工作室里，钱远选坐在桌前谈秦宫设计。 字幕：西安电影制片厂美术设计师钱远选
41		4	5	近景		加拿大摄影师正在拍摄。(影片资料)
42		5	14	中景		导演给扮演秦始皇的演员说戏。 (影片资料)
44		7	11	全景		古战场上，秦军以不可阻挡之势向前冲去。 (影片资料)
45		18	1	全景	叠	黑底迅速推出一个红色的秦字，充满画面。然后叠出秦统一全图由画面四角向中间合拢，形成完整图形，再叠出秦始皇塑像。
46		29	16	中景		直升机舱门边，挂在机舱外航拍的摄影师亓克君手指前方告诉焦前面就是秦皇陵。
47		5	24	近景		焦侧耳听摄影师提出拍摄要求。
48		5	12	中景		焦回头并指向远方的秦皇陵。摄影师悬于机舱外航拍秦皇陵。
49		11	12	航拍		由远而近。空中俯瞰秦皇陵。
50		11	11	中景推至近景		焦站在机舱门边介绍秦皇陵，可以看见他身旁是摄影师悬于机外拍摄秦皇陵。
51		39	8	航拍		庄严肃穆的始皇陵。(360°空中俯拍) 字幕：秦皇陵边长各500米，地面以上封土高76米，地面以下深24米，墓顶至墓底100米
52	1	2	19	近—全跟拉全		焦沿扶梯缓缓走下，驻足望着雄壮的兵马俑阵，又继续向下急跑几步，侧身扶梯。镜头摇至秦俑。焦摇头感概跟进，进入兵俑坑站在俑前。 字幕：秦俑博物馆
53		13	2	近景前移	作慢	站立的兵俑腿部近景前移。

同期声·解说	音乐·效果
（女解说）两千三百年前，中国的大地上诸侯混战，七国争雄，一个强大的秦国正在西方兴起。 （钱）1988年，西安电影制片厂和加拿大国家电影局，要合拍一部巨型银幕的艺术片《秦始皇》。所以我就理解为，虽然是一个建筑的设计，在我们电影上是一个景，将来是作为一个建筑存在，它就不简单，它的意义就不单单是一个房子或者是一个什么建筑。我认为呢，我搞这一设计，首先，这个秦宫的出现，就是一个秦始皇的象征，就是一个秦帝国的象征，那么，必须要有一种，秦始皇的一种庄重威严感。必须要有。作为当时中国的第一个大帝国，一种气势磅礴的气概，一定要出来。因此在设计中间呢，这种主观的意图，还要结合一定的实际理论基础，咱不能凭空而来。尽管历来褒贬不一，而且对于秦始皇本人和对他的秦王朝历来是抨击得最激烈的。然而这种激烈的抨击，我想，不会妨碍他的历史的价值。 （女解说）公元前221年，秦王完成了统一中国的大业，从此，中国有了自己的名字，秦。说英语的人把中国叫做CHINA，它最早是秦的译音。	电影《秦始皇》片头音乐 及拼杀效果声
（亓）前面就是秦皇陵，告诉机长，让飞机由北向南低空飞过一遍。（焦）我们看到的这座山，其实是一座坟墓，里面埋葬着第一个统一了中国的人——秦始皇。他的暴虐与狭隘，他的气度和才能，已经被这黄土掩埋了几千年。	古长城随想主题之二
（焦）世界第八奇观。这个发现太伟大了，了不起。可是当年那个农民打井的时候，挖出这些陶俑吓了一跳，还以为是些怪物呢。真了不起。这个兵俑坑离秦皇陵只有100丈。我们不知道秦始皇看没有看到他这个雄壮的兵阵，因为这个兵阵还没有完成的时候，据说他就驾崩在东巡的路上。但是，我们却看到了秦帝国的辉煌。	

第二节 电视专题类节目解说词写作

解说词是“电视纪录片和电视专题节目的文字稿。”① 是节目制作过程中必不可少的重要方面。解说词的写作包含了极其浓厚的文学“基因”。不具备文学写作的能力，要想写好解说词，无异于天方夜谭，这是人所共知的事实。但是解说词的写作毕竟是一种特殊形式的写作，许多从事文学写作的人，在写作解说词时都感到困惑。关键何在？就在于没有了解电视这个“语境”。

语言学家认为，语境决定语体。“语境就是时间、地点、场合、对象等客观因素和使用语言的人、身份、思想、性格、职业、修养、处境、心情等主观因素所构成的使用语言的环境。”② 1964 年英国语言学家哈利迪提出“语域”的概念，认为语体就是由于使用语言的场合不同而产生的各种语域变体，并把语域分为话语的范围，话语的方式和话语的风格三方面。1965 年美国社会语言学家费什曼提出对语域的看法——谁何时对谁说什么语言。我国修辞学大师陈望道在《修辞学发凡》一书中，也提出了构成语境因素的“六何”说——何故、何事、何人、何地、何时、何如。为了“适应不同交际领域、目的、对象和方式的需要”，即语境的需要，“运用全民语言而形成的言语特点的综合体”，③ 就是语体。就解说词来说，它的语境就是电视。电视媒介是一种特殊的环境，在这个特殊的环境中，就要以一种不同于

① 见《广播电视简明辞典》，第 123 页，中国广播电视出版社 1989 年 8 月版。

② 王德春：《语境学是修辞学的基础》，第 241 页，载《〈修辞学发凡〉与中国修辞学》复旦大学出版社 1983 年版。

③ 黎运汉主编：《现代汉语语体修辞学》，第 5 页，广西教育出版社 1989 年 7 月版。

其他环境的方式来思考和写作。电视媒介的特殊语境，决定了解说词特殊的语体。电视媒介的最本质特点是“声画一体”，解说词写作就要适应这种“声画一体”的语境，从构思、行文，到表现形式，都有别于一般的写作。

一、电视解说词的特点

（一）电视解说词是协调性的，并非独立文体

电视作为一种独立的艺术门类，是一种综合艺术，有它内在的规定性，有它种艺术难以取代的特性。其他艺术形式，如摄影、语言、音乐、表演等，参加进来，只能成为其中的一种因素或手段。它们作为一种因素或手段进入电视以后，都程度不同地出现了自身形态的某种不完整性或非独立性。不能用原有独立艺术形式的标准去要求它、衡量它，应服从于电视节目的整体目标。解说属于语言艺术的范畴。语言艺术本是一种独立的艺术形式，但进入电视的解说词就不再是独立的艺术形式了。电视解说词可能是片断的、零碎的、不完整的、不一致的、不平衡的，如果用语言艺术的标准去衡量它，可能是不合格的，但融入整个电视节目之中，就显示了它存在的价值。解说词塑造形象的手段依靠自身是不能独立完成的，只有当画面、解说、音乐音响构成“金三角”的关系，既相互协调，又充分各展所长，才能产生理想的效果。“解说词作为电视纪录性节目的重要组成部分，无论从哪个角度看，它都不能，也不可能独立存在。”①

电视是一种集体创作，是多部门多兵种协同作战，因此解说词的写作，要受到方方面面的制约。如要受画面长度的制约，要受节目节奏快慢的制约，要受声画结合的制约等等。什么时候说，说什么，怎样说，说到什么程度，说多长时间，哪些出解

① 温化平：《电视节目解说词写作》，第1页，北京广播学院出版社1988年3月版。

说，哪些出同期声，只有把握好火候，才能发挥应有的效应。电视解说词的写作之难，就难在它不可能一厢情愿地自由挥洒，而需要全方位地考虑如何下笔。左顾右盼，瞻前顾后，然后才能准确地确定自己的位置，是一种“立体化”的写作。电视解说词写作的关键，就是要处理好这种协调的关系。

但是从另一个角度来看，解说词的写作也有它容易的一面，至少可以不需要费尽心力地去描写形象。画面及其他手段已经给了它许多巧妙的支点和借力，凭着这些支点和借力，解说词就可以以少胜多，“四两拨千斤”。解说词只要完成点睛的任务就行了，关键是如何点对、点好、点活。

在与诸因素的协调关系中，最难解决好的是解说词与画面的关系。过去有两种认识：一种是“以画面为主，解说为辅”；另一种反过来，“以解说为主，画面为辅”。这两种认识都有一定的片面性。电视是声画一体的，画面与解说经常是你中有我，我中有你的，不能绝对说要以哪个为主。电视是“视听艺术”，也是“声画艺术”，不论“视（画）”、“听（声）”哪个字写在前边，哪个都是不可缺少的。光有“听（声）”没有“视（画）”，那是广播；而光有“视（画）”没有“听（声）”，那是“默片”，是早期的电影。只有电视，从它诞生的那天开始，就是声画并茂的，缺其一就不成其为电视。

另外，在写作解说词的实践中，我们也经常体会到，在不同的情况下，画面与解说的主辅关系随时都会发生变化，要根据主题和内容的需要，随时进行调整。例如有两句解说词：“跑步是体育运动，不跑步也是体育运动。”听第一句，不用看画面，大家都不会理解错，可以说是解说词在起主导作用。但是听第二句，人们就会摸不着头脑，只凭猜测，众说纷纭。这时请看画面——一人骑车迎面而来，原来“不跑步也是体育运动”指的是“骑车也是体育运动”，这时画面在起主导作用，而不是解说词了。这个例子说明，电视塑造形象、完成传播，不是靠哪一种因素就可以独立完成的；画面和解说词的关系，也不是哪一个为主的问题。而是要扬长避短，优势互补，相互协调。

（二）电视解说词是说明性的，并非修饰性文字

任何艺术形式或手段，对它所要表现的客观世界来说，都带有令人遗憾的局限性。每一种特定的艺术形式或手段，既成就了艺术家，同时也限制了艺术家。电视也是如此。据科学家研究证明，表象的作用具有二重性，一是启发开拓人们的思维，另一是限制和制约人们的思维。电视画面的作用也具有这样的二重性。一方面，它可以唤起人们的想象和联想；另一方面，它又使人们的思维局限于图像，人们只能想象和联想与图像有关的东西。因此，画面永远有先天性的局限，这种局限是通过自身努力也难以解决的。只有其他因素进行弥补，才能解决问题。解说词就是辅助、补充、挖掘、提高画面局限的最佳因素，所以从本质上看，解说词的主要任务就是说明。它是一种以说明为主的语体，正好补充画面的不足。

电视解说词可以叙述新闻事实，介绍节目内容，发表议论，抒发感情，表达主题思想，但是这一切都是围绕“说明”的需要而进行的，在这里一切描写形象的修辞性文字都是多余的。解说词一般无须重复画面的内容，而要配合画面形象来深化画面的内容，揭示画面的内在感情，交代背景材料，给画面以事实和知识等方面的补充。解说词还可以根据画面的内容，来深化和升华主题。也可触发画面的意境，来增强艺术感染力。由于电视专题类节目面对的是真人真事，要在画面上通过人的外形、动作和表情来反映人的内心活动，画面的表现力往往力不从心。这时解说词就显示出它的优势，可以淋漓尽致地刻画人的内心世界。一般来说，解说词只要能“说明”画面内容就可以了，不需要什么修饰性的文字，也不必长篇大论。解说词的语言，概括地说要把握好三点：

一是准确。抓住要害，点到“睛”上，一字是一字，一句是一句，明白无误。

二是凝炼。高度浓缩，用最少的语言，表达最丰富的信息，无须展开。

三是生动。著名导演黄健中说得精彩：“准确不是艺术，生动才是艺术。”① 解说词光有准确、凝炼还不够，还要写得生动。一般文学写作可以用描写等方法来使作品生动起来。而电视解说词不能通过描写形象来增加生动性，却能用细节描写来增加生动性。但是有一定的局限，即“解说词所能够表现的细节通常是指已经不具备直观外在形象的，过去了的细节。”② 例如电视纪录片《井冈抒怀》的片断：

画　面	解　说　词
雾蒙蒙的山村 黄坳的村舍 绿色的稻田 远山 古桥 榕树 溪水 溪水的石块 溪水 潺潺溪水	黄坳。关于黄坳，罗荣桓同志讲过这样一个故事：当年红军初上井冈，立足未稳即遭到了敌人的突然袭击。我军仓促应战，分散转移。那时四连的两个排跟随毛泽东同志一口气跑到了黄坳。部队经过多次挫折，极度疲劳，个别同志有灰心丧气的失败情绪，稀落落地坐在地上。这时毛泽东同志挺身站起，向前跨了两步，身体笔直，说了声：“同志们，起来站队，我做第一名。”战士们看到了毛泽东同志的神态，一个个精神抖擞地站成了整齐的一队。毛泽东同志作了这支队伍的排头兵。

这段小小的细节，是在采访中发现的，以往没有披露过。但

① 张纪中、黄健中：《笑笑傲傲365》，第68页，作家出版社2001年1月版。

② 温化平：《电视节目解说词写作》，第179页，北京广播学院出版社1988年3月版。

它对于显示毛泽东同志这样一位伟大的革命气质，对于表现当年井冈山斗争的艰难残酷，对于阐明农村包围城市、武装夺取政权这一革命道路的必然性，都起着画龙点睛的作用。有了这个过去的细节描写，整个片子就生动起来。所以不能单纯片面地追求什么“解说的分量越少越好，字数越少越好”，要像孙悟空手中的金箍棒，根据主题和内容的需要，随时变长变短。

(三) 电视解说词是口语化的，并非书面语言

语言发展到今天，形成了三种基本形式，即内部语言、有声语言和书面语言。它们之间的相互转换，构成传递信息的不同方式，如下图所示：

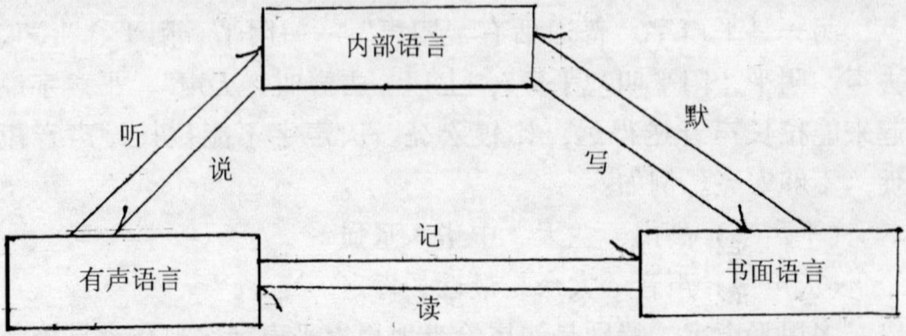

广播和电视是两种独立的、各具特点的现代化传播媒介。但是从语言的角度来看，它们却拥有共同的一点，就是必须将内部语言或书面语言转换成有声语言，才能把信息传递到千家万户。在工作实践中，播音员、采访记者、节目主持人等通常碰到的是两种情况：一种是见字出声，即依据文字稿件，通过“读”，转换成有声语言；另一种是仅有腹稿，临场发挥，即经过内部语言的思维过程，通过“说”，转换成有声语言。因此，如何向有声语言转换，成为“适听”的，是把握好解说词语言表达的关键。

要做好为“适听”而写解说词，就要注意以下几点：

1. 选用响亮的字眼

汉字的声音,有的响亮,有的不响亮。电视是“家庭艺术”,观众不可能精力完全集中在看电视上,不响亮的字眼容易滑过去。几处听不明白,就会影响收视率。因此要尽量选用响亮的字眼。

汉字中有两类字声音响亮:

一是开口度大的字。现代汉语语音中有“四呼”——开口呼(以 a 为主要元音)、齐齿呼(以 i 为主要元音)、合口呼(以 o 为主要元音)、撮口呼(以 y 为主要元音),以开口呼的开口度最大,其次是合口呼。要多选用这两“呼”的字,开口度大的字比开口度小的字要响亮。例如:

(开口度大) 和 跟 到 象 开

(开口度小) 与 及 至 如 起

另一是平声字。普通话有“四声”——阴平、阳平、上声、去声。阴平、阳平叫“平声”,上声、去声叫“仄声”。平声字说起来能拉长声音送得远,比较宏亮。仄声字不能拉长,声音短促,不够宏亮。例如:

(平声字) 高山 兰天 中华 坚强

(仄声字) 声音 大众 最近 肯定

多用平声字,特别是句尾恰当地用上平声字,观众容易接受到,可以增强适听性。

2. 多用双音词和多音词

科学实验证明,人脑对声音的记忆,最多停留 7 至 8 秒钟。解说主要靠听,而且是“一次过”。如果一个词只有一个音节,声音短促,一闪而过,不易听明白。改用双音节或多音节的词,声波停留得长一些,给人留下的印象要比单音节的词深一些。例如:

但——但是　　应——应该

因——因为　　到——到达

自——自从　　除——除了……以外

古代汉语以单音词为主,现代汉语以双音词和多音词为主。

要符合口语化的特点，最好少用文言词，多用现代词，也就是要多用双音词和多音词，少用单音词。例如：

乃——就是　　至——到达

该——这个　　始——开始

望——希望　　愕——大吃一惊

3. 多用短句

文章是写给人看的，一个停顿可能管几十个字；解说词是说给人听的，说上十来个字就要停顿一下，好让说话的人喘口气。可见呼吸段落要比视觉段落短得多。解说词要“上口”和“入耳”，句子必须短小，话要说得“白”，要的是口语化和生活化。句子短，停顿就多；凡有停顿的地方，“吧、呐、呢、呀、了”等口语的语气词就钻了进来，缩略语等也相应增加。例如人物专访《交通民警的自述》片断：

画　面	解　说　词
大街上的人群喧闹、拥挤，车流，红绿灯下，民警指挥着车辆通行 一位民警特写 车辆前进 红灯亮 车辆停了 绿灯亮 车辆通行	小的时候呀，我心里想的是当兵，做梦梦见的也是当兵，可是折腾来折腾去，成了一名交通警了。当时心想，这也行吧。头戴大盖儿帽，身穿马裤呢，武装带一系，岗台儿一站，指挥棒一挥，整个儿的一个交响乐指挥呀，不过，可比那乐队指挥气派多了。

这段解说词选用了较多北京人常用的口语词汇，句子短，语气词多，缩略语不少。观众听到的是一位朋友在跟自己聊天，听起来亲切生动，平易好懂，很有生活的情趣，观众很容易接受。

4. 把书面语改为口头语

汉语有书面语，也有口头语。解说词是说出来让人听的，用口语表达才符合人们的听觉习惯，通俗易懂。例如：

(书面语)	(口头语)
诞辰	生日
蓄意	存心
相貌	模样
宜于	适合
盛赞	热烈赞扬
上述	上面说的

解说词写作要用口语，但是这种口语又不同于初始口语。生活中的初始口语，由于边想边说；经常有断续、口误、追补、口头禅等现象出现；而解说词则要尽量减少这些现象。解说词应该是有准备的、经过加工的口语。

5. 避免使用谐音词

语言的音节结构形式有限，而所要表达的意义要素是无限的。以有限的音节表达无限的词义，势必产生谐音现象。广播电视中，谐音现象有好的一面，但坏处更多。

从好的一面看，谐音可以构成双关的修辞手段，意在言外，含意深远，风趣幽默，增强语言的可听性。例如广告用语“天仙牌电风扇是吹出来的品牌”，一个“吹”字，妙语双关，既形象生动，又恢谐风趣。

从坏处看，谐音容易造成混淆和误解，破坏语言的适听性，形成屏幕上的“噪音”。例如“他期终考试的成绩不错”，很可能会误解为“他期中考试的成绩不错”。“期终”这个词转化为视听语言，与“期中”谐音，听起来误差就大了。

在广播电视中，谐音词的运用局限性很大。只有在一定的语言环境中，一听就明白，不会造成歧义时，才能收到预期的效果。广播电视节目的安排都有时间的限制，碰到容易引起误解的谐音现象，不可能多费口舌，用解释的办法避免误听，如“是骄傲的‘骄’，不是娇嫩的‘娇’之类。一般处理的办法是换一个说法。如“××工厂的产品全部合格”，可以换成“××工厂的产品全都合格”之类。

6. 少用或不用简称

简称在听觉语言中是最忌讳使用的，常常造成不必要的误解和疑问。例如“中大”这个简称，是指“广州中山大学”，还是指“香港中文大学”，有时难以判断。但是解说词有时为了节省时间，要节省字数，也不得不运用一些简称。这些必须用的简称，必须有一定的群众基础，是人们耳熟能详的。例如“党的十三大”、“六届人大”、“北大”、“清华”等，一听就明白，不会产生歧义。

还有一些简称，有较强的区域、行业等方面的局限。例如上海无人不晓的“万体”，全国各地的人就不一定懂；行家们张口闭口讲的“微机”，外行人也许会听成“危机”。这类简称使用时一定要慎重，最好在解说词中不要使用。

7. 讲究韵律美

解说词是一种听觉语言，要让观众愿意听，就要写得抑扬顿挫，节奏鲜明，音律和谐，优美动听。说起来琅琅上口，听起来铿锵入耳。例如电视纪录片《井冈抒怀》中的片断：

画　面	解　说　词
水　滴 瀑　布 水　滴 瀑　布 绿色的山野	在泉水的叮咚中遐想 在瀑布的奔流中追寻 我带着这追寻与遐想 匆忙地踏入井冈之春

这段抒情的文字，平仄交错，此起彼伏，委婉动听。尤其是第一、三句用仄声收尾，第二、四句用平声收尾，产生了一种韵律之美。四句话均用九字句，排列整齐，像诗句一样具有优美的意境。头两句运用排比的句式，说起来悠扬悦耳，富有节奏感。

解说词的韵律美，不是单纯的掌握声调、字音、修辞手法，也不是好词好句的堆砌，更重要的是要注意用词用句的神韵。例如获奖纪录片《话说长江》中的片断：

画　面	解说词
通天河远景	通天河，藏族同胞叫它珠曲，意思是通天河的水是奶牛的水。多么美好的名字啊！正是这滔滔东去的奶牛之水，滋润着中华大地；正是这奔腾不息的奶牛之水，养育着千古风流！

这段解说词紧紧抓住通天河的藏族名称“珠曲”——奶牛的水立意，运用反复和排比的句式，不仅说出了通天河的意境之美，也道出了通天河的神韵之美。一唱三叹，委婉动听，还富有声音上的音乐之美。

二、电视解说词的作用

（一）协调画面信息，明确整体思路

在有限的时间内，一个片子不可能反映事件的所有过程，因此需要再造时空。剪接好了的未完成带的画面，一会儿跳到这儿，一会儿跳到那儿，相互是不连贯的，传递的信息也具有一定的含混性。解说词的一项重要作用，就是对这些画面进行“整合”，理顺它们之间的内在逻辑关系，把整个片子的思路交待清楚，为具有多种解释可能性的画面创造一个明确的意蕴。例如电视纪录片《祖国的旗》中的片断：

画　面	解说词
运动员训练 穆铁柱在练腿力 摔跤运动员紧张的比赛 排球运动员奋力鱼跃救球 摩托车运动员摔倒了， 扶起车子继续前进	精神，靠着一种精神，体育健儿们在奋击，在拼搏，他们就是这样为五星红旗赢得了荣誉。

画　　面	解　说　词
国际体育比赛中 国旗升起 李宁合上双眼热泪夺眶而出 排球运动员面向国旗，举着奖杯和扬花欢呼	他们升起的，是民族的自尊，人民的自信，祖国的自豪。
（一组快节奏的短镜头） 葛洲坝开闸，江水奔流不息 火箭飞向蓝天 麦浪滚滚 辽阔的草原 奔驰的马群	啊，五星红旗下，有着十万万炎黄子孙，五星红旗下，是一个正在升腾的中国！

这几段解说词，与画面互为补充，交替前进，汇聚了画面信息，提炼了画面含义，梳通了画面脉络。首先用“精神”这个关键词语，连接了不同运动员在不同体育运动中艰苦训练的画面。接着用“民族的自尊，人民的自信，祖国的自豪”，串联起一次次国旗的升起，一次次奖杯的举起，也交待了“获奖”的结果与“精神”的因果关系，将片子的内容推进了一步。最后用“五星红旗，是一个正在升腾的中国”结住，既串联起一系列互不相关的画面，又点明了全片的主题。有了前边的“民族的自尊，人民的自信，祖国的自豪”，这里反映祖国建设成就的一组画面才不显得突然，主题的升华也显得自然，水到渠成。画面语言与解说词均不能单独完成信息的传递，它们之间总要交叉碰撞。它们不能永远双轨并进，互不干扰，各行其是，只有让多种因素沿着一条共同的线发展，相互照应，相互弥补，水乳交融，才能完美。

（二）补充画面不足，完善形象报道

解说词不是对画面简单的解释和说明。它要完成对事实的陈述，对画面传递的不全面、不充分的信息予以补充，对画面无法表现的信息予以说明，提高信息传递的精确度和明晰性，来完善形象报道。解说词补充画面不足的方法，就像底片显影一样，现有的画面是底片，解说词是显影剂，将画面的内涵显示得淋漓尽致。

作为“一次过”的艺术，画面纷至沓来，又转瞬即逝。对关键信息加以放大，对隐蔽信息加以突出，对看似平常的细节加以利用并点化为动情点，都需要解说词“显影剂”的作用。例如电视纪录片《井冈抒怀》中的片断：

画　面	解　说　词
烈士纪念碑前小花在风中摇曳	井冈的风，把花种播在那碑前；井冈的雨，把花儿经心地浇灌。就是这井冈的风，井冈的雨，为我们的无名烈士编织了一顶永生的花冠。

一座烈士纪念碑前的几朵貌不起眼的小花，一般观众看时并不会留心。但是作者认为这是一个可以放大扩展、形成动情点的信息，于是写下了这一段充满感情的抒情文字。通过解说词这个“显影剂”的突出放大，与主题形成了有机的逻辑关系，深化了画面的内在意蕴。

(三) 升华画面内涵，深化主题

观众对画面中那些司空见惯的东西，容易陷于表面，画面又一闪即过，来不及深入思考。这时，就需要借助于解说词，对画面加以概括、提炼，使观众由“熟知”变为“真知”，这个过程也就是深化主题的过程。例如电视纪录片《祖国的旗》中的片断：

画　面	解　说　词
天安门广场	啊，五星红旗，祖国的旗。
推五星红旗	祖国的历史那样悠久，你是骄傲的旗。
推五星红旗	祖国的今天那样壮丽，你是庄严的旗。
推五星红旗	祖国的未来那样美好，呵，你是希望的旗
推五星红旗	……

这段画面表现的主体和景别、技巧都完全一样，只是变换了拍摄角度。解说词用三个排比的句式，通过“骄傲的旗”、“庄严的旗”、“希望的旗”，把祖国的昨天、今天和明天组接在一起，升华了画面的内涵，突出了片子的分量，深化了主题。

（四）语言引导，启发观众想象和联想

解说词的语言本身没有形象性，但解说词的语言却可以唤起形象感。电视解说词的形象感，是观众通过听解说后进行再造形象的结果。解说词的语言可以让观众去想象“象外之象，景外之景”。我们常常说，画面要有意境之美，这个意境之美全靠画面是难以表现的，这个时候就得解说词配画面。在展现画面的同时，用富有启发性和诱导性的解说词，使观众去“视通万里，思接千载”。例如电视风光片《漓江水》中的片断：

画　面	解　说　词
蒙蒙细雨点点滴滴撒入漓江	漓江雨把自己的爱无偿地献给了漓江，它轻轻地，轻轻地投入了漓江的怀抱。
透过山缝西落的太阳留在江面上一道光彩	夕阳也以自己的眷恋的方式，羞答答地从山隙间投给了漓江一条彩练。
一轮新月	一轮新月升上东山。
暮色中的漓江水	漓江水缓缓地流着，流着，流入了深沉的夜色，迎接着来日的黎明。

这里的画面——漓江细雨，江面落日、东山新月，都可说是良辰美景，展现了自然山川的绰约风姿，让人流连忘返。但是解说词从“细雨”中道出了“轻轻地投入了漓江的怀抱”，用拟人的手法，把雨写活了；又从“夕阳”里看出了“一条彩练”，用比喻的手法，引人遐想；再从“新月”间联想到“来日的黎明”，发人深思。这时美景不再仅仅只是美景而已，已经是“象外之

旨，言外之意”，是情景相融，情景交融，言有尽而意无穷。

（五）连接画面，语言转场

在画面编辑时，需要时空的转换。使段落与段落之间顺利过渡，就必须要有一种能穿针引线的逻辑因素，使观众没有“跳”和“生硬”的感觉。然而由于手头资料的限制，有时找遍所有的素材，也没有合适的画面可用来过渡，只好“硬接”。为了消除“硬接”带来的不流畅的痕迹，可以运用音乐音响来过渡。但是由于语言转换自如、高度概括的特点，一般更多地是使用解说词来过渡。

运用解说词过渡有两种方法：

一种是从解说词的语言本身寻找过渡的因素。例如电视纪录片《北京运动服装一瞥》中的片断：

画　面	解　说　词
利生体育用品商店男青年背影，穿着11号足球衫	11号，过去是容志行，今天的沈祥福。虽然，他看起来不像很快能进入国家队，但是，这件足球衫寄托着一个人的向往。
奖杯和奖品柜 排球上写着：欢迎曹慧英同志离队——中国女排”	有人有着辉煌的过去，他们穿运动服不是为向往未来，而是为了永远保留对过去的回忆，时刻重温往日的岁月。
曹慧英逗孩子 曹慧英夫妇和他们的孩子	曹慧英就是这样的人。她最爱穿的是一套“蓝天牌”运动衣，那是在三年前，中国女排第一次夺得世界冠军，青岛针织三厂赠送的。

这个片断前两组画面，前一组画面是由街头形形色色的运动服，落到一位穿着“11号”运动服的男青年身上；接着的后一组画面则是曹慧英家的奖品柜。画面显然是“硬接”的，不够流

畅。这时在解说中选择了“向往”这个词作为转场过渡的契合点，上面一组画面，用“寄托着一个人的向往”作结；下面一组画面，用“有人有着辉煌的过去，他们穿运动服不是为向往未来”，与上文相呼应。自然转场，完成了过渡。

另一种是从画面内容上寻找过渡的因素。再看电视纪录片《北京运动服装一瞥》的片断：

画　　面	解 说 词
小学生涌出教室 操场做早操 挂钥匙的小学生拉出穿运动服的小学生们正在踏步	北京有4000多所小学，在校学生有80多万。 过去，挂钥匙是小学生的显著特点，今天，运动服取代了钥匙，几乎成了小学生的标志。
…… 孩子们身着运动服在玩耍，母亲领着穿运动服的孩子，穿运动服的小学生上学，进校门。 校园绿地，小学生正在看书。 踢球的孩子 打篮球的孩子 北京的街头汽车如流 天安门广场	…… 不过，孩子们的运动衣差不多都是蓝色的。据说，这同老师的要求和服装设计师的设计有关。无论如何，当诗人赞美孩子们像鲜花一样的时候，他们当然没有想到，在老师们和运动服装设计师们看来，**这些花都应该是蓝色的**。 **蓝色**，曾经是一种有名的历史色彩，它总是使人想起一律穿蓝色人民装那段不愉快的往事。可以说，孩子们身上一半表现着过去，一半表现着未来。 ……

在三组不同的画面中，作者抓住了共同之点——最醒目的蓝色，作为转场的语言因素，吻合自然，天衣无缝，使两段解说词表现得幽默有趣，又意味深长。

三、电视解说词的写作要点

(一) 解说词不是画面的简单说明和解释

电视片应尽量用画面“说话”，画面已明白无误地传递了的信息，无需解说再做苍白无力的说明和解释。解说词切忌“见山说山，见水说水，就事说事”，去重复观众早就一目了然的画面内容，像“那是一头牛在吃草”、“大街上人来人往”之类的解说词，都是一些没用的、多余的话。

解说词要根据主题的需要，去挖掘画面内在的涵义，交待画面未交待清楚而又必须传递的信息，应是画面的扩充、延伸、深化、概括。画面与解说之间，要形成一种“若即若离”的关系，“若即”指二者之间保持着关联；“若离”指二者之间不是重复。“若即若离”就是说画面与解说之间是“即”中有“离”，“离”中有“即”，相互依存又相互分离。解说给予观众的应该是在画面之外的更多的东西，为观众的思维开拓更广阔的空间。

电视纪录片《雕刻家刘焕章》中有一段很简单的画面——妻子在洗衣服。而解说在介绍刘焕章夫妇是如何结识的，如何结的婚，妻子如何照顾刘焕章的生活，如何支持丈夫的事业，等等，解说扩大了画面的信息含量。

文献纪录片《邓小平》中有一段邓小平在十年动乱中下放到江西省南昌新建县拖拉机修造厂劳动时走出的一条“邓小平小道”。拍摄时原来路边的小池塘已挖成了鱼塘，工厂的篱笆墙已变成了砖墙，学院通往小道的旁门已经封死，小道只是依稀可辨。于是配上了一段解说词：“在这条崎岖的小道上，邓小平走了三年也思考了三年。有人说中国后来发生的许多事情，就是从这条小道延伸出来的。这就是我们在片中看到的客观的完整的‘邓小平小道’。”解说强化了画面，是画面形象的延伸。

电视风光片《泰山雾淞》中，因观众不熟悉雾淞，解说词中把雾淞的形状比作银耳，而雾淞的成长比做芦花，“芦花是随风飘，而雾淞却是迎风长的”。运用比喻的修辞方法，丰富了画面的意境。

电视纪录片《祖国的旗》中，当出现国旗与日出以两分零七秒的时间同步升起的画面时，伴随的是这样一段解说词：“啊，这两分零七秒是神圣的，它是一个革命时代的浓缩。这两分零七秒是庄严的，它是一部伟大历史的概括。这两分零七秒有着丰富的包蕴，这两分零七秒有着深广的内涵。”解说赋予画面更深刻的内涵，升华了主题。

（二）注意画面与解说的相互配合

在一般情况下，电视专题类节目解说词的完成，应该在画面编成之后 。所以解说词应配合画面，根据画面去字斟句酌。解说词与画面的配合，要求十分严格，往往是严丝合缝的，差一点都不行。

首先，解说词要受画面长短的制约。最长的解说词，也只能与画面长度相同。画面的长度一般最小以秒为单位来计算，所以解说长度的这个配合要求十分精确。在声画合成时，配合得不好，就要反复修改解说词，以求合适。

同时，解说词要受画面节奏的制约。人的视觉容量是有一定限度的。画面节奏快，人眼就感到眼花缭乱；画面节奏慢，人眼又会感到沉闷乏味。因此，画面的节奏以适中为好。据科学实验证明，人眼的最大视觉容量为 25 比特/秒，大约是每秒 4 个汉字，每分钟 240 个字左右。而解说的声音，不能一分钟内不停顿，所以控制在 230 个字左右。画面和解说控制在这个范围以内，节奏就比较合适。

此外，解说词还要受与音乐音响相配合的制约。解说词不能充满画面，一方面要给观众留有思考的余地，不要紧跟紧赶，看着吃力；另一方面，也要给音乐音响留个空，让它们发挥作用，增强可信性和感染力。真正构成一个“金三角”的关系。

（三）不要追求解说自身文字形式的完美

解说词是整个电视语言的构成因素之一，它不能够孤立存在，也不能独立成篇。解说词与其他电视语言的构成因素相辅相成，互为依托，不可分割。如果把解说词单个提取出来分析，就可以发现，它在语言逻辑上有不少缺陷；它的语句不连惯，跳跃性大，文字形式是不完整的；在不同的地方，文字的比重极不平衡；因果关系是残缺的。例如电视纪录片《地球今天是怎么了》中的片断：

画　面	解　说　词
印度 洪水泛滥，流离失所 大街小巷浸在水中	在印度南部的大部分地区，气温高达47℃，67人死亡。七月中旬，暴雨引起洪水。孟买市区街道水深齐腰，几万亩农田被淹，而在印度北部，却有几百人死于夏季的寒流。
澳大利亚 茫茫旱地 土地龟裂 牛羊喘息 森林大火 尘埃弥漫	澳大利亚历史上十年九旱，去年遭受的旱灾是历史上罕见的。土地龟裂，牛羊皮包骨头。70%的农牧场损失严重。干旱导致森林起火，大火扬起的烟尘黑压压的笼罩着墨尔本城。
旱象照片三幅	斯里兰卡干旱! 菲律宾干旱! 印度尼西亚干旱!
非洲地图叠化出非洲大地 干旱的土地，寸草不长 南非地图，叠化相应的画面和有关字幕	除去赤道地区非洲是块干燥少雨的大陆。目前，有19个非洲国家正面临着两百年来最严重的旱灾。在南部非洲有一千多万人遇到空前的饥荒。南非，昨天还被人们称为南部

画　面	解　说　词
	非洲的“谷仓”，今天赤地千里。烈日晒焦了庄稼，母亲抱着孩子在等待救济，今斯威士兰的玉米产量只有两万吨，比往年减产70%。
莫桑比克等待救济的人群 埃塞俄比亚大片的荒地 灾民三五成群走着	莫桑比克有470万人在挨饿。在非洲的埃塞俄比亚，曾经是粮仓的贡德尔行政区变成一片荒地。许多人纷纷漫进邻国苏丹，因为即使天上下雨，他们也没有下地种子了。
欧洲地图叠出德、英、法城市	在非洲相邻的欧洲，大部分地区处北温带，气候温和湿润。今年夏天，西德、英国、法国的气温都超了三十摄氏度。
匈牙利热气腾腾 冰岛清爽宜人 奥地利炎热的城区 荷兰医院	匈牙利出现了100年罕见的高温，而冰岛却经历着100年来最凉爽的夏天，奥地利人说，奥地利今年的七月是近一个世纪最炎热的七月。在温和气候生活惯了的荷兰人也经受不住高达33摄氏度的酷热，病倒的人越来越多。
全球示意图	从这示意图上可以看出，发生干旱和高温的国家，大多位于太平洋的西岸。

单看这段解说词，它的跳跃性很大，从印度孟买，到澳大利亚；越过斯里兰卡、菲律宾、印度尼西亚，又跳到非洲南部“谷仓”、莫桑比克、埃塞俄比亚；然后又跳到欧洲的匈牙利和冰岛，几乎囊括了大半个地球。段与段之间互不搭界，文字也不平衡。总之，给人以东一句、西一句，突如其来，又忽然而去，支离破碎，前言不搭后语之感。然而这正是解说词写作的独特之处，是由它的非独立性决定的。如果只追求解说词自身文字形式的完美，反而正好犯了解说词写作的大忌。

（四）不要描写画面形象

电视是一种“呈现”，它不需要形容词，也不需要状语。再准确、生动、传神的解说，也不如画面形神兼备，纤毫毕见。解说在它面前，再竭尽全力地去描写一番画面中的形象，语言也是苍白无力的。这时解说词应在与画面配合上下功夫，共同来完善形象报道。对雕刻家刘焕章的报道，有报告文学《刘焕章》，也有电视纪录片《雕刻家刘焕章》，在介绍刘焕章的外貌时，文学作品与解说词采用了不同的写法。

报告文学《刘焕章》：

“刘焕章简直像一头雄狮，头发既长又乱，胡子也是那样茂密，都好像是压缩了的梵净山原始森林。他总是穿一身劳动布工作服，套在脚上的皮鞋好像从来就没有什么油水。”

电视纪录片《雕刻家刘焕章》：

画　面	解　说　词
一个满脸长着胡子的中年男子正在奋力劈木头，凿石块儿。从住房和厨房之间夹缝中俯瞰	他住在北京东城一条僻静的胡同里。绝大多数的中国人并不认识他，然而在文化艺术界，他可是一位知名人士，一个称得上优质高产的雕塑家。
刘焕章凿木头。各种不同角度的中景。	他姓刘，名焕章，今年已经 52 岁了，现在是中央美术学院雕塑系的副研究员。

两相比较，不难看出，文学作品与解说词同样是完善形象报道，而在写作方法上却有很大的差别。文学作品用叙述、描写来塑造形象，多处运用了修辞的手段，如“像一头雄狮”、“胡子也是那样茂密，都好像是压缩了的梵净山原始森林”、“套在脚上的皮鞋好像从来就没有什么油水”等等。而解说词却绕开这些，说些画面没交待清楚的问题：“他姓刘，名焕章，今年 52 岁了，现

在是中央美术学院雕塑系的副研究员。”至于他的头发、胡子，穿什么衣服、什么皮鞋，不必解说。因为画面上都看得清清楚楚，再说就成了累赘。所以解说如果运用很多描写形象的语言，非但不能很好地塑造形象，反而画蛇添足。

第三节　电视专题类节目的分类及文体样式

一、电视纪录片

电视纪录片是直接从现实生活中选取图像和音响素材，通过非虚构的艺术表现手法，真实地表现客观事物以及作者对这一事物的认识的纪实性电视节目。

纪录片的开山之作，一般认为是《北方的纳努克》。这是一部电影纪录片，完成于 1922 年。讲述的是一个叫做纳努克的爱斯基摩人，一家人在亚北极地区生活的情况。这部影片被认为是第一部真正意义的纪录片，绝非偶然。它建立在真实时间、真实环境、真人、真事的基础上。创作者长期与拍摄对象共处，在艰苦漫长的拍摄中了解拍摄对象。它以个人为关注的对象，以人为报道的核心。运用讲故事的手法，注意通过细节来感染人们。它立足于思辩，反映的是行将消失的文明，却暗含着对工业文明的批判。一种艺术早期的特点往往是它的根本特点，《北方的纳努克》的这些基本特点体现了纪录片的根本特点，至今还是纪录片创作所共同遵循的。

电视纪录片对电影纪录片的这些根本特点，既继承，又有发展，并在继承和发展中形成了自己的特点。电影是到电影院观赏的艺术，电影银幕总有一种居高临下的距离感，电影摄影机适合表现大气势、大场景，所以电影纪录片一般适合拍摄一些题材重大的、大场景的事件。而电视是“家庭艺术”，屏幕小，内容适合表现平民化的东西。《东方时空》中的“生活空间”栏目的定位语“讲述老百姓自己的故事”，一句话精辟贴切地阐明了电视纪录片的基本特点。认识电视纪录片的特点，不等于电视纪录片不能拍摄大题材、大人物。电视纪录片要拍摄大题材、大人物，要尊重电视的特点，从小处着手，与观众平等交流。像电视文献纪录片《邓小平》、《周恩来》等，都是十分成功的典范。

我国电视界对于电视纪录片争议最大的问题，是电视纪录片与专题片的关系。“专题片”是我国特有的“土特产”，英语中找不到与它直接对应的名称，其他国家也没有相应的名称。对于专题片与电视纪录片的关系，目前学术界存在四种观点：①

一是“等同说”。持“等同说”的人认为，专题片就是纪录片，只是一种形式的不同称呼而已。

二是“从属说”。持“从属说”的人有两种看法：一种认为纪录片从属于专题片，把专题片当作“专题类节目”或“专栏节目”这个更大的范围来看待，纪录片只是其中的一种形式。另一种认为专题片从属于纪录片，把专题片等同于专题报道或专题新闻，归为纪录片中的一种形式。这两种看法，都偷换了“专题片”的概念。

三是“畸变说”。持“畸变说”的人认为，专题片是中国电视界推出的一个“怪胎”，是某些人为了丢掉“电影拐棍”，急于闯出电视独家道路而生造出来的一个名称。

四是“独立说”。持“独立说”的人认为，专题片与纪录片是两种不同的形式。它们的共性是都取材于现实生活，都以“四真”为生命。但又是各自独立的两种形式，专题片有较强的主观

① 任远主编：《电视纪录片新论》，第18～19页，中国广播电视出版社1997年12月版。

意念的渗透，而纪录片相对客观一些。

“专题片”这个名称虽然有它存在的合理性，并早已为电视界同行们所习用，但在电视片交流中，特别是在制作实践中，造成了一定的混乱。从国际交流来看，国际评奖中，外国的评委们不明白什么是专题片，片子做得再好，他们也不予理睬。从国内的制作实践来看，80 年代初期开始，北京和一些地方的电视台的纪录片组织机构曾一度被撤销，专门从事纪录片摄制的人员被遣散。“纪录片”这个名称几乎消失，代之而起的是新成立的“专题节目部”和它制作的“专题片”。

鉴于至今电视界对“专题片”尚未作出明确的、准确的学术性界定，而传统的“纪录片”这个名称却鲜明地反映了这一形式的基本性质和创作方法——纪录，为便于与国际接轨，还是沿用“纪录片”这一名称为宜。

（一）电视纪录片的分类

电视纪录片有多种分类的方法，一般常根据不同的题材，分为三类：

1. 电视新闻纪录片

电视新闻纪录片要以纪录片的创作手法，对新闻人物、典型事实作比较详细、系统、形象的报道、分析、解释、评述。在题材选择上，注重新闻事实的典型意义，以及对社会生活的指导意义。在创作方法上，要以富有艺术感染力的手法，加强典型报道的宣传效果。电视新闻纪录片是电视反映典型的主要手段之一。在第五届国际青年电视节上，一部 10 分钟的纪录片《母亲，别无选择》在 70 多部电视片的角逐中独占鳌头，获得了金奖。这部纪录片讲述了一对母子的经历：一位叫田惠平的母亲为了给患有孤独症的儿子培养基本生活能力，辞去高校教师职务，来到北京；又克服困难，办起了中国大陆第一个孤独症儿童培训班。这种“老弱病残寡 + 母爱”式的题材本来是没有什么独特优势的，但这个片子把它放在爱与死、生与乐、绝望与抗争的层面上来阐述，题材的选择就超越了一般的“母爱”。作者的叙事视点落在母亲的矛盾心态上，在母子亲情与母亲自己对美好生活向往的冲突中展开，塑造出一个不平凡的母亲形象。她把爱给了儿子，也给了更多的孤独症儿童，令观众从中受到教育和震撼。

2. 电视历史纪录片

电视历史纪录片大量运用历史影片、录像资料、历史照片、图片、文物、人物采访等，真实地再现和评述过去的重大的历史事件及重要历史人物。要求尊重历史，具有历史感和文献性，因此常被称为“文献片”。大型电视文献纪录片《邓小平》就是一个典范。邓小平同志是中国共产党第一代领导集体的重要成员，第二代领导集体的核心，是中国社会主义改革开放和现代化建设的总设计师，是建设有中国特色社会主义理论的创立者。缅怀这位伟人的丰功伟绩，创作者以 12 集系列片的巨大篇幅，运用大量历史资料，采访大量有关人物，真实地再现了邓小平同志的革命生涯和伟人风采，成为集党史教育、革命传统教育和建设有中国特色社会主义理论教育于一体的重要教材。

3. 电视风光片

电视风光片是表现自然风貌、风土人情的电视纪录片。它拍摄纪录山川景物，风俗民情，介绍地理知识，历史掌故及今日新貌。电视风光片把创作者的思想感情融于景物之中，在“移步换形”中融情于景，借景抒情，具有知识性、欣赏性和娱乐性。随着人民生活水平的提高，旅游热的逐步升温，电视风光片也越来越受到观众的青睐。像《岭南名胜——肇庆》、《千岛湖：好山好水好心情》、《夏游江城吉林》一类的风光片，越来越经常出现在电视荧屏上。

(二) 中国电视纪录片的创作倾向

中国电视纪录片起步于 1958 年中央电视台前身北京电视台

建台之初。当时新闻性节目的制作队伍以原来电影厂纪录片摄影师、编导为主组成，他们是电视纪录片的开拓者。我国的第一部电视纪录片是 1958 年摄制的《中华人民共和国建国九周年》。这时期的电视纪录片受苏联“概述片”模式和“形象化政论”观念的影响，“工农商学兵”，“东西南北中”的“大拼盘”式的概述成就，综合报道比比皆是。十年动乱中，电视纪录片题材狭窄，艺术手法僵化，纪录片艺术被窒息了。十年动乱以后，电视纪录片创作才逐步进入繁荣时期。1991 年大型纪录片《望长城》的播出，成为中国电视纪录片创作走向成熟的标志。当代中国纪录片在叙事方法、结构方式上的创作倾向，主要体现在三个方面：

1. 叙事的情节化

叙事的情节化，首先表现在纪录事件发展的连续性和整体性上。连续即过程化，有开端，有发展；有因，有果；有高潮，有结局。事件的整体性得到展现，再现过程比展示成果更有价值。

叙事的情节化，还表现在叙述时间、空间上的特定性。电视纪录片的叙事目的，不在于直接表现内容的含义，把人和事放在抽象化的“场景”中活动，使人和事都变成干瘪瘪的；电视纪录片要把内容的含义融于现实生活的画卷中，人和物才能栩栩如生。电视纪录片《德兴坊》纪录了上海老市区“石库门”居住小区的家庭两代人以及与邻里的关系，所讲述的故事是在特定的时间、特定的环境、特定的情景、特定的氛围中展现的，成为现在进行时的生活的有机组成部分，使人感到真实可信。

2. 叙事对象的个体化

在电视纪录片中，人越来越受到重视。人是社会的动物，个体的人体现着社会的个体，社会则是以个体体现出来的社会。个体活动是社会活动的表现和浓缩，个体体验也是社会体验的表现形式。作为展现现在进行时的再现过程的电视纪录片，就只能以个体去表现社会，以个人去表现千万人，把千万人化为自己；以具体事表现千万事，把千万事化为一个典型事物。正因为这样，《望长城》把一个具有文化和历史感的宏大主题渗透到长城内外人们的生活中，却使人感到一种充满活力的现代精神；《呼唤》重点讲述了三个癌症患者的苦难历程，却让人看到所有的癌症患者对命运的挑战，对生命的呼唤。

叙事对象的个体化，从创作角度看，具有一种现实感；从作者的角度看，具有一种感性特征；从观众的角度看，具有一种亲近感；从对象的角度看，具有明显的个性；从审美的角度看，具有一种生命感。叙事对象的个体化，使电视纪录片上了一个台阶，从一般的社会写真，到艺术审美的层次。

3. 叙事单元的细节化

“细节是指电视屏幕上构成人物性格、事件发展、社会情境、自然景观的最小组成单位，对表现对象的局部或细微变化的展示。”① 如果说结构是电视纪录片的“骨骼”，那么细节便是电视纪录片的“血肉”。电视纪录片的结构是一首歌，细节就是一个个跳跃的音符，二者相辅相成，缺一不可。细节起着刻画人物性格、揭示人物情感，揭示主题，交待环境，推动情节发展的作用。细节的灵魂是它的真实性，细节的关键是它的典型性，细节的特点是它的具象性。因此，电视纪录片可以没有情节，却不能没有细节。现代电视纪录片越来越明显的一个创作倾向，就是以细节交待作为叙事单元。

电视纪录片中细节的表现形式常用画面，特别是特写镜头。但是这不是惟一的表现形式，除画面外，解说、叙说、画面与解说结合等，也都是经常运用的表现形式。电视纪录片《毛泽东》中有一组画面：毛泽东请大区书记吃饭，每人一碗面条；请陕西一农民吃饭，却丰盛得多。毛泽东说：“大区书记们平日里谁也

---

① 高鑫、周文：《电视专题》，第99页，中国广播电视出版社1997年8月版。

不敢让他们饿肚子，到我这里，就得让他们知道饿肚子的滋味。”用画面与叙说相结合的方式刻画细节，形象生动地表现出毛泽东对干部的严格要求，对人民的关心和热爱。

有时字幕也可以起描写细节的作用。电视纪录片《方荣翔》中讲到他在香港病倒仍坚持演出，人们纷纷劝他休息，他仍坚持“观众第一”，并立下字据。这时字幕将字据全文打出，最后一句是“一切后果责任完全自负”。白纸黑字，掷地有声，这个细节深深地烙进了观众心底。

（三）电视纪录片的文体样式

美国比乐·尼科尔斯等在《纪录片的人声》一文中，总结了纪录片的四种模式[①]，这四种模式大体上概括了纪录片发展的四个阶段：

1. 格里尔逊式

格里尔逊式的主要特点是在画面之外，使用权威味十足的脱离画面的解说，因此又称为“说教模式”，或“画面加解说方式”。

约翰·格里尔逊是20世纪30年代英国著名的纪录片导演，英国“纪录片运动”的代表人物。当时有声电影已经出现，是他首先创始用画外音进行解说，来配合纪录片的活动画面，因此以他的名字为这种模式命名。

格里尔逊把纪录片看做是“一把锤子，而不是一面镜子”。在他的领导下，伦敦电影协会的一批年轻人用纪录片的形式反映工业社会带来的新的社会问题和社会关系。在巴锡尔·瑞特制作的《锡兰之歌》中，出现了通过声音剪接的市场交易声；在埃德加·多斯梯和阿瑟·埃尔顿的《住房问题》中，出现了直接对着摄影机讲话的同期声。为了表达思想倾向，通常借助解说词的作

① 任远、张玉频译：《纪录片的人声》，载1990年第5期《世界电影》。

用。格里尔逊的思想和创作方法，影响了第二次世界大战前后和各殖民地国家民族独立战争期间的纪录片工作者。法西斯德国和战时的苏联、英国、美国，把这种说教式的纪录片推向了极致。第二次世界大战以后，人们产生了强烈的要求尊重事实的倾向，世界进入纪实主义文化时代，同时电影中出现了意大利的新现实主义流派，对人类文化产生了强烈的影响。在这种情况下，格里尔逊那种充满说教意味的叙说方式当然失去了观众。但在我国，早期的电视纪录片，像《天驹》、《收租院》等，一般多运用这种模式。

2．“真实电影”或“直接电影”

“真实电影”或“直接电影”可以称作“实况电影”，以捕捉特定人物日常生活中未经修饰的活动为特征，通片不加一句解说，让观众自己去下结论。

这种模式的历史，要追溯到1922年苏联电影导演兼理论家齐加·维尔托夫倡导的“电影眼睛”的主张。他鼓吹不为被摄者觉察的方法拍摄“生活即景”；又把“电影眼睛”同“无线耳朵”结合起来，形成声画对位的蒙太奇语言。但1937年“电影眼睛”的理论在苏联受到批判，最终在苏联消声匿迹了。

在维尔托夫那个时代，“电影眼睛”的理论很难顺利发展，笨重的电影设备也很难真正实现“生活即景”的拍摄，只有1960年以后，在“真实电影”或“直接电影”中才成为现实。第二次世界大战以后出现了“新现实主义”电影，ENG电子采集系统提供了同步录音拍摄的可能。在对回归真实的追求中，出现了两种派别：一种称作“直接电影”，强调直接取材于现实，不加干预地表现生活中的戏剧性。如《初选》（1960年）、《幸福母亲的一天》（1963年）等。另一种称作“真实电影”，认为摄影机的存在可以对现实产生影响。如《美丽的五月》（1963年）、《向变化挑战》（1969年）等。从这一时期开始，纪录片的放映渠道已从电影院更多地转到电视网。

但是这种模式很难提供历史和社会背景，制作者感到不能畅所欲言，观众往往感到困惑。因此，70 年代又出现了第三种模式。

3. 访问谈话式

访问谈话式是在采访、会见形式中，为被摄者或解说员、主持人直接面向观众讲话，阐述自己的见闻和见解；或加上历史背景、事件背景的评论，纪实画面与现场效果、同期声讲话的同步录音同时出现，是当代纪录片的标准制作模式。

访问谈话式最早出现在美国女权主义的一些纪录片中。一般采用长镜头拍摄，辅以实况效果声，体现了“摄影影像本体论”的美学原则，使纪录片真正成为“发现的艺术”、“采访的艺术”、“编辑的艺术”。如英国拍摄的《中国》、《斯里兰卡宗教节日》；日本拍摄的《望子五岁》、《731 细菌部队》；伊文思拍摄的《愚公移山》；我国拍摄的《望长城》等，都是其中的佳作。

4. 个人追述式

个人追述式的特点是评述者的议论混杂在访问会见之中，制片人的画外音同屏幕上的字幕相结合，直截了当地表达作者的观念。纪录片不再成为观察现实的明亮窗口，制片人本身就是事件的见证人、参与者，也是作品社会意义的创立者。

个人追述式是新近在美国出现的纪录片模式，是一种现代主义流派。它的出现，直接原因是一批制片人不满足于那种主题不能直接说出的策略。另一个原因是一批明星主持人的出现，像克郎凯特、丹拉瑟、华莱士等，成为资本主义社会的“舆论领袖”。他们的影响力不亚于政府要人。由他们直接表达种种观念和主张，观众易于接受。

个人追述式的代表作品，是安东尼奥尼的《猪年》。

二、电视新闻调查

电视新闻调查“是就某一新闻事件，或群众关注的社会问题、社会现象进行深入调查研究，是有分析解释、有思辨的电视深度报道”。①

调查本来是人们认识事物、了解事物的一种方法。这种方法被运用于各种新闻采访活动，就被称为“新闻调查”。这种方法被用于电视，就是“电视新闻调查”，成为一种电视文体。

电视新闻调查是一种较晚出现的电视文体。调查新闻学是美国新闻学流派之一，70年代因“水门事件”而在美国风行一时。中央电视台《新闻调查》栏目，为中国电视新闻调查文体的形成和发展做出了特殊的贡献。电视新闻调查作为一种电视文体，主要包涵两层意思：一是电视新闻调查是具有新闻性的一种电视文体；二是电视新闻调查又是具有调查性的一种电视文体。这种报道形式在电视中又显现出多种特点，多种风格，多种样式。

(一) 电视新闻调查的分类

电视新闻调查按照不同的分类标准，有不同的分类方法，常见的有以下三种：

1. 按报道的方式分类

调查性报道有别于日常性报道，指的是一种更为详尽，更带有分析性，更要花费时间的报道。报道的成败在于揭露被隐藏起来的情况，所以按报道的方式可以分为两类：

一类是“传统揭丑式”。重点是揭露政府官员、公司企业经理、公共机构中管理人员的违法活动的丑闻，报道的结果，这些被揭露者轻则声名狼藉，重则丢官卸职，锒铛入狱。从事这类报道的记者与职业的侦探相似，自己寻找线索，深入调查，搜集资

① 叶子、刘坚：《电视新闻》，第114页，中国广播电视出版社1997年8月版。

料，甚至建立内线，了解内情，被戏称为“电视新闻界的福尔摩斯”。

另一类是“深入调研式”。重点不在于揭露黑幕丑闻，追究责任，而是系统地深入调查研究政府机构、公司企业以及整个社会整体中、执行政策中的痼疾和缺陷。从事这类报道的记者要注重搜集已经公开的资料文件等，进行归纳、梳理、组织、分析，从中发现症结之所在，借以促进社会的改革。

2. 按选题的内容分类

电视新闻调查的选题内容十分广泛，可以涉及到社会生活的各个方面。归结起来，大致可分为三类：一是“人物性调查”。就是围绕一个人物进行采访调查。二是“事件性调查”。大多是围绕一个新闻事件进行调查采访，有时也可能是由某一新闻事件引起的一连串的问题的调查采访。三是“主题性调查”。针对某种社会现象或某类社会问题而展开调查，强调对主题的发现和挖掘，有极强的针对性和导向性。

3. 按调查的目的分类

电视新闻调查的目的，不外乎针砭时弊、揭露丑恶；或是揭示问题、引发思考。因此按调查的目的可以分为两类：一类是“揭露式调查”。通过采访调查，揭露隐藏在背后的内幕和丑恶。另一类是“揭示性调查”。大多通过对某一典型事例的采访调查，揭示出同类事例的矛盾冲突，引发人们对这类问题的深层思考。

（二）电视新闻调查的特点

1. 新闻性

中央电视台《新闻调查》栏目的定位语是“正在发生的历史，新闻背后的新闻”。一语道出了电视新闻调查的特点。电视新闻调查作为电视专题类节目之一，当然要具备新闻性。但是，电视新闻调查在如何体现新闻性上，有它自己的独特之处。

任何一种新闻文体都具备新闻诸要素。而对于电视新闻调查来说，新闻五要素中的“When（何时）”、“Where（何地）”、“Who（何人）”在许多情况下是采访前就已经清楚的，这三个要素几乎与调查无关。而“What（发生了什么）”和“Why（为什么）”却是记者在整个调查过程中关注的中心。这两个要素，就是“新闻背后的新闻”之所在，也是记者采访调查的着力点，电视新闻调查吸引观众的聚焦点。

任何新闻文体都强调时效性，尽快报道；而电视新闻调查却注重时宜性，报道要适时。1992年，正值国营企业进行劳动用工制度改革的关键时期，电视新闻调查节目《迟发的报道》通过对“南塑事件”的深入采访调查，进行了一次关于“工人、企业、法律”的思考，为企业推进劳动用工制度改革，以法律为依据完善劳动用工制度改革，提供了可贵的经验。由于适时，尽管调查在先，报道在案件结束之后，却丝毫没有削弱报道的新闻价值。

2．调查性

电视新闻调查最大的特点就在“调查”这两个字上。电视新闻调查离不开深入的调查。调查的目的，一是通过调查研究现实情况，在新情况、新问题、新事物刚露苗头时，就能及时发现，抓住线索；二是顺藤摸瓜，通过分析、解剖，了解事实真相，对问题和现象做出判断。

调查采访是一种过程，因而它具有过程性。过程性有两种情况：一种是新闻事件自身的发展过程；一种是记者对新闻事件进行调查采访的过程。电视新闻调查的过程性，专指记者的调查采访过程，因为这个过程才是深入事物内部获取真相的过程。电视新闻调查所强调的过程，与电视纪录片展现事物本身发展的过程、性质是完全不同的。

调查采访的过程是客观的，因而它又具有客观性。这个客观性，指的是用事实说话，通过具体情节、细节、采访、人物表情动作等来体现。

调查采访的过程是开放式的，因此它还具有开放性。开放性是指记者的调查并不一定要有明确的结果，并不一定要调查出一个是非对错，也不一定要有一个明确的结论或结果，只需把一个客观真实的过程及发现呈现给观众。例如电视新闻调查节目《眼球丢失的背后》的调查过程是由一个新闻事件引发的：一个名叫高庆峰的眼科医生，私自从太平间尸体上取下眼球给病人做了角膜移植手术，遭到死者家属张庆桩的诉讼。医生与死者家属究竟谁是谁非，结尾并没有一个明确的说法，观众也看法不一，节目更吸引人。

3. 思辩性

电视新闻调查在对新闻事件的报道中，不能仅停留在对事件过程和细节的叙述，重在对事件内容作纵向、横向开拓，指出它的普遍性和哲理性，可以说，思辩性是电视新闻调查的灵魂。1997年底要实现淮河全流域工业污染源达标排放，各大媒体都把目光放在淮河干流达到农业用水五类水标准的宣传上，而电视新闻调查节目《再访淮河》却着眼于1562家日排废水量百吨以上的重点超标污染企业，认为它们达标才是目标实现的关键。而这些企业是地方产业的支柱，各地方政府是否舍得“壮士断臂”？国家强制性措施能否切实彻底贯彻执行？指出治理淮河的三大步任务任重道远。

4. 针对性

新闻的价值性是与针对性成正比的，针对性越强，反响越强烈，新闻价值也越高。针对性切合了公众的需要，同时也提高了新闻的价值。因此，针对性是电视新闻调查新闻价值的保障。

就电视新闻调查而言，它的针对性主要表现在两个方面：一是导向针对性，主要是针对公众疑点，有目的地引导舆论；另一是监督针对性，主要是针对公众关心的突出问题，发挥舆论监督作用。

（三）电视新闻调查的文体样式

1. 客观调查式

客观调查式指记者的调查不掺杂任何主观因素和先入为主的印象，完全用事实说话，记者不作任何评论，让观众自己去判断。这种方式的难点在于透过现象看本质，善于发现掩盖在现象背后的东西。例如河南电视台曾播出过对郑州市的门牌号码进行调查的系列节目，记者没有一句评论，完全用客观的方法调查了九个事实：

事实之一：门牌与路牌相矛盾。在“花园路”路牌背后的一家单位的门牌上竟赫然写着“郑花路1号”。事实之二：一座商住楼被一家单位买去了大半，剩下的一半楼被零散住户所买，所以，长期以来一直没有门牌号，给居民生活带来了很多麻烦。事实之三：一排门面房因没有门牌号，商家做生意不方便，于是，就自己编了号码写在门边上。事实之四：在一个路段上，记者发现附号竟比正号多。事实之五：记者为找一个门牌号竟花了两个多小时也没找到。事实之六：面对门牌号混乱状况，地名办负责人认为是体制原因造成的，并说地名办虽然掌握有先进的地名与门牌编号方法，但是由于体制没有理顺，所以，门牌号的编制工作并不归他们负责。事实之七：负责门牌号管理工作的市公安局表示：要改变目前门牌号的混乱状况，需要增加大量的人力、物力与财力，所以目前无法解决。事实之八：到节目播出时，市政府对此也没有一个明确的态度。事实之九：一位普通市民就用一辆自行车，花了五年时间，编制了一本郑州市门牌号码手册。这个系列调查节目，就是通过这些客观事实，向观众展示了郑州市门牌号的混乱情况，并把记者的主观思考巧妙地融入其中。

2. 纪录调查式

纪录调查式是用纪实的手法对客观的调查做真实的记录，是一种借鉴纪录片表现手法的调查方式。大多采用顺时性结构，完整地记录调查过程。例如电视新闻调查节目《呈送省委的特别报告》，采用复合式结构，完整地记录了记者采访调查的全过程：记者在小雨中赶到浙川县委，简单了解情况之后，又赶到20公里以外的垒山村，这是全县移民最多也最贫穷的一个村。晚上，记者在渔船上与渔民促膝交谈；第二天一早，又随渔民一起到丹江水库看捕鱼；回村的路上，与偶然相遇的农民边走边谈；进村后又到农家进行采访。整个过程纪录在案，纪实与思辩结合在一起，把一个沉重的话题讲述得鲜活而又生动。

3. 访谈调查式

访谈是电视节目中常见的采访形式，访谈调查式就是调查时采用访谈的形式。这种形式经常大量运用同期声。例如获奖节目《风险·风波》，报道的是浙江省11号台风过后，各个保险公司与保户之间在财产理赔问题上产生分歧，暴露了保险业在投保、防灾减灾、定损和理赔四个环节中存在的问题。突出在理赔这个关键点上，保险公司和保户都不愿发表意见，记者分别从中国人民保险公司、太平洋保险公司、保户中银宁波电池有限公司三方和保单记录上进行深入调查研究：

画　面	解　说　词
字幕：中银宁波电池有限公司财务科科长陈新华	“因为我们是两家一起保的，一个是太保，赔了35万，中保赔了23万多一点。”
记者提问	“他们应该是一样的额度呀？”
陈新华回答	“这个事情就不好说了。”
记者发问	“定损的时候你们什么时候去的？”

画　面	解　说　词
字幕：太保宁波产险二部业务主办曹望	“我们是 19 号早上，我跟公司另外一个同志两个人去查勘的。当时中保的人也在，等于说我们两家公司一块进行实地查勘，清点了那些损失的数量。”
记者发问	“为什么你们最后定损的数额跟中保的数额差别这么大呢?”
曹望回答	“我不知道他们中保是怎么定损的。”
字幕：中保宁波市海曙支公司业务一部经理钱新伟	“我们就是按条款赔，他们究竟怎么赔法我也不清楚。”
曹望回答	“它损失多少就赔多少！该赔的就赔，不该赔的就不赔。”
钱新伟回答	“他们在这方面，但是我听财务科长讲的，电池厂给他们照顾了。”
记者发问	“为什么呢?”
钱新伟回答	“为了业务再发展，现在是大家共保 50%，也许为了多赔一点，企业感觉挺好的，可能下次都拿回去。有这种看法，我认为。”
记者发问	“那你怎么看厂家同时把这两个 23 万和 35 万都接受呢?”

画　面	解说词
字幕：太保宁波分公司产险二部业务主办曹望	“我觉得厂家应该是亏了吧。”
记者发问	“那你们不觉得亏吗？”
曹望回答	“我认为合理的就不亏了。”
记者发问	“再选择保险公司的时候你们还选择不选择中保？”
字幕：中银宁波电池有限公司财务科科长陈新华	“选择还是要选择的，如果一家保险，他不会给你赔得那么快。”
记者发问	“那等于现在中保两家保险您吃亏了，如果按太保的额度的话，太保一家赔的话，应该赔 70 万。”
陈新华回答	“那也不见得，其实不见得赔 70 万。”
记者发问	“那为什么呢？”
陈新华回答	“如果是一家保险，报损的时候也给你卡得很死的了。”
记者发问	“那您觉得它现在放松了，是因为有两家竞争？”
陈新华回答	“有一点关系的。”

通过细致的访问调查，事实很明显地摆在观众面前：35 万与 23 万的差额，是恶性竞争的结果，自然而然地点出了主题——保险行业竞争无序，急需治理整顿。同时也引起社会各界对保险问题的更深层次的思考。

三、电视新闻杂志节目

电视新闻杂志节目是“电视屏幕上的综合性新闻性节目。它在固定栏目时间内采用杂志综合编排方式，以节目主持人主持的形式播出。”①

1968年9月，美国哥伦比亚广播公司（CBS）的制片人唐·休伊特创办了电视杂志节目《60分钟》，从此一发而不可收，电视杂志节目逐步遍及世界。我国1987年1月中央电视台开办《九州方圆》，把原有的《为您服务》、《人物述林》、《祖国各地》、《兄弟民族》、《电视纪录片》七个节目合并为一个大型杂志节目，此后各地方台的杂志节目如雨后春笋般相继涌现，蔚为大观。

“电视杂志”是从印刷物及广播、电影的“杂志”借鉴过来的，兼容它们的特点，而又有所发展。美国专家认为新闻杂志型节目是纪录片的变种，它在特定周期内探讨几个不同论题或问题。这种看法只适用于那种每期包含若干短纪录片的杂志节目。由于出现了“成套节目”的编排方式；节目时间短，一般在30分钟至60分钟；有时定期播出，有时又不定期播出（如“特别节目”）。各板块相对独立，主题多样性，“纪录片的变种”已经远远涵盖不了电视新闻杂志节目的特点。

(一) 电视新闻杂志节目的特点

1. 节目的兼容性

电视新闻杂志节目的兼容性，是它的一大特点，也是它的一大传播优势。立足于社会的需要，能起到积极的社会效益。电视新闻杂志节目的兼容性，具体体现在内容的丰富广泛，形式的多样活泼。

电视新闻杂志节目通常以众多小专栏集结合成，这些小专栏

① 《广播电视简明辞典》，第75页，中国广播电视出版社1989年8月版。

内容各不相同，信息量大，能满足观众多方面的需求。内容虽“杂”，却有“章法”。每期有一、两个骨干节目或重点报道内容，编排成“成套节目”或“集装式”节目，把正面、侧面，甚至反面报道集纳起来，中心突出，杂而不乱。

电视新闻杂志节目由于出现了“成套节目”的编排方式，给形式的灵活性提供了条件。它综合运用现场报道、画外音报道、电视采访、电视述评等多种手段，甚至很多节目整体上就是一部追踪访问的纪实。座谈、对谈等也是常见的形式。有的节目在介绍生活小常识时，用的是教育节目的示范演练手段。有的还采用戏剧小品、小杂技、小魔术等表演手段。有的节目根据社会对某一事件的关心程度，还可以随时调整结构，如改变板块的顺序，设置“特别节目”等，来吸引观众，扩大宣传效果。

2．编排的板块性

为适应节目的兼容性，电视新闻杂志节目采用了典型的开放型的“板块结构”，通常用若干个“板块”集结成一个整体节目。

有人将这种结构形式形容为“珂拉支”现象。“珂拉支”是一种抽象派的拼贴画，即把不同的造型“预制件”，根据不同的构思，拼贴成不同的作品。电视新闻杂志节目编排的这种“珂拉支”现象，使它具有灵活的自由性，电视手段的种种优势可以尽情地发挥。

电视新闻杂志节目“板块式”的编排所具有的灵活性，实际上是充分运用了电视传媒在时间上的开放性、连续性，可根据收视市场的行情，随时调整，组成新的板块。例如太原电视台《今晚30分钟》是由二十多个小栏目组成的，其中《记者见闻》、《社会透视》、《新闻踪述》、《调查报道》等为固定栏目，《本周新闻人物》、《热门话题》等为不固定的或周期性的栏目，按需要可以随时自由“拼贴”。固定性栏目有助于确定节目总的性质，也有利于形成节目风格，以及树立节目形象。非固定性栏目则可活跃版面，拓宽题材，扩大信息量。二者相互配合，就像万花筒一样地反映万象。

3. 主持人形式

电视新闻杂志节目丰富广泛的内容，活泼多变的形式，板块式的结构，都需要凭借一种形式来串联、组合。而电视节目主持人形式既可以报道事实，叙述情由，又可以发表议论，抒发感情；既可以负责串联、过渡，也可以直接播讲、示范，是最适合电视新闻杂志节目的形式，因此，一般都采用主持人形式。

（二）电视新闻杂志节目的制作方式

电视新闻杂志节目的制作方式，从内容上看，可以有专业性和综合性两种：专业性的指专门从事新闻报道，或者以体育、科技、医药卫生、文艺娱乐、青少儿教育等内容专一、对象明确的专题性节目。如对台的《天涯共此时》，对青少年儿童的《七巧板》等。综合性的指集新闻性、知识性、文艺性、服务性于一体的兼容性节目。如山西电视台的《电视桥》、上海电视台的《国际瞭望》等。

电视新闻杂志节目的制作方式，从播出来看，有录像形式和直播形式两种：录像形式是先将全部节目录制下来，经过简单的编辑等，再根据具体情况全部或部分播出预制的录像带。录像形式比较稳妥，有毛病的地方便于处理，质量有保证，因此为各个电视台所常用。直播形式是节目的开头、过渡、评论、结尾等用演播室直播，兼用预制的录像节目或影片。直播方式可以减少人力和时间；可以制作、播出大量的节目；直播的即兴性加强了节目的灵活性；直播可吸引观众直接参与节目的制作和演播，加强电视的面对面交流。但是直播对主持人的要求更高，要求主持人不仅要有组织播出的才干，还要求主持人要具备高超的应变能力和即兴播讲的能力。

四、电视专题报道和电视专访

电视专题报道和电视专访都是以某一新闻事实为中心的深度报道形式。不仅是电视新闻长度的延伸，同时也是电视新闻品种上的延伸。但二者又各有所侧重：电视专题报道侧重于“对新闻事实作较详尽而有深度的报道。”① 它较为详细系统地反映新闻事件发生、发展的过程。而电视专访则侧重于追踪采访新闻事件的当事人或有关人物，比较深入地进行解剖、分析新闻典型的方方面面。

电视专题报道和电视专访一般都在消息发布之后播出。我国党和政府召开的重要会议和活动，大都首先在新闻中报道，然后在节目中播出专题报道或专访，写作时要补充、延伸、深入消息报道的新闻事件。但是在写作上也各有不同的要求：

（一）结构方式各有侧重

专题报道要求以新近发生的事实为主体，展示事件的原貌。因此注重事件的过程性，一般强调结构的时间顺序。结构的顺时性可以从以下四个方面来表现：

1. 按采访路线结构

这是最常见的一种结构方式。记者的采访路线就是一条线索，有时间顺序性，靠这条线索结构全片。如《话说长江》等。

2. 按时间顺序结构

这种结构按照事件发展的时间顺序组成。这个时间是指记者介入了的时间，实际上是记者整理过的时间。人们按照记者的思维逻辑发展和记者进入了同一时间状态。如《长征》等。

3. 按事件发展顺序结构

这种结构是指以事件自己发展的逻辑为顺序，显得更加客观

---

① 见《广播电视简明辞典》，第75页，中国广播电视出版社1989年8月版。

和冷峻。如《中华之剑》等。

4．按思想线索结构

这种结构就是以主题或者以思想为线索贯穿全片。这种结构方法对素材要重新组织安排，不追求事物表面的完整性，而是以思想为脉络。这种专题报道不是要报道一件事物发展的起承转合，而是要报道一种思想的起承转合。如《住房见闻录》等。

而电视专访的采访对象是人，采访的对象一个接一个，自然要随着转换空间，因此这种专访的结合强调空间性。一般常用的结构方式有两种：

(1) 按照空间的顺序结构

这种结构按照事物内部组成方式来组织，又称“横向结构”。它好似生活的一个横切面，可以将采访的事件的各个方面比较全面地揭示出来。如《半个世纪的爱》等。

(2) 时空交错结构

这种结构又称“复合结构”。它完全打破了正常时空的连续性和顺序性，而是令时空交错，把古今中外同时纳入专访，以内在的思维逻辑贯通起来。如《改革冲击着女人》等。

(二) 表现方式各有侧重

电视专题报道对新闻事件的报道，是以现场进行中的画面作为背景衬托的，在展示事件原貌的过程中，就少不了解说对画面的补足。有时也加入一些同期声讲话，但当遇到人物大段的讲话时，也要用解说加以概括，写作时要交待清楚。例如获奖专题报道《遍地英雄遍地歌》展现了扬州市几十万干群和部队官兵1991年抗洪斗争中的英雄群像。报道紧紧盯住抗洪的典型事件和场面，向观众展示“第一手”的“现在进行时”的实况，使人们产生强烈的身临其境之感。解说一直紧密配合，加上现场音响，给观众提供了声画兼备的真实的现场感。其中只是在必要的地方，穿插了很短的两次同期声采访，画龙点睛式地介绍抗洪模范人物的思想品质，用以加强报道的深度和力度。

而电视专访主要通过人物访谈来结构全片，因此大量运用同期声讲话，解说的分量反而退居其次，同期声成为片中主要的叙事声音。例如获奖系列片《中国母亲》第一集“心中的母亲”，全片分为四段：少年儿童心中的母亲，青年人心中的母亲，中年人心中的母亲，老年人心中的母亲！用音乐转场。每段中采访若干人，每人说一个母亲的故事。完全运用同期声讲话，一句解说也没有，同期声全部担负起叙事的作用。

复习与思考

一、什么是电视专题类节目？什么是纪录片？什么是电视新闻调查？什么是电视新闻杂志节目？什么是电视专题报道？什么是电视专访？

二、电视专题类节目构思要经历哪些过程？

三、什么是电视解说词？电视解说词有哪些特点？写作时要注意哪些问题？

四、电视纪录片有哪些文体模式？电视新闻调查有哪些文体样式？电视专题报道与电视专访在结构上各有什么特点？

五、电视新闻杂志节目有哪些特点？

六、利用假期，参加一个小型电视专题类节目的解说词写作，了解节目制作的全过程。

七、阅读下面的材料，根据分镜头脚本的格式，将它写成5分钟的分镜头脚本：

王老汉救下大武汉

跳入长江漩涡探明暗洞　以身体充当堵漏坐标

面对激流漩涡，68岁老人王占成只身跳进江水，寻找到长江干堤漏洞的那一刻，不仅使武汉免于没顶，也使自己成为江城家喻户晓的英雄人物。

7月31日中午十二点多，丹水池段长江干堤附近的中南石化公司家属大院一片寂静。突然有人高喊："涨水啦，涨水啦！"听到这一嗓子，刚喝了二两"双沟大曲"，正躺在沙发上打盹的离休老干部王占成，抓起背心冲出家门，随着人群奔向大堤。情况非常紧急，内堤距离防水墙10米处的地面塌陷，大窟窿呼呼往上喷水，水柱近一米高。这时战士、民兵、下岗职工、大院家属都已飞身上堤。大伙用砂石袋往上压，一下子就被洪水冲到一边。后来武警战士手挽手想用身体堵口，也无济无事。"我琢磨外堤肯定有个大窟窿跟里面通了。"一直不言不语的王占成突然冒出一句，接着说："我得下水看看。"一边唠叨，一边扒背心，脱凉鞋，爬上了防水墙。堤上堤下几千人，看见的人都喊："别跳，危险！""这老头不要命啦！"话音未落，"扑通"一声，王占成纵身跳进长江。外堤早已被淹，一米七七的大个儿，站在水里只露个脑袋。老人用脚往前趟，可脚下绊着不少烂树枝。刚好这时有一艘船经过，波涛荡起树枝，江面上立刻出现漩涡。王占成于是抱了一根又粗又大的木头开始向漩涡中心摸索。"当时我长了个心眼儿，抱根木头防身。就是漩涡把我吸进洞，大木头卡在洞中，也好想办法脱身。"老人后来这样回忆。这时，恰巧他一脚踩在大窟窿的边沿上，洞宽足有一米。他冲着岸上大喊："我找到窟窿眼儿了！"说话的工夫，就有十来个棒小伙儿跳下江，齐刷刷地围着老人站成一圈儿。

紧接着开始了一场保堤大战。装砂的装砂，背袋的背袋，投掷的投掷。可是，砂石袋太轻，投下水就被打散了、冲跑了，根本不起作用。后来，有人跑到一家招待所，抱回来一大堆床单，把沙袋包在床单里投下水，果然“嗖嗖”地就被吸进洞。经过两千多人1.5小时苦战，用去上百吨砂石外加44个床单，终于保堤成功。在此期间，王占成一直站在洞口为大伙充当“坐标”。

事后，水利专家实地勘测说，这种险情叫浊水漏洞，也就是内外堤已经有暗流相通，如果发现不及时，大堤将瞬间决口。

当天傍晚，武汉市一位副市长来到王占成家，送上一枚“五一”劳动奖章和一万元奖金，感谢他带领大伙挺身堵漏，保全了油库，保全了京广铁路，保住了武汉！

8月4日下午5点，记者反复寻找，终于敲响了王占成家的大门。眼前这位有传奇色彩的老人浑身精疲，古铜色皮肤透着油亮，国字脸上一双眼睛特别有神。“老人年轻时在渤海湾里打过鱼，后来横渡长江得过奖。参军扛枪，抗美援朝过江，至今左脚踝里还残留三块炮弹片。1954年抗洪时，他就获得“一等功臣”的称号。本来人老了，身体也有病，怕他再下水。可一个没看住，又跳下去了。”老伴儿傅桂芝嘴上数落，眼角瞟着老头，脸上却充满自豪。

第五章

电视言论类节目文体写作

自学提要

• 本章自学12学时，面授6学时。

• 电视言论类节目是指就新闻事实发表议论、意见的电视新闻节目，是电视新闻节目的灵魂和旗帜，代表了电视机构的舆论水平。

• 电视言论类节目的特点：新闻性、评论性、形象性。

• 电视言论类节目的文体样式：一题一议式，一理一议式，一查一议式，一事一议式。

• 电视言论类节目的分类：本台评论、电视讲话、电视评论、电视短评、电视述评、电视谈话节目。

• 电视谈话节目策划文案由主题阐述、嘉宾和观众的介绍、节目导语、谈话过程设计、结束语五个部分组成。

第一节 电视言论类节目的性质和特点

电视言论类节目是指就新闻事实发表议论、意见的电视新闻性节目，是电视新闻节目的旗帜和灵魂，代表了电视机构的舆论水平。

言论，指发表议论和意见，所以电视言论类节目是以新闻评论为主要内容的议论性节目。电视言论类节目和电视消息类节目、电视专题类节目都属于电视新闻性节目，但是电视消息类节目和电视专题类节目以叙事为主，报道新闻事实，传播新闻信息；而电视言论类节目则以议论为主，以观点、见解来影响和引导社会舆论。如果把电视新闻性节目比喻为一支强大的舰队，那么电视言论类节目就是这支舰队中的旗舰。

电视言论类节目是电视节目大家族中起步较晚、形成较迟的一类节目。电视传媒出现的初始阶段，以转播文艺或戏曲类节目播放电影、电视剧为主要内容，满足受众的娱乐性需求；后来逐渐开办电视新闻类节目，以声画并茂、简洁及时的形式满足受众的信息性需求；接着开始制作专题类节目，以完整性、过程性和细节性满足受众的形象性需求；随着电视事业的发展，电视言论类节目出现在屏幕上，以综合分析、归纳演绎的优势满足受众理性认识的需求。最早出现的电视言论类节目是“电视短评”，它以“编前话”或“编后话”的形式，通常附丽于一条重要新闻的前后，以播音员口播的方式播出。这种套搬报纸和广播的形式很难发挥电视声画并茂的优势，后来又出现了夹叙夹议的“电视述评”。画面依附解说，以“述”带“评”，“述”服从于“评”。这种形式虽然发挥了电视画面的优势，但往往声画配合形成“拉郎配”，所以又有“电视评论”的出现。1994 年中央电视台新闻评论部的组建和《焦点访谈》栏目的创办，电视新闻评论才正式出现，并迅速发展和普及。近些年来，电视谈话节目以它的平民视点、内容贴近生活，异军突起，迅速发展。

邓拓说过："社论是表明报纸的政治面目的旗帜，报纸必须有了社论才具有完全的政治价值。"① 电视言论类节目也一样，虽然它出现较晚，但在电视宣传中的地位和作用却十分重要，它是党的喉舌，反映党的路线、方针、政策，也体现了电视同整个社会的联系。因此尽管它在电视节目里所占的比重不大，但在整个电视宣传中却起着旗帜和灵魂的作用。

电视言论类节目要充分发挥自己的作用，就要注意突出三个特点：

一、新闻性

电视言论类节目属于新闻性节目。新闻性是它最鲜明的体裁特征，这个特征不仅使它区别于文艺性节目，也使它区别于一般政论文。新闻性主要体现在它是就新闻事实而发的议论。一般政论文可以由笔者随感而发，无特定对象；而电视言论类节目必须从特定的对象出发，以新闻事实分析引出合乎实际的具有指导意义的言论。

电视言论类节目的新闻性首先表现在具有强烈的时效性。所谓时效性，是指报道在一定时间内产生的社会效果。时效性是衡量言论类节目价值的重要依据。言当其时，一言九鼎；言不当时，百无一用。《焦点访谈》节目的定位说得好："时事追踪报道，新闻背景分析，社会热点透视，大众话题评说。"只有讲求时效，才具备信息价值，才能赢得宣传的主动权，避免"炒冷饭"、"马后炮"。

---

① 邓拓：《邓拓文集》，第一卷第308页，北京出版社1986年出版。

电视言论类节目的新闻性还表现在具有鲜明的针对性，要有的放矢，有感而发。宣传的效果是与针对性成正比的。针对性越强，反响越强烈，教育启发意义也越大，指导性也越强。电视言论类节目要有针对性，关键在于抓问题。不能触及实质的问题，如同隔靴搔痒，也就失去了价值和意义。

电视言论类节目的新闻性也表现在具有现实的显著性。电视言论类节目不仅要帮助人们明辨是非，而且肩负着指导实践的重任。因此内容要有一定的分量，应该是领导重视、群众关心、普遍存在的社会重大问题。电视言论类节目引导社会舆论，拥有最广大的受众，评论的对象和范围尤其应该是众所关心、牵动人心的当前最重要、最迫切的社会问题，即焦点问题。

二、议论性

议论性，或政论性，是电视言论类节目的一个基本特征，也是区别于电视消息类节目、电视专题类节目等新闻性节目和其他电视节目的特征。它以说理为主，通过对新闻事实的剖析，引出对事物的正确认识，从而指导实际工作。所以电视言论类节目以论述语言为主体，处于支配画面、同期声、音响等的地位。画面的编辑、同期声的取舍、音响的选择，都必须根据论述语言的需要，与论述语言配合一致，不能喧宾夺主，以致削弱了评论的逻辑力量。

电视言论类节目是电视理论宣传的重要载体，也是让理论走进电视的主要通道。马克思说："理论只要说服人，就能掌握群众；而理论只要彻底，就能说服人。所谓彻底，就是抓住事物的根本。"[①] 要抓住事物的根本，就要透过现象看本质。在评论时，概念要明确，判断要恰当，推理要合乎逻辑。

电视言论类节目的理论性，一般体现在节目点评和人物访谈

① 马克思：《黑格尔法哲学批判导言》。

两个方面。

在点评中，论点处于主导的支配地位。同其他媒体相比较，电视言论类节目中的论点一般较集中和单一，由总论点统率若干说理层次，没有“总论点”和“分论点”之分。通常是“立片言以居要”，由主持人点评。点评大多放在片头或片尾。片头开宗明义，点明主旨，旗帜鲜明；片尾归纳论点，明确结论，是非鲜明。电视言论类节目的评论性，要求它必须具有激浊扬清的批判性，革故鼎新的战斗性。例如《中原焦点》栏目获奖评论《从再就业到再创业》的片头和片尾，都是由主持人进行点评：

(片头语) 钱从哪里来，人往哪里去，几乎是困扰所有国有企业的最大难题，也是企业减员增效中一个十分难解的方程式。如果企业把下岗职工养起来，企业就会在沉重包袱的重压下步履蹒跚；如果把下岗职工推向社会，又会给政府部门带来沉重负担。山重水复疑无路，但在新乡机床厂，却是柳暗花明又一村。他们是如何解开这个难题的方程式的呢？

(片尾语) 下岗是企业改革和发展中的必然现象，也是建立市场经济体制的一条正常途径。新乡机床厂的可贵处和示范性在于它能够以改革促转岗，用开发促分流，发挥国有企业自身的优势，利用管理创新和目标创新，使下岗分流成为企业发展的新机遇，使企业的再就业之路，成为再创业之路。

这两段点评，起首提出问题，点明主旨，引起下文；结尾归纳论点，指出结论，画龙点睛。两段点评，首尾呼应，高度概括了“以改革促转岗，用开发促分流，从再就业到再创业”的中心论点，体现了节目的政策水平和思想水平。

在人物访谈中，人物的权威性，话题的理论性，谈话的思想性，是电视言论类节目高屋建瓴，具有说服力，富有战斗性的所在。例如在《中国报道》中的一期节目《乐山大佛被重新“美容”》中，记者就乐山大佛的相关情况，采访了乐山市文物保护管理所所长黄学谦先生。通过采访，黄先生将乐山大佛的特殊性、文物价值和艺术价值分析得十分清楚；乐山大佛之所以能够被联合国科教文组织批准为世界双重遗产的原因，也就一清二楚；中国政府为什么要投入5亿元人民币的巨款进行修缮，也一目了然。

三、形象性

形象性是电视言论类节目有别于报纸评论和广播评论的独特特性。电视传播符号的多样性，决定了表现方式的多样性，受众通过“看”和“听”两个感知通道接受电视节目的信息。而报纸评论只诉诸于视觉，广播评论只诉诸于听觉。因此，电视言论类节目在可信性和感染力上更具备传播的优势。

电视言论类节目的形象性，突出体现在论据的形象化上。一般论据分为“理论性论据”和“事实性论据”两类。从事实性论据来看，电视画面以直观性特点，变抽象为具象，变无形为有形，以原来面目出现在受众面前，使人们如临其境，如见其面，如闻其声。例如《今日说法》中的一期电视评论节目《楼上楼下》说的是共用管道堵塞，引发了一场官司。主要的论据，就是楼上的垃圾堵塞了管道，渗水到楼下，致使一楼装修全部泡汤。原汁原味，纤毫毕现地摆出了事实，具有客观性和确定性，给人以感同身受的感受。正因为铁的事实摆在人们的眼前，“眼见为实”，所以法庭判决楼上四家均须共同承担责任，观众认同，体现了法律的严谨和公平。

再从“理论性论据”来看，由访谈专家、学者、当事人等人物，以字幕、图表、音响、特技等加以凸现，也就具备了可视性，赋予论据以强烈的视觉冲击力，自然也增强了论据的吸引力和说服力。例如获奖电视评论节目《惜哉文化》，是以批判官僚主义、呼吁保护文化遗产为政治内容的电视评论。这个电视评论中的论据，几乎都是现场抓拍的画面场景和人物访谈。吉林市银都夜总会内部起火，火势迅速蔓延到两侧的市博物馆和市图书馆。这次火灾受损失最重的是吉林市博物馆。在寻找论据的时候，记者采访了吉林市民和有关权威人士：

记者：你知道这个博物馆吗？

市民甲：这个博物馆在我们的心目中是非常神圣的地方，今天看到烧成这个样子，江城人民心中感到特别气愤。

市民乙：太可惜了，那些文物真是太可惜了！

记者：损失有多大你清楚吗？

市民乙：无法估量。无价之宝。

史吉祥（吉林大学教授）：我们博物馆收藏的东西是几千年的文物的遗留下来的。博物馆是 1962 年建馆的，三代人惨淡经营，一下子毁于一旦，上万件文件所剩无几。我脑袋都大了，都木了！我真受不了这事儿。……

这个访谈的过程，就是用理论依据进行论证的过程。通过当事人和有关人的你讲、我讲、他讲，进行了群体性的论证。一个个人物访谈，构成了层层推理的逻辑力量，同时也为观众提供了一种显而易见的亲近性，最大限度地消除了人们对官僚主义认识的不确定性，增强了受众对保护文化遗产的认知程度。

第二节　电视言论类节目的文体样式

电视言论类节目的制作过程，与其他新闻性节目比较，有自己的特点。其他新闻性节目一般先编辑好画面，然后配以解说；而电视言论类节目是先有文字稿，或策划文案，然后配以画面，画面是为观点服务的。电视言论类节目的整个制作流程如下：

电视言论类节目 | (前期) 选题→策划→文字稿→拍摄→
(后期) 播出←合成←编辑←

由于电视言论类节目的这种制作特点，和它以议论为主的性质，电视言论类节目的文体样式也有自己独特的特点，归纳起来有以下四种类型：

一、一题一议式

一题一议式又称为“话题式”，通常叫做“电视谈话”。这种方式一般采取演播室的形式，围绕一个中心话题，通过大量的人物谈话、对话议论，直接参与，双向交流，引导受众作出正确判断。

一题一议式在写作过程中，要注意四个方面的问题：

（一）话题要恰当

这类文件样式的节目，所选择的话题要具有时宜性，要合乎时宜；也要具有群众性，要大众关心。要考虑话题能够激发嘉宾谈兴，同时能引受众思考和联想，展得开，收得拢。

（二）策划要到位

一题一议式节目的策划过程，既是选题的过程，也是破题的过程，是给节目制订一个实施的计划。一方面要充分调动谈话人选和主持人的积极性；另一方面也要注意围绕一个中心，言之有物，持之有故，论之有理。策划虽然只是“纸上谈兵”，但并非主观臆想，而是要遵循一定的客观规律，做到六个原则到位：

1. 喉舌原则

电视言论类节目要引导社会舆论，就应该成为党的喉舌，“以片言而居要”，在电视新闻宣传中起到旗帜和灵魂的作用。

2. 信息原则

信息是策划电视言论类节目的前提，信息不灵则策划不当。

首先要从人们关心的新闻事件中提炼话题，同时还要善于从普通人的社会生活中发现带有趋向性的问题和有趣的现象。碰到“命题作文”时，要根据新闻事件、典型个案，或群体趋向，来选择和确定节目所需要的信息。

3. 系统原则

电视言论类节目的制作，是一个系统工程，“多兵种协同作战”。策划时，要通过调控系统内的各个变量，达到是优化程度。

4. 综合原则

电视言论类节目的内容非常广泛，东西南北中，包含社会生活的各个方面。因此在策划时需要综合运用社会科学和自然科学的方方面面，反映研究和运用的最新成果。

5. 可行原则

电视言论类节目的策划文案，是节目的设计蓝图。在策划时，一定要考虑到它的可行性。只有可行，才能施行。否则策划只能停留在纸上谈兵，成为废纸一张。

6. 集体原则

任何一个电视节目，都是集体制作的结果，这是电视制作的一大特点。电视言论类节目也不例外，策划是协同作战的结果，是集体智慧的结晶。

(三) 人选要合适

一题一议式是以谈话为主的，参与谈话的人选水平直接影响节目的水平。谈话人选一般包括特邀嘉宾和现场观众两部分。人物的选择，当事人应为首选；其他人物的选择，也应具有代表性。一方面应选择那些愿意面对摄像机抒发见解、表达心情的人物。另一方面要选择那些能和节目主持人有效配合的人物。自说自话，南辕北辙，也会直接影响谈话的内容，削弱节目的感染力和吸引力。

（四）主持人要有控场能力

电视谈话节目以直播或录播的形式播出，一般只有策划文案，全靠主持人现场发挥，承前启后，串联全场。主持人既要及时概括归纳，引入正题，进行点评；又要控制气氛，把握节奏，步步前进。节目主持人是话题式节目的中心人物，他的人格形象、学识水平、表达能力，都直接影响嘉宾和观众。要善于控制场面，引导现场嘉宾和观众把“话题”谈好。

一题一议式言论节目，一般只写策划文案，话题如何进行，主要靠主持人和现场嘉宾、观众的临时发挥。例如《实话实说》栏目《婚姻与婚姻法》这一期，正当全国人大征集大家对婚姻法修正草案的意见时，这期节目提出了法律与婚姻的关系这一话题，选题正当其时，内容击中要害。由于社会结构的变化，个人自由空间的扩大，经济社会全球化的影响，社会各方面对婚姻和婚姻法越来越没有一致的看法。这个节目通过对五个问题的讨论，表达了方方面面的看法，正好抓住可能被立法机关采纳的好机会。

二、一理一议式

一理一议式又称为“访谈式”。常采用缘事以理、因理而访、夹叙夹议的方法，将画面语言拙于表现的思想、观点，通过人物访谈揭示出来，是一种访、谈双方地位平等、双向交流的电视言论形式，为电视言论类节目经常运用。

一理一议式要注意把握好以下三个方面：

（一）以论述语言为主，画面语言为辅

在电视言论类节目中，论述语言为主体，是传播信息的主渠道，处于支配画面和同期声的地位，画面与同期声要根据中心论点的需要而设置。但是，电视是声画一体的产物，所以在保证论述语言为主的同时，又要注意发挥画面和音响的作用。但它们不能喧宾夺主，冲淡节目的评论色彩。

（二）访谈对象的代表性

一理一议式，是通过访谈来讲道理。因此，访谈人物是否具有代表性，有着决定性的意义。采访的人物不仅对所论及的问题要有谈的资格和能力，而且应该是所论及问题的“舆论领袖”。这样所发表的观点才具有权威性，受众才觉得有可信性，节目才做得有说服力。

（三）主持人点评和画面解说词要有统摄力

论点在电视言论类节目中处于主导的支配地位，它应该统领所有的评论要素，集中概括对事物的基本看法，通常由主持人点评或画面解说词来实现。主持人点评或画面解说词，担负着提出和归纳论点的作用，是整个节目的“点睛”之笔。

人物访谈式是电视言论类节目的常见形态，也是一般的制作形式。评论的论点、论据、论证，都可以借助人物访谈而实现。例如《焦点访谈》栏目获奖节目“和平：使沙漠变成绿洲”，访谈完全以论述语言为主，画面为辅。通过以色列和约旦两位驻华大使的谈话，论述了两国和谈成功，使沙漠变成绿洲的道理。由于两位驻华大使的代表性，使论述极富有权威性。主持人在片首的点评，虽然只有短短的两段话，却能够统领对话，起到了“立片言以居要”的作用。

三、一查一议式

一查一议式又称为“调查式”，是对重大新闻事件或重要社会话题进行深入采访和调查分析的重型评论文体。以过程展开层层剖析，以事件为主干夹叙夹议，是一查一议式的主要特点。调查时，一般按照事物发展的逻辑顺序，由浅入深，由表及里。或先查后议，或边查边议，都要因“事”制宜。一查一议式通常借助对某个重大新闻事件的调查，针对某个具有普遍意义的亟待解决的社会问题，揭示事物的本质，指明解决的办法，兼有深度报道和理性分析的长处。

一查一议式的手法是丝丝入扣，追根究底，循序渐进，水到渠成。写作时要注意三方面的问题：

（一）按照认识的规律组织结构

一查一议式一般按照事物发展的客观规律，或者按照人们思维的正常程序，步步深入，环环紧扣，层层展开，最后水落石出，真相大白。报道事实、调查过程，都是为了分析事实、评论是非。

（二）立体调查，四面观照

一查一议式通常是围绕一个中心议题，从与之相关联的几个侧面逐一调查，形成全方位的立体调查，以达到四面观照的效果。在新闻五要素中，When（何时）、Where（何地）、Who（何人）这三要素，在许多情况下都是记者采访前就已经了解清楚的，几乎与调查过程无关。记者采访了解和分析挖掘的着力点始终都集中在 What（发生了什么）和 Why（为什么）这两个新闻要素上。

（三）注重调查的过程性

一查一议式以调查为核心，调查采访是一种过程。一般表现出两种过程：一种是新闻事件自身的发展过程；一种是记者对新闻事件进行调查采访的过程。电视言论类节目调查的过程性，专指记者的调查采访过程。因为只有这个过程，才是记者深入事物内部、一步步获取真相的过程。记者在采访中，要按照事物的内在联系，在揭露事实的过程中，一层深于一层地体现观点，“图穷而匕见”。

《焦点访谈》的获奖节目《罚要依法》是一查一议式的一个好例子。公路上“乱设卡、乱收费、乱罚款”的“三乱”现象是个老话题，上自中央，下至各地方政府对治理公路“三乱”下了很大的力气，但是有的地方公路“三乱”有反弹现象。根据观众的反映，记者调查采访了309国道沿线，边查边议，因“事”制宜。“查”是经，“议”是纬，随着事件逐渐凸现出本来面目。在这个节目中，记者调查采访遇到了三个想象不到的困难，但是通过努力，在两天中，记者先后换乘了五辆运煤车，在涉县至长治的309国道上往返三次，行程七百多公里，只在一家宾馆睡了几个小时，途中只靠面包和矿泉水充饥，终于调查采访到了事实的真相。一些司机派代表到北京送上了锦旗，上面写道：“斩三乱保国道畅通，除不平赢万众称颂。”

四、一事一议式

一事一议式又称为“解析式”或“电视新闻述评”，是依托新闻事件，一事一议。一般是先摆事实，后讲道理，由具象而抽象，由叙述而议论。就事说理，缘事而发；就实论虚，理随事出。以“述”拉动，以“评”点睛。

一事一议式首先要选准“事例”，摆好事实。常用的事实主要有两种，一种是概括性事实，如数字、图表等；一种是典型事例。一事一议式所选择的事实，一般是典型事例。只有事例典型，叙述才有价值，议论才有意义。因此，事例的典型性十分重要。事例的典型性，表现在四个方面：

（一）普遍性

典型事例指能够深刻反映事物本质，具有广泛的代表性、极强的说服力的事例。它能以个别的事例说明普遍的真理，起到“以一当十”的作用，不在事例的多少，而在事例是否具有普遍性意义。典型事例是从众多事例中挑选出来的，它应该既具有明显的个性特征，又具有同类事例中最完备的特性。只有这样的事例，才能充分表现主题。

（二）拉动性

一事一议式中的事例，不是一般性的事例。作为主要的论据，应该具有较强的牵引力，能够拉动评论的重量。在一个节目中，这个典型的事例应该是“牵一发而动全身”的。通过对它的解析，可以“窥一斑而知全豹”。事例要能够说明观点，观点要能够统率事例，评论与事例统一。

（三）新鲜性

电视言论类节目是新闻性节目，也要具有新闻价值和新闻品味。因此，事例要“新”字当头，以“新”取胜，以“新”夺人。怎样才能“新”？首先要角度新。要善于从不同的角度去发现事例，提出事例；还要善于从不同的角度去反映同类事物，避免雷同。其次要“抓活鱼”。新与快是连在一起的，只有快才能新。那些第一次发生的事、首先出现的问题、萌芽状态的事物，大都是新鲜的，要尽快抓住。第三是要善于以新带旧。密切注视旧事物的新发展、新契机，旧事与新貌通过一个主题相互映衬，也是“常说常新”的好办法。

（四）贴近性

一事一议式事例的典型性，还表现在贴近受众，能够引发受众的强烈关心和共鸣，在受众中产生极大的反响。事例要典型，就要抓“三个贴近”，即贴近群众，选取那些群众最关心、最注重的“热门话题”和“焦点话题”；贴近生活，从生活中选取与百姓最接近的事例，把节目做得普通百姓“好看”，专家学者“耐看”；贴近实际，从实际中选择典型事例，而从典型事例所阐发的道理，又回过头来能够指导实际，有现实的指导意义。

获奖节目《中国之路》第二集“成功的软着陆”就是一事一议式的范例。《成功的“软着陆”》的主题是：宏观经济环境明显改善的标志是中国经济成功地实现了“软着陆”，而“软着陆”成功的标志，就是在显著地降低物价涨幅的同时，又保持了经济的适度快速增长。宏观调控是个大话题，但节目却选择了一个极小的切入口——锦州市一对青年夫妇记了九年的“家庭理财簿”。对于老百姓来说，“宏观调控”离他们太远太陌生，而“物价”则是他们生活中触手可及的感受，几本家庭流水帐无疑成为物价变动的最好见证。这样一来，一个理论色彩极浓的经济问题，化解为老百姓可知可感的话题。它一方面在说“事”，反映了我国经济史上顺利实现了一次成功的宏观调控；另一方面也在讲“理”，表明了以江泽民为核心的党中央驾驭宏观经济的能力。把“事”理论化，又把“理”通俗化。使观众在看“事”的时候，悟到的是“理”；在悟“理”的时候，看到的又是“事”。事与理糅合，感性表达与理性认知的统一，正是一事一议式的显著特点。

第三节　电视言论类节目的分类与写作

在中国电视屏幕上，常见的电视言论类节目有电视讲话、本台评论、电视评论、电视短评、电视述评、电视谈话节目（电视论坛）。在中国，目前还没有评论员评论节目。根据电视文体的特点及写作要求，可以分为三类进行论述。

一、电视讲话、本台评论、电视短评

（一）电视讲话

电视讲话是新闻人物或有关领导人通过屏幕向观众作讲话的电视言论形式。可分为两种方式：

1. 演播室讲话

演播室讲话是就党和政府的某一政策或开展某一项重要活动，配合某一重要节日，请有关部门负责人或国家领导，通过屏

幕向观众直接发表讲话。如江泽民同志在庆祝中国共产党建党八十周年大会上的讲话。

2．报告剪辑

报告剪辑是对新闻人物所作社会反响强烈的具有普遍教育意义的报告、讲话，电视台根据节目时间的长短，进行剪辑，然后播出。例如 1985 年 7 月中央电视台播出的曲啸的报告剪辑，使那些对人生感到迷茫、对理想产生动摇的青年真正感到理想和信念的力量。播出后反响强烈，创当时政治性节目的“三高”：收视率最高，反映信最多，录像带出售量最大。

电视讲话的写作，主要要把握好两点：一是请谁来讲话至关重要，讲话人的身份往往决定言论的权威性程度。二是题材的选定是关键，题材应是与观众政治、经济、文化生活密切相关的，观众才会感兴趣。

（二）本台评论

本台评论是就某一重要新闻发表电视台的意见、看法并具有权威性的电视言论形式。

本台评论类似报纸的社论，代表电视机构发言，实际上就是代政府立言，因此具有权威性。一般由总编或编辑写好文字稿，经审查之后，由播音员播念。

由于是代政府立言，写作时要求有一定的高度，体现党的路线、方针、政策，具备较高的理论水平和深度。

（三）电视短评

电视短评是在消息报道前后，对有评论价值的配上编者按语等，由播音员播念的电视言论形式。

电视短评常以“编前话”、“编后话”、“编者按（或编者的话）”等形式出现，是一种口播评论。它沿袭了报纸和广播评论的模式，篇幅短小，播出形式单一，受众主要依赖听觉。但由于它简便快捷，片言居要，针对性强，指导性强，至今仍经常使用。电视短评作为播音员口播评论，借助于播音员的声调、语气和体态语言，再配以字幕、图表、图片，传递的信息要比报纸和广播评论大得多。

电视短评就好像打球，要具有“短、平、快”的特点。写作时要求：

1. 针对性强

电视短评要有感而发，指向具体。往往是就一个问题，从一个角度切入，集中议论一个新闻事实。

2. 文字少而精

电视短评以“短”见长，播出的时间也就一二分钟。因此必须是“以片言而居要”，言简意赅，一针见血地道出所议新闻事实的意义。

3. 贴近性强

电视短评一般紧挨着新闻报道，或在前，或在后，立即播出，所以一定要贴近报道本身。所评的内容，应与报道一致；所阐发的观点，也应与报道直接相关。

4. 显著性强

电视短评要做到报道重要，话题必要。不是随便哪一则新闻报道都可以加上一篇电视短评；只有那些带有普遍意义、指导意义，有评论价值的新闻报道，才可以加上电视短评。电视短评应对新闻报道的主体内容加以深化，对社会生活起到提示的作用。

上述电视讲话、本台评论、电视短评三种电视言论类节目的文字稿，都拥有相同的形式，都是“讲稿型”。以电视短评为例，获奖电视新闻《山西不少中小学生辍学经商》，在新闻报道之后，紧接着是电视短评“一个值得注意的社会问题”：

画　　面	文字稿
屏幕上播音员出图像播送评论。	下面播送评论： 一个值得注意的社会问题 编完这条新闻，我们感到这么多的中小学生中途辍学，去经商、做工、务农，确实是一个非常值得注意的社会问题。 当前，一些家长，特别是农村儿童的家长，为了眼前的一点点利益，不惜耽误孩子们的前途，眼巴巴地让下一代变成“新文盲”，实在令人痛心！ 我们希望家长们要把眼光看得远一些，既要为孩子们的前途着想，更要对社会负责，切勿因眼前几个钱而害了亲生儿女，给社会造成负担。同时也希望有关部门迅速采取有效的措施，制止这种现象。

为了原原本本地让事实说话，拍摄《山西不少中小学生辍学经商》这条新闻的记者，采录了一个半月，跑遍了山西23个县市农贸市场、集镇饭店和乡村，得出了少儿3470人经商的确切数字。在新闻报道之后的电视短评，依托新闻事实加以评说，与新闻相辅相成，一针见血地点出：这些经商的孩子们，在他们这种年龄，本应坐在洁净明亮的教室里学习。可是他们的父母却过早地将生活重担放在他们肩上。没有知识，未加培育，缺乏技术，对于他们的未来，对于民族的未来，又意味着什么？短小精悍的评论所提出的问题，就像一堂课，一口钟，一面鼓。在这里，主要传递观点的是语言，画面已经不是最重要的。所以在撰写文字稿的时候，按照一般讲话稿的写法，加强说理的力度，就可以了。

二、电视评论、电视述评

(一) 电视评论

电视评论是用较长时间、以某一新闻事实为由、多侧面地作深入剖析的电视言论形式。

在中国，出图像自己作评论的电视评论员尚未形成，所以在实践中，也在观众心目中，电视评论接近于本台评论，是代表电视台发表观点和见解的。但是它又和口播讲稿式的电视短评等不同，它不是由播音员播念评论稿，而是突出电视声画并茂的特点，类似政论片。一般是先有文字稿，再配以画面，画面为观点服务。

电视评论的写作，一要针对它播出时间较长的特点，可以组成系列，从而形成一定的广度；二要针对它多侧面进行剖析的特点，可以具有一定的深度。关键在于处理好五个矛盾的统一：一是形象和政论的统一；二是再现和表现的统一；三是纪实和哲理的统一；四是实写和虚论的统一；五是时间和空间和统一。

(二) 电视述评

电视述评是由主持人主持的、在新闻专栏节目中播出的述评性电视言论形式。

我国第一个述评性言论节目是中央电视台建台初播出的关于柏林问题的国际评论。这个评论是在原东德电视台提供的素材基础上，改编为画面加解说式的节目。直到 1980 年 5 月，中央电视台开办了《观察与思考》节目，才真正开创了中国的述评性言论节目。这个节目开始时由七位主持人轮流主持，节目改名为《观察思考》后，才有了固定的主持人。《观察思考》是我国第一个以电视述评为主体的节目。

电视述评的写作，要注意以下四个方面：

1. 选题恰当与否，是成功的第一个环节。

电视述评是记者对新闻事实有感而发的评论，不是任何问题都可随意评论，只有重要的、有代表性和普遍意义的，才有评论的价值，所以选题是成功的第一环节。

电视述评选题类型，一是配合党的方针、政策的实施、中心工作的开展的选题，如《公款消费剖析》、《面对用工制度的改革》等；二是社会发展中出现的值得探讨的新问题，如《从一个工厂停工谈起》等；三是人民群众普遍关心而又不易解决的问题，如《您好，白衣天使》等。

2. 强烈的思辩色彩，是电视述评的个性。

电视述评要求记者在深入采访中，以理性的目光去透视事物，挖掘事物的本质。然后把记者的思辩，通过声画形象，用采访提问的方式，把它揭示出来，并且有理有据地加以评论。例如《焦点访谈》中《广州流行新三字经》这期节目，记者把握住社会、青少年、宣传部门三者需要的交叉点，从这里切入，着重从三个方面进行提问、采访。首先采访了发行部门，着重了解《新三字经》社会反响的热门程度；然后采访了编辑部门，着重了解编辑部门对《新三字经》的重视程度；同时还采访了读者群体，着重了解《新三字经》在群众中影响的深入程度。在这个基础上提出节目的中心问题——怎样对青少年进行爱国主义教育和社会主义教育的问题。这个问题的提出，就极富思辩色彩。

3. 由事阐理，以理评事，事理相连。

电视述评不是就事论事，而是就事论理，透过现象看本质，往往是由新闻节目主持人主持评论。先由记者或主持人采访报道事实，然后由主持人在现场或演播室就新闻事实发表评论。例如《焦点访谈》中《从一个工厂停工谈起》这个节目，记者抓住经济领域深入改革的障碍——倒买倒卖现象，采访厂长、工人、会计等，用事实摆出它的危害。同时又从发达国家严禁政府官员经商的规定这一背景出发，主持人发表评论。评议权力不能参与经济的道理，旗帜鲜明，有理有据，揭示出现象的本质。

4．写作上要夹叙夹议。

电视述评是一种既“述”又“议”的电视文体，往往是先报道新闻事实，然后由主持人对它加以评论。在节目中，既报道了事实的真实情况，又对事实进行分析评论。所以写作时多为夹叙夹议，也可先叙后议。报道新闻事实时以叙述为主，主持人评论时以议论为主。在这种述评性节目中，主持人比较灵活机动。可以以报道者的身份讲述亲身感受；也可以以主持人的身份就报道的事件加以评论。

上述电视评论、电视述评两种电视言论节目的文字稿，也拥有相同的形式，类似电视专题类节目的写作。但是与电视专题类节目不同的是，这类节目的画面和解说，不是像电视专题类节目那样解说依托于画面，而是画面依托于解说，以“述”带“评”，“述”服从于“评”，画面实际上成为评论的视觉论据和补充说明。例如获奖系列电视评论《浙江工业企业在困境中崛起》，报道了浙江10家企业在困境中崛起的成功经验。每报道一家企业的成功经验，都邀请一位“特邀评论员”对这个企业的成功经验作个简短的点评。10家企业的成功经验，加起来就是浙江省企业在困境中崛起的经验。

三、电视谈话节目

电视谈话节目又称为“电视论坛”，是在主持人主持下，请有关人士就某一问题进行探讨的电视言论形式。

电视谈话节目是一种以有声语言为主要传播方式的言论节目形式。最早的电视谈话节目，应是欧美电视中的TALK SHOW，即“脱口秀”。“脱口秀”的最突出的特点是观众参与，主要谈论公众关注的政治、经济、文化、社会、人文等话题，是阐述和讨论观点的一种节目形式。20世纪40年代中期，美国NBC和

CBS两家最大的电视网，模仿广播中“脱口秀”节目形式《会见新闻界》，推出电视新闻访谈节目。随着电视的快速发展，逐步走向商业化，巨额奖励和节目的低成本性，使电视谈话节目在60年代以后得到很大的发展，成为反映社会的一面镜子。在我国，电视经历了80年代栏目规范化格局之后，90年代产生了真正意义上的谈话节目。中央电视台在很大程度上引领了我国电视谈话节目的发展，1993年《东方之子》诞生，1996年初《面对面》诞生，1996年3月《实话实说》诞生，一步一个台阶，发展异常迅速，成为近几年来日益风靡的一种电视节目形式。

（一）电视谈话节目的特点

1. 策划的成功定位

“策划”是近些年传媒中出现频率越来越高的一个词。“策划”是对于栏目的整体战略与策略的运筹规划，也就是对提出、实施和检验决策的全过程预做的考虑和设想。策划要解决的问题，是栏目的定位问题，即方向；还有使栏目策划走向常规化，即走向良性循环。在一个栏目运作体系中，策划部（组）的天职就是开发适销对路的电视栏目和节目。是否重视策划，或是否有策划能力，是评价一个栏目是否具有市场意识、现代意识的一个标志，也是栏目是否真正具有竞争力的重要因素。电视谈话节目策划的成功定位，是它的一大竞争优势。如《实话实说》要聊出观点，《朋友》的定位在名人，《艺术人生》圈定了影视明星，《聊天》“共叙人生故事，分享生命体验”，《有话好说》的“谁都可以说”，《龙门阵》的“老百姓饭桌上的闲聊”，真是五花八门，各有奇招。有的按栏目特点定位，有的按收视对象定位，有的按参与谈话的对象定位，有的依主持人风格定位。定位不但要准确，还要适度；既要有针对性，又要有兼容性；既要有思想性，又要有可观性；既要力求轰动效应，又要量力而行。可以说，策划定位成功，节目的成功就有了基础。

策划部（组）是在制片人直接领导下开展工作的，工作的内容分为五个方面：市场调查的安排、栏目定位、创意、宣传媒介安排，效果测定安排。整个工作流程如下图：①

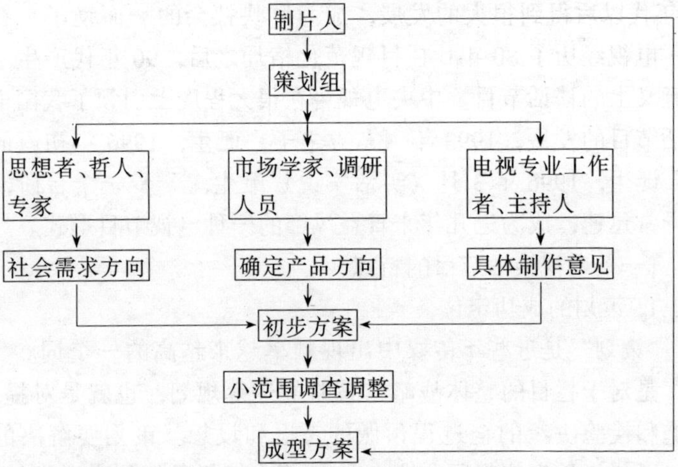

在整个策划运作过程中，要注意四个方面的问题：①策划要与收视率统计挂勾；②重视调研，找到定位的方向；③定期检查收视效果，多听反馈意见；④注意微调，确保节目质量。

2．主持人的平民心态

电视谈话节目的主持人与其他节目主持人不同，惟一可依凭的只是策划文案，要根据策划文案的要求来把握和控制演播现场，千斤重担全落在主持人身上。主持人的心态，对节目产生直接的影响。主持人的心态，概括起来有两种：一种是“记者视点”，侧重于“君临天下”的心态；一种是“百姓视点”，强调“受众第一”的心态。电视谈话节目是在“电视平民化”浪潮中应运而生的，“平民化”就意味着在给节目定位时，就要以“百

① 杨颖：《名牌栏目的内涵及栏目运作机制初探》，文载《秋实》一书，第104页，北京广播学院出版社1999年10月版。

姓视点”去代替“记者视点”，才能为百姓所喜爱。成功的电视谈话节目大多做到了这一点。《实话实说》的主持人给自己的定位就是“邻居大妈的儿子”。他说：“其实我的本色就是个平民，我认为平民化主持人应具备这么几个特征：一是善良；二是愿意与人沟通；三是得饶人处且饶人。当你用这样一种平民心态去主持节目时，观众自然就会感到你很亲切。”①

电视谈话节目主持人的“平民化”心态，对主持人提出了更高的要求。主持人要有自己的观点，还要尽可能让别人说话；欠火候的要加温，太过了的得撤火；还得掌握好节奏，不能太沉闷；准备得再充分，也还是不知道到时候嘉宾和观众会说出什么话来。观众观看节目是第一位的，优秀的主持人在注重节目整体风格的前提下来发挥自己的个性，处理好与不同观众的关系，应付好各种可能出现的意想不到的问题，做好节目。

3. 观众的参与意识

电视谈话节目的特点，是通过人们的表述，去触及一些社会的、本质的东西。如果说主持人是谈话节目的灵魂的话，那么嘉宾就是谈话性节目的支柱，而观众则成为电视谈话节目的创作主体。在“不是官方言论，不是专家论坛，谈话的过程主要由老百姓去完成”的原则下，参与节目的观众面对的是自己关心的话题，谈的是自己真实的想法，不再是单一的接受者身份。一些节目里只有主持人串联词里才出现的“时代脉搏”，在这种节目中成了人们一呼一吸之间可以感受到的东西，电视谈话节目真正成为了解世态民情的一个重要的窗口。在优秀的电视谈话节目中，现场观众几乎个个都能参加节目，个个都能亮出自己鲜明的观点，让人感到他们与节目已经融为一体。

观众的积极参与，有以下突出的优点：

① 崔永元：《崔永元“实话实说”自己》，文载《时代青年》2001年第7期。

1. 被邀请的对象是社会各方面有一定代表性的人士，包括各阶层、各行业、各种职务、各个年龄、各个性别的人士，反映的是社会舆论的各个方面，有广泛的代表性和典型性。

2. 节目中的评论者，往往是有关方面的权威人士。一般人们的态度、观点容易受具有专家身份的人物的影响。这种谈话节目的说服力，也因评论者所具有的权威性而增强。

3. 嘉宾和现场观众都积极参与评论，从各自不同的角度、不同的侧面、不同的层次去分析和认识同一个话题，内容比单个谈论更加全面，更为广泛。

4. 参与评论者的意见可能一致，也可能出现分歧。这种对一个话题不同看法的“双面传播”，既讲事物的正面，也讲事物的负面；既讲赞成的意见，也介绍反面的意见，所以它没有强加于人的感觉，更易于让人接受。

（二）电视谈话节目的分类

根据不同的标准，电视谈话节目有不同的分类：

1. 从话题类型分类

①社会类。这类话题适合于对人们生活产生影响的重大事件、政策法规等，关注层面较大。如腐败、毒品、生态环境等话题。

②新闻类。一般选取能够引起人们关注的新闻事件，依托新闻事件中的热点问题、焦点问题、有争议问题，能够对社会和生活产生重大影响。如法轮功害死人、恐怖分子袭击美国等话题。

③生活类。可以从消费、人际关系、情感等方面选取话题，贴近百姓生活最为重要。如买保险、婚姻等话题。

2. 从交流方式分类

①论争型。这种谈话节目，谈话人之间的观点显著对立，分歧很大。主持人站在客观的立场上，引导各方充分论述。特点是冲突、紧张、辩论。

②访谈型。主持人持自己的观点，与访谈对象逐一交流探讨。它类似专题采访。不同之处是主持人不但有问，也要有评。特点是简明、深刻。

③讨论型。主持人邀请不同身份、不同特点的嘉宾，在演播室内各抒己见。特点是沟通、交流、协商，气氛宽松。

④倾听型。这种谈话节目往往以嘉宾的倾诉为主，主持人和现场观众以倾听为主。这种节目大都侧重人生经历的回顾，给人以回味和思考。

3. 从参与对象分类

①行业人群。指参与对象不同的职业，如公务员、公司白领、警察、保姆等。各行各业都有热点问题。

②特殊人群。指生理特征奇特的人群，如左撇子、残疾人、弱智等；身份特殊的人群，如在华外国人、双胞胎、单身贵族、回国留学生等；人际关系特殊的人群，如双职工、养父母、婆媳等。要抓住特殊人群的特殊之处，在新奇上做文章。

4. 从播出方式分类

①实况播出。在谈话节目进行的同时，与节目录制同期播出。国外普遍采用实况播出的方式。

②录制剪辑播出。先将节目录制下来，经过编辑后播出。国内目前众多电视台的电视谈话节目，大都采用录制剪辑播出的方式。

5. 从表现形式分类

①侃谈式。即主持人邀请不同身份、不同特点的嘉宾，在演播室内各抒己见，话题讨论无尖锐分歧，气氛比较轻松。这种形式适合于人们普遍关注，期望深入讨论，以求达成共识的话题。如文化热点、新潮时尚等。

②辩论式。即谈话人之间的观点显著对立，或分歧极大，主持人以客观态度引导双方充分论述。一般以辩论竞赛的方式进

行，主持人为主席，同一问题分为正方、反方两组，每组由三至四人组成，展开辩论。辩论开始，先由正、反双方第一辩手各自陈述己方的总观点；接着展开辩论，各抒己见，交锋激烈；然后正、反双方的第四辨手各自作出总结陈辞。最后由主持人总结辩论结果。

③访谈式。即主持人邀请若干人士，与他们一一交流探讨某一话题。主持人不仅引导和提问，同时也提出自己的观点和见解。这种形式最突出地体现“面对面交流”和“电视平民化”的特点，适合于就某个问题与权威人士或专家学者探讨、解析、评述。

④综合式。这种形式是以丰富的电视手段，交替综合使用，使谈话节目立体化、多色彩，丰富活泼，幽默有趣，例如《实话实说》栏目大胆尝试将乐队请进演播室进行现场演奏。在节目前后演奏一些观众耳熟能详的“老歌”，给人以亲切感。在主持人突发妙语或一时语塞时，用音乐活跃气氛，给主持人、谈话人以鼓励和理清思绪的小契机。甚至还可以为服装展示、杂技表演、即兴演出等作音乐伴奏。这个创意不仅为节目带来活力和生机，也为电视与音乐的协作开创新路。

(三) 电视谈话节目策划文案写作

由于电视谈话节目主持人的随机性，嘉宾和现场观众谈话内容的不确定性，电视谈话节目只写作策划文案。策划文案包括以下内容：

1. 主题阐述

主题阐述是电视谈话节目策划文案的第一个部分，简明扼要地交代清楚这次节目的主题及其背景、现状、发展态势等，阐述选题的意义，并对这个话题提出解决的思路或办法。主题阐述言简意赅，是统领整个节目的总要。

2. 嘉宾和观众的介绍

策划文案中要注明嘉宾及特殊观众的姓名、年龄、性别、职业等，必要时还要注明特殊关系。嘉宾的选择，除当事人或权威人士外，还可选择专家学者、记者、作家、名流贤达、能言善辩者，这些人的参与，使谈话有说服力，增强趣味性和吸引力，还会使观众有新鲜感。现场观众是各种观点的接受者，而他们的反应又可刺激嘉宾的观点，没有他们，谈话节目类似于“空谈”，所以现场观众的选择也不可草率。要选择那些有参与热情、理解力强、表现欲强的观众。

3. 节目导语

节目导语一般就是主持人的开场语。无论采用什么方式开场，都要简练实在、准确切题，使观众明白这个节目谈什么，怎么谈。俗话说：“万事开头难”。如何开好这个头，是需要费尽心力、用心斟酌的。话题的设置，显然是制作谈话节目的根本和核心，在很大程度上决定了节目的成功与否。什么话题都可以谈论，但必须有可谈性，有吸引力。一般选择话题时如何定论设题是个重点，而关键又在于选择好切入点。好的话题应是切入点集中而扩展面丰富的问题。可以从人们关心的新闻事件中提炼主题切入，可以从普通人社会生活中发现话题切入，也可以“命题作文”，要求从某一话题切入。

4. 谈话过程设计

谈话过程设计是策划文案的主干部分，分为问题设计和话题结构两大部分，有时还要考虑到应避免涉及的问题。力求完善，尽量考虑到这次谈话话题的方方面面，预计到可能出现的种种情况。

问题的设计，要根据话题的需要和嘉宾的具体体验而定，有逐层深入型、论争交锋型、经历展开型等。在设题方法上也有一定的灵活性，为使话题可说、能说、好说，有一个基本的方法可供参与，即社会问题文化化，文化问题生活化，生活问题理念化。也就是把复杂的社会问题置于文化背景之上，把深奥的文化问题化为具体的生活现象，把具体的生活问题概括为种种理念。

话题结构可以分四个层次进行。第一层主要是嘉宾的个人体验和感受，目的是通过简单的交流，与话题建立联系；第二层将嘉宾的体验和感受逐层展开，围绕主题深入讨论，多层次多侧面地剖析主题；第三层主要围绕话题让观众参与讨论，具有一定的灵活性；第四层由嘉宾发言，进一步阐明观点，再次强调主题。

5. 结束语

节目的结束语一般较短，与导语首尾呼应，相互关联，点明主题。可由主持人说，也可由嘉宾来说，但无论谁说，都要作结。

以《实话实说》的“老易想干事”这期节目的策划文案为例：

主题：

老易想干事，可是不容易。我们发现老易的烦恼可以有不同的理解。对待科学家和对待科学成果，让这两者都发挥作用，这个制度建设可不是解决了老易的小问题就能完成。

嘉宾：易理棼　男，61岁。高级工程师。环保项目和精细化工项目。

尹继美　女，56岁，易的妻子。

易　风　男，26岁，易的儿子。学化学工程，毕业后改学并从事证券投资。

专家嘉宾：

蔡德诚　男，《科技导报》副主编，教授级高级工程师。

薛　澜　男，清华大学21世纪发展研究和公共管

理学院教授。(未确定)

特别观众：

张世家　男，山东民营高科技企业总裁。与山东大学生命科学院关系良好，对高科技和科学投入大，国家863项目点。对企业与高科技产业化有思考。

环保院士、企业负责人

开场语：

好多教育人、影响人的东西，比如名人格言、教科书、杂志、流行歌曲等等都告诉我们，要明明白白过一生。这话说起来容易，做起来难。今天我们请来的嘉宾是一位高级工程师，易理棼，我们叫老易，或者易工，老易今年60岁，说他50岁以前是糊涂着过的，现在怎么样了？先听听他的故事。

谈话过程：

一、故事与感受

①科研与发明的经历

毕业以后，50岁以前。工作有成绩吗？(六五项目获奖，制革废水处理）为什么要调工作（去大企业)？(对科研项目管理失望，13元奖金)

50岁以后的发明，擦车手套，美容美发洗液，固体清洁剂等等，家用设备。

②发明和成果为什么没有人用

转方向，搞精细化工：转单位，去大企业；国际合作未果；与人合作被骗；自荐没有成功。现在无聊，要去人才市场。

③反思：什么原因？

A. 科研管理不好，使科研人员没有动力。

B. 没有大气候，短期行为，企业家短视。

C. 科技人员在科研机构和企业中没有权力，不受重视。

D. 没有钱。

E. 没有机会，渠道，交往面。

F. 个人性格，不求人。

二、讨论：谁的问题？

①企业家怎样与科技人员打交道？

科技人员怎么与企业家打交道？

②有什么办法（途径）使成果和发明产业化？（政府行为、企业推动、中介市场、风险资本）

企业（市场）在科技进步和产业化中的作用。

三、现场交流和讨论

可能的讨论点：

①老易该怎么办？

②我们缺钱还是缺项目？

避免涉及的问题：

国有企业的困境及原因

结束语：

老易的烦恼反映了大问题，因为像老易这样的科学家、发明家有很多。老易的问题好办，现场就来了许多科学家和企业家。没有来现场的老易们的烦恼，我们的节目就没有好办法了，可是不解决好这个问题，我们的生活质量不会提高。

（2001 年 2 月 18 日）

"老易想干事"谈的是一个举一反三的问题，通过老易这个例子，反映当前社会上存在的科学家和科学成果如何发挥作用的问题。因此这个节目的主要嘉宾，首先是老易一家人，他们是当事人；另外还邀请了一些有关专家和特别观众。节目围绕科学家如何与企业家联合，如何使科学成果转化为生产力开展讨论。老易个人的烦恼，反映了一个制度建设的大问题。尽管通过这个节目解决不了这个大问题，但是引发了人们的思考和关注。这个策划文案从话题设置，到问题讨论，直至结束语，都写得非常到位。

复习与思考

一、什么是电视言论类节目？电视言论类节目有哪些特点？

二、电视言论类节目有哪些文体样式？

三、什么是电视讲话？什么是本台评论？什么是电视短评？它们的文字稿应怎么写？

四、什么是电视评论？什么是电视述评？它们的文字稿应该怎么写？

五、什么是电视谈话节目？它有什么特点？

六、电视谈话节目策划文案应如何写作？

七、比较下面的各种电视谈话节目，分析一下它们各自的特点：

《实话实说》　　《龙门阵》　　《朋友》

《中国报道》　　《相约夕阳红》　　《聊天》

《今日说法》　　《锵锵三人行》

八、请老师提供十个选题，学生从中选择自己最感兴趣的一个，模仿《实话实说》的策划文案，自己动手写一个策划文案。

第六章

电视综艺性节目文体写作

自学提要

- 本章自学12课时，面授6课时。
- 电视综艺节目指充分调动电子技术手段，对各种文艺或非文艺样式进行二度创作，既保留原有形态，又充分发挥电子创作艺术功能，给观众提供文化娱乐及审美享受的电视节目形态，属于文艺性电视节目。
- 电视综艺节目的三大规律：综合化、民族化、喜剧化；8个走向：走向庆典、走向时代、走向生活、走向民间、走向纵深、走向纪实，走向世界、走向高技术。
- 电视综艺节目的文体样式：珍珠项链式，段落篇章式、编年史诗式、多元综合式、散点开花式、平行并进式。
- 电视综艺节目文学台本由说明性文字、字幕、串联词三个部分组成。
- 串联词是将一次节目中的各个组成部分串联为有机整体的语言文字形式。常见的写法有新闻导语式、时间开头式、承上启下式、旁征博引式、老生常谈式、观点先行式、诗歌朗诵式。

第一节　电视综艺性节目的特点及分类

电视综艺性节目是指充分调动电子技术手段，对各种文艺或非文艺样式进行二度创作，既保留原有形态，又充分发挥电子创作艺术功能，给观众提供文化娱乐及审美享受的电视节目形态。综艺节目是综合性文艺节目的简称，它内容广泛，形式多样，属于文艺性电视节目。

电视播出的文艺节目并非都是综艺性节目，如戏剧、戏曲、音乐等舞台现场直播，都不能算是综艺性节目。只有用电子手段介入创作，进行二度创作的综合性文艺节目，才是本来意义上的电视综艺性节目。

电视综艺性节目最初诞生在美国，当时是借鉴广播电台的综合性文艺节目。1948 年 6 月 8 日，美国全国广播公司（NBC）首先推出电视综艺节目《德克萨克明星剧院》，由弥尔顿·伯尔勒担任主持人。紧接着，哥伦比亚广播公司（CBS）于同年 6 月 20 日推出有固定播出时间的第一个以轻歌舞为主的节目《城中明星》，由艾德·萨利文主持。这是两个具有开创意义的综艺节目。中国从电视开播之初就有这种形式出现。1958 年 5 月 1 日，北京电视台开播的第一天，就直播中央广播实验剧团表演的诗朗诵《工厂里来了三个姑娘》、北京舞蹈学校演出的舞蹈《四个小天鹅》、《牧童与村姑》和《春江花月夜》，这是我国综艺节目的雏形。

电视综艺节目发展成熟的过程，是节目逐步电视化的过程。电视综艺节目最初采取的是实况转播的艺术形式，基本形态是边演、边播、边看三者同时进行。随着电视事业的发展，各电视台建立了自己的演播室，综艺性节目通过演播室现场直播。这种现场直播，完全是为电视观众特意安排的电视文艺演出，在场景设计、造型处理、灯光布置、舞台搭设方面，进一步电视化。电视科学技术的发展，使电视综艺性节目逐渐走上了实况录像阶段。即运用现代化的电子记录手段，将综艺节目声画一体地录制在录像磁带上，经过电视编辑的重新加工和制作，使它具有强烈的纪实性和观赏性，电视综艺性节目从此走向独立制作阶段。随着电视科学的进一步发展，电视综艺性节目制作将国际最先进的“MIDI”音乐电脑设备，大型电视投影屏幕有机结合，整台演出融声、光、画为一体，构成立体舞台的艺术效果。或者充分运用电子技术，科学的时空转换技术，使舞台表演与外景实况相辉映。这是电视综艺性节目走向成熟，转化为独立电视艺术样式的重要标志。

2001 年第 21 届世界大学生运动会的开幕式和闭幕式电视现场直播，就是一次国际水准的展示。特别是整个电视现场直播的舞台，是目前国内难度最大的舞台，严格遵循力学结构和科学原理建构。基础性结构是大量化学分子和原子结构以各种方式的连缀，成为多层次舞台和多空间舞台的组合。整个舞台与分支结构是一个又一个形色各异的“O”组合，寓意各种意义上零的突破。一个宽 56 米高 20 米的人工瀑布，象征着中国 56 个民族的情深意长。整个演出过程中，声、光、色的变幻组合，使电视转播更具有神秘色彩和传奇品质，也成了一个零的突破。

一、电视综艺性节目的特点

在众多电视综艺性节目中，最具有代表性的是春节电视综艺晚会。中央电视台一位著名导演经过多年的艺术实践，总结了春节电视综艺晚会的特点，也可以说是代表了所有电视综艺节目的特点。

这位导演提出了富有理论色彩的“三大规律”和“八个走向。”[①]

（一）三大规律

1. 综合化

电视是综合性艺术，电视综艺节目充分地体现了电视的这一特性，采百家艺术之长为我所用。

首先，电视综艺节目充分发挥电视视听手段的魅力，调动声、光、色、画等多种视听元素，极大地丰富了自己的艺术表现力，将新闻的纪实性、戏剧的情节性、曲艺的诙谐性、诗歌的抒情性、杂技的惊险性等等，加以筛选、组合、运用，统统拿来为己所用。其次，电视综艺节目中拿来的节目形态品种千姿百态，千变万化。一般主体由歌舞、小品、相声三大支柱组成，同时兼容曲艺、戏曲、杂技、魔术、时装表演等艺术形式。还有一些，如游戏、气功、绝活等等非艺术性节目，也经过加工改造，成为节目的“亮点”。同时，新创编的大联唱、大联奏、大联舞等等，最大限度地发挥各类节目的综合效应，体现了大容量、大信息量的特色。它融娱乐性、观赏性、知识性、趣味性于一炉，做到了雅俗共赏，成为收视率居高不下的最受欢迎的电视节目品种之一。

2. 民族化

鲁迅先生说过：“愈是民族的，便愈是世界的。”电视综艺性节目正是以它的民族化风格立足于电视之林的。如果我们把它比喻成一幅国画，那么民族化的电视综艺性节目就是那画图中的山水人物。民族特色鲜明与否，是电视综艺性节目有无深度的标志之一。

任何一个综艺节目，都体现着一种文化形态；每一个人，都生活在一定的文化之中。“文化包含了后天获得的，作为一个特

---

① 郎昆：《我对春节晚会的一些粗浅的认识》，文载《中国电视》1994 年第 11 期。

定社会或民族所特有的一切行为、观念和态度。”[1] 电视综艺节目的文化形态，包蕴了民族的特点和民族的精神。电视综艺节目的民族特色往往集中体现在民风民俗上。例如 1996 年中央电视台的春节晚会，开场舞蹈《千秋万岁过大年》，在十二生肖的琅琅朗诵声中推出。一幅“选大吕黄钟奏中华开泰运，得良辰美景节逢春雨照祺星”的对联从天而降，表现出一派盛世同歌、普天同庆、万民同乐的气象。少年民俗舞蹈《金钹响鼓送除夕》，在威风八面的盘鼓声中送走鸡年除夕，在轻松顽皮的金钹声中喜迎狗年新春。在节目中，文化不再是抽象的超越时空的空洞概念，而呈现为鲜活的，可视的言行动作，体现出中华民族特有的韵味和风格。

民族文化和民族精神，也体现在地域特色上。探求地域特色，成为电视综艺性节目创作的重要课题。北京这雄踞一方的土地，固守着一种民族独特的文明。这里，曾经是中国的六朝古都。这里，是现代中国的大都会；这里，是政治、经济、文化的中心；这里，有着最先进的思想和精神。反映好北京的风貌，就表现好了中华民族。北京电视台的《95 年春节龙潭庙会》，通过充满地域特色的民间花会、北京小吃、民间绝活等，构成了一幅幅充满民族风格和地方风味的“京都庙会图”。

3. 喜剧化

电视综艺性节目的内容，大多是节庆、庆典、纪念。从这个意义上讲，电视综艺性节目的本质就是喜庆，必然要体现喜庆、欢乐的原则。应该让人们在笑声中告别昨天，憧憬未来；在笑声中鞭笞邪恶，弘扬正气；在笑声中展示成就，翻开新的一页。

一位著名导演说：“一台成功的晚会，离不开给予人们以深刻印象的过硬节目。如果我们把美好的晚会形容为一串珍珠项

---

① 王纪言：《寻根与追梦》，文载《北京广播学院学报》1994 年第 1 期。

链，那么，晚会的每一个节目就应是一粒粒晶莹夺目的珍珠。”① 有了好节目，才能喜剧化。既有思想内涵，又轻松愉快的相声，小品异军突起，自然成为电视综艺节目喜剧化的代表。历年来相声作品佳作迭出，如《宇宙牌香烟》、《虎年谈虎》、《虎口遐想》、《巧立名目》等，包袱迭出，妙语连珠。小品中也佳作不少，如《超生游击队》、《如此包装》、《打工奇遇》、《产房门前》、《打“扑克”》等，寓庄于谐，妙趣横生。“相声小品在春节晚会中有不可代替的作用，它最能体现雅俗共赏的美学原则。”②

有了喜剧化的好节目，还要有好的演员来表演。正如一位著名导演所说：“晚会的质量，在很大程度上取决于演员的功底。这就要求编导在挑选演员上下功夫，不只看到知名度高的‘明星’，还要用慧眼发现人才，推出新秀。在选择演员的问题上，不能搞‘关系学’，不能迁就照顾。”③ 有很多新秀，就是通过电视综艺节目脱颖而出的。

写出好的节目，选出好的演员，是实现电视综艺节目喜剧化，确保电视综艺节目质量的保障。

(二) 八个走向

1. 走向庆典

电视综艺节目大多是节庆、庆典、纪念等，走向庆典是对电视综艺节目内容和主题的要求。如《祖国万岁》是庆祝建国 45 周年大型文艺晚会；《辉煌》是 1995 年中央电视台春节综艺晚会；《丰收大地》是纪念毛泽东同志“在延安文艺座谈会上的讲话”发表 50 周年大型文艺晚会；《团结颂》是纪念全国政协成立 45 周年文艺晚会，等等。

---

① 林强：《邓在军电视艺术》，第 155 页，华文出版社 1993 年版。

② 张凤铸：《中国电视文艺学》，第 423 页，北京广播学院出版社 1999 年 10 月版。

③ 林强：《邓在军电视艺术》，第 155 页，华文出版社 1993 年版。

2. 走向时代

电视综艺节目要反映时代精神，这是对电视综艺节目题材选择的要求。中国改革开放后取得的成就举世瞩目，1994 年文化部主办的春节文艺晚会以在“建设有中国特色的社会主义”思想指引下继续深化改革为主题，确定了《五彩路》为标题。“五彩路”象征着一条铺满霞光和鲜花的大路，一条通往幸福与光明的大路。“五彩路，五彩路，走来一个兴旺的民族；五彩路，五彩路，通向明天通向幸福。”这台晚会自始至终突现着中国人民的时代风貌，颂扬着今天改革开放的开拓者邓小平：“你蘸心血绘出蓝图，为的是富饶大地造福百姓。”“你用心灵耕耘播种，为的是富国强民繁荣昌盛。”传达出亿万人民的心声。晚会从讴歌改革开放的题材中，提炼出一个富有时代特色的标题，使整个晚会升华到一个更高的层次。

3. 走向生活

电视综艺节目的内容，都来自生活，所以也贴近生活。因为贴近生活，老百姓才感到亲切，易于接受。俗话说：“大年三十包饺子，正月十五闹元宵。”千百年来，中国老百姓过春节，就是从除夕过到元宵，一个是年头，一个是年尾。春节综艺晚会历年在这上面做足了“文章”。1995 年恰逢建国 45 周年，改革开放 15 周年，春节晚会《辉煌》以歌颂邓小平建设有中国特色的社会主义理论，歌颂深入改革开放辉煌业绩为主题，欢庆除夕；元宵文艺晚会在开放城市福州江心岛上演播，相应地以“团圆、团聚、团结”为主题，在轻松、亲切、红火、热闹中，度过了元宵。

4. 走向民间

电视综艺节目拥有极为广泛的观众，节目要视观众为主人，努力反映他们的意愿，满足多层次观众的合理要求，雅俗共赏，走向民间。

走向民间首先表现在节目的平民化，即反映平常百姓的生活和需求。像反映安徽省一个农村党支部率先实行联产承包的纪实小品《手印》，反映产业工人在改革中顽强拼搏的舞蹈《咱们工人有力量》等，都是这方面的佳作。再现伟人、展示名人真实面目，是走向民间的另一个方面。为纪念中国人民政治协商会议成立45周年，中央电视台播出《团结颂》，其中微型短剧《毛泽东与李宗仁》，表现了李宗仁夫妇回国初受到毛主席接见的情景；《西花厅里话团圆》，表现了周总理对傅杰夫妻团圆和对傅仪再组家庭的关心；故事《小小火锅唱大戏》，表现了邓小平与荣毅仁等商界元老共商改革大计。这些节目，都着重体现了伟人的真实面目与伟人的平民心态。

5. 走向纵深

鲁迅先生说："选材要严，开掘要深。"电视综艺节目也应如此，节目的主题应揭示事物的某种本质，反映事物的内部规律，见人所未见，发人所未发。由文化部等5家联合举办的《纪念毛泽东同志诞辰100周年文艺晚会》，以一曲《浏阳河》拉开帷幕，诗意地表现一代伟人从韶山诞生，开始了波澜壮阔的一生。晚会的主体由"高山篇"和"大河篇"组成。"高山篇"借高山象征毛泽东及其思想是人类历史上的一座高峰，毛泽东领导的中国革命开创了中国历史的新纪元。"大河篇"借大河象征毛泽东开创的新中国从过去走向未来，中国共产党人百折不挠的斗争意志和精神。"高山篇"大气磅礴的空间感，与"大河篇"意味深长的历史感，深化了主题，升华了主题。

6. 走向纪实

纵观近些年来电视综艺节目，要想有所突破，就要走向纪实。走向纪实表现在五个方面：一是走出"小舞台"，进入"大社会"。过去晚会类综艺节目都局限在小小的舞台上，如今将摄像机的镜头伸向了广阔的社会生活，二是走出"文艺型"，进入

“新闻化”。过去是单一文艺演出，现在与及时迅速地报道各种信息相结合。三是走出“单一时空”，进入“多向时空”。过去局限于演播室，现在却是情系万家。四是走出“辉煌型”，进入“平实化”。过去越搞越豪华，现在则更贴近百姓生活。五是走出“被动观赏”，进入“主动参与”。过去观众以旁观者的立足点欣赏节目，现在是带领观众参与节目。

7. 走向世界

很多大型电视综艺节目，不仅是给全国老百姓看的，而且也是给世界人民看的，是世界性的节目。例如每年一度的春节文艺晚会，就是一台世界性的节目，不仅是给全国人民观看的，而且也是给全世界的华人看的。春节文艺晚会正以它的节目档次，在世界华人圈里产生越来越大的影响。

8. 走向高技术

电视是综合性艺术，电视艺术的发展自始至终就离不开电视技术的发展。高技术给电视综艺节目插上了神奇的翅膀，卫星转播的远距离传送，大型旋转舞台的实施，返璞归真的现场真唱，带激光的灯光照明，多层次有纵深的音响空间等等，都离不开越来越先进的高科技。

二、电视综艺性节目的分类

电视综艺节目的分类，是一个非常复杂的问题，从不同的角度，可以有不同的分类方法：

从演出的形式看，可以分为舞台演出、联欢会、茶座式、专题综艺、游戏、问答竞猜等形式；从节目串联形式看，可以分为主持人形式，画外音解说，主持人与画外音结合等形式；从制作的形式看，可以分为现场直播式、实况录像式、录像与直播结合式等；从播出的方式看，可以分为不定时定量播出与定时定量专栏化两种；从结构形态看，可以分为集锦式、杂志式、专题式等形式；从文化形态看，可以分为表征主流意识形态的、取向于精英文化的、向大众文化靠拢的三种类型。①

本课程以讲授电视文体为主，上述各种分类法都不适用，因此采用了适合于电视写作的独特的电视综艺节目分类法。

从电视文体的角度来看，需要写作文学台本的电视综艺节目可分为两大类型：一类是电视综艺晚会，一类是电视综艺栏目。

（一）电视综艺晚会

电视综艺晚会是指以现场直播的技术手段，文艺晚会的艺术样式，通过电子技术手段的制作，对各种文艺节目进行再创作，经过节目主持人的组织和串联，将文艺与娱乐融为一体的电视节目形式。

过去的电视综艺晚会，只是利用了电视的记录传播手段，观众仿佛在观赏一台文艺演出。现在电子技术介入了电视综艺晚会的创作，立刻显现出电视艺术的独特魅力。首先是利用电视的直播系统，将现场正在进行中的晚会直接输送到每一个家庭，犹如将观众直接带入会场，身临其境。其次，经过镜头的自由摇移，画面的分组切合，在屏幕上进行多时空的艺术表现，使观众宛如观赏五彩缤纷的“万花筒”。独特的电子切换技术，将小小的电视屏幕变成了神奇莫测的“魔镜”。

世界上每个国家和民族，都有节庆纪念的日子，中国也一样，有国际性的节日，有民族传统的节日，也有周年纪念日。每逢遇到这些日子，电视台都会播出规模不同的综艺晚会，以示庆祝或纪念。所以电视综艺晚会的分类，首先是国际国内节庆综艺晚会。在我国，“十一”国庆节，“七一”中国共产党的诞生日，“八一”建军节三个日子是重大纪念性的节日，是必须庆祝的。

① 陈旭光：《概括界定、现状危机、特性与对策》，文载《电视艺术》2001 年第 3 期。

除去这三个重大纪念日之外，“元旦”、“三八”妇女节、“五一”国际劳动节、“六一”国际儿童节等，也要举办电视综艺晚会以示庆祝。其次是民族传统节日综艺晚会。在中国，最大的传统节日是春节，紧接着是元宵节。过了元宵节，就算出了春节。作为传统民俗性的节日，还有“五月初五”端午节，“八月十五”中秋节，“九月初九”重阳节等。中国是个多民族的国家，除汉族的节日外，还有很多民族的节日。这些民族传统节日，电视台也都举办综艺晚会来配合庆祝。此外，还有一些周年纪念性的综艺晚会，这类节目多为名人伟人的周年纪念，或与之相关的讲话、题词等周年纪念。如毛泽东同志诞辰；《在延安文艺座谈会上的讲话》发表纪念；中国人民政治协商会议成立纪念；香港回归纪念等，一般都要举办电视综艺晚会以示庆祝或纪念。

除上述节庆纪念电视综艺晚会外，还经常看到的是行业专题电视综艺晚会。这类晚会往往具有某种行业上的特点，晚会围绕着行业所规定的范围确定主题。这类晚会包括宣传公益活动电视综艺晚会，如宣传计划生育的电视综艺晚会《太阳·生命·大地》，配合“中国改革开放十五年企业发展成就展”举办的电视综艺晚会《辉煌十五》等。还包括宣传文体活动电视综艺晚会，如第五届中国艺术节开幕式电视综艺晚会《百花赞》、第七届大连国际服装节开幕式电视综艺晚会《托起明天的希望》、亚运会开幕之前播出的《亚运前夜》电视综艺晚会等。此外还包括颁奖活动的综艺晚会，如电视剧“飞天奖”颁奖晚会、电影“金鸡奖”颁奖晚会、中国电视音乐颁奖晚会、青年歌手电视大奖赛颁奖晚会、“星光奖”颁奖晚会等。

（二）电视综艺栏目

电视综艺栏目是指以栏目化形式出现，通过电视栏目主持人的主持串联，将诸多电视文艺样式组合在一起，经过电视杂志化的艺术处理的电视文艺节目形式。

电视综艺节目栏目化，这本身就是节目电视化的标志。作为一个综艺栏目，首先要定位准确，也就是确立栏目的性质和方向，一旦确定之后，就不要轻易变动。在栏目内容设计和安排上，尽量避免与其他栏目撞车，才能办出自己的特点来。一个栏目往往由几个“板块”组成，“板块”的设计要合理，力求新颖独特，内在关连，整体关照。每个“板块”中的节目要做得精彩，整个栏目才会光彩。其次，栏目中的文艺样式应多样化，具有较强的“杂志化”倾向，如电视综艺栏目《伊甸园》，除拥有一般的文艺样式外，还具有“名人星座”、“谈情说爱”、“主妇手记”、“明星风采”、“微型小说”、“家庭幽默”等，给观众以多种文艺样式的审美享受。此外不可忽视的是电视综艺栏目需要有独具风采的节目主持人，主持人应成为综艺栏目本身的代表和化身，栏目办得好不好，与主持有极大的关系。名主持人造就了名牌栏目，名牌栏目也造就了名主持人。

电视综艺栏目又可以细分为综合性电视综艺栏目和专题性电视综艺栏目两类。如《快乐大本营》、《欢乐总动员》、《正大综艺》等，就属于综合性电视综艺栏目；《东芝动物乐园》、《伊甸园》等，则属于专题性电视综艺栏目。

电视综艺栏目中所包含的节目，有三种类型：

1. 文艺类节目

音乐：歌曲、乐器演奏、音乐电视等。

戏曲：京剧、昆曲及各地方戏曲。

曲艺：相声、独角戏、评弹、快板、双簧等。

戏剧：小品、短剧、名剧片断等。

舞蹈：古典舞、芭蕾舞、民族舞等。

文学：诗朗诵、小说片断朗诵、散文朗诵等。

杂技：魔术、马戏、木偶戏等。

2. 混合节目

同类混合：戏曲、舞蹈、音乐各自的混合，歌曲联唱，联舞等。

非同类混合：如武术与舞蹈组合的《狗娃闹春》，由歌唱、小提琴演奏、时装表演组合的《化蝶》等。

3. 非文艺类节目

品种繁多，花样翻新，现已出现的有武术、游戏、球赛、气功、婚礼、猜谜、抽奖、新闻采访、时装表演、速算表演、记忆表演、做菜绝活、手工绝活等。

第二节　电视综艺性节目的文体样式

制作电视综艺节目，构思是一个“软件”，但它贯穿于节目制作的始终，在整个节目制作过程中一直起着主导的作用。电视综艺节目构思的全过程有三个基本环节，即收集材料、提炼思想、结构布局。前两个环节主要解决节目的内容，后一个环节主要解决节目的形式。

收集材料是节目构思的基础环节，要做三方面的工作：第一是搜集。搜集要坚持相关律，在相互领域内尽可能地发现各种材料。第二是确认，即对材料进行分析和鉴别，留下有用的材料。第三是整合。整合要分两步走：先是局部的整合，把材料组织成相对独立、意义完整的一个个板块；然后是整体的整合，把各个局部组织成整体的节目。收集材料的过程，有一个由少到多，又由多到少的经历。

提炼思想是节目构思的核心环节，有两种取向：一是从材料中归纳提炼，形成节目的中心思想；一是提炼的思想统帅材料，从中抽象出新的思想。

结构布局是节目构思的表现形式，它的基本要求有四点：

1. 整体统一

整体统一是指在整合节目时，各个板块、章、节，既要相互配合，形成不可分割的联系，又要共同为体现节目中心思想服务，组成一个有机的整体。

2. 相互协调

相互协调就是要合理安排各个组成部分，在内容分量、时间长短、节奏快慢、时空转换、插播资料等各个方面，相互配合，形成一个和谐的整体。

3. 形式多样

形式多样是指调动一切电视手段，如直播技术、多时空表现、电子切换技术等等，使节目进一步电视化，遵循电视化的创作规律，充分发挥电视节目的优势。

4. 方便受众

方便受众是指安排结构和内容时，要有强烈的受众意识，尽可能按照受众的认知方式和接受习惯，以雅俗共赏的内容和喜闻乐见的形式，来赢得观众。

根据结构布局的这四个基本要求，在主题思想的统帅下，就出现了各种各样的文体样式。电视综艺节目常见的文体样式有以下六种：

1. 珍珠项链式

珍珠项链式就是以中心思想为一根红线，将一个个节目串联成整体的文体样式。它犹如项链，用一根线串起一颗颗散落的珍珠。这种样式是电视综艺节目最基本的文体样式，常常用在现场直播。它增强了节目的节奏感、趣味性、思想性，使节目产生整体效应，有一气呵成之感。例如首届“德艺双馨”全国百佳电视艺术工作者颁奖晚会《以电视的名义》，以歌舞《开机了》拉开帷幕；接着是男女声独唱《总想走进你心里》、《为我们的今天喝彩》，通过主持人访谈几位著名导演，回顾了中国电视文艺走过的风风雨雨；然后是根据中国四大名著改编的电视剧主题歌的演唱；群口相声《有话直说》；几位主持人表演的小品《直播之前》。最后以彭丽媛演唱的一曲《掌声与喝彩》，将晚会推向高潮。这一个个节目，就像一颗颗晶莹璀璨的明珠，串起了整台颁奖晚会，将颁奖活动搞得更加火爆。

2. 段落篇章式

段落篇章式是一种板块式结构，即将节目分为几段、几章、几篇，或几个板块，按照主题思想的需要组合成一个整体，每一个局部又都有自己明确的立意，共同来完成主题立意。

文化部1994年春节晚会《五彩路》就是以段落组合的样式。《新春的祝福》是序幕，以明星大拜年为由头，引出主题歌“五彩路”。第二段《欣慰的记忆》，回顾过去那些闪光的艺术品种。第三段《灿烂的星座》，实现今天文艺战线上取得的辉煌成就，展现明星们的风采。第四段《美好的展望》，着意表现主题，展望未来。尾声歌舞《如意在新春》，与序曲《明星大拜年》首尾呼应，结束晚会。

文化部1995年春节晚会《辉煌》则是以篇章组合的样式。在《序曲》之后，是第一篇《迎春篇》，以“迎春”、“庆春”、“颂春”三章为主体。第二篇《星光篇》，由“文华荟萃”一、二两章组成。第三篇《华彩篇》，由“古韵新风”、“金曲留芳”、“歌海揽胜”等章组成。第四篇《祝愿篇》，以“配乐朗诵”、“情系中华”、“希望的蓓蕾”组成。最后以尾声歌舞《木棉恋》完成这台晚会的篇章。

3. 编年史诗式

编年史诗式是指按年代时间顺序安排结构，反映某一时期波澜壮阔的历史。这类样式常用在纪念大型的周年活动的综艺晚会上。例如纪念延安开展“双拥”运动50周年迎新春文艺晚会《正月里来唱新春》，就是编年史诗式。晚会以舞蹈《咱们的大秧歌》和联唱《正月里来唱新春》开场，引出首长祝贺，拉开序幕。接着在《辞旧岁》部分，按编年顺序，先表现了工农红军北上抗日到建立中华人民共和国为止的“双拥”活动，如歌舞和戏曲《送红军》、《纺车谣》、《军民鱼水情》、《大车轮》等；然后表现了建国以来的“双拥”活动，如小品《小站》、歌曲《共同拥有》、歌舞《风帆·太阳》等。在《迎新春》部分，也按编年顺序，将不同历史年代的拥军歌一一演唱。如土地革命时期的歌曲《拥军歌》、《采茶歌》、《红星歌》；抗日时期的歌曲《二月里来》、《大红枣》、《军队和老百姓》；解放战争时期的歌曲《解放区的天是明朗的天》、《解放军你停一停》；建国以来的歌曲《心中的歌儿献给解放军》、《骏马奔驰保边疆》、《边疆的泉水清又纯》等。整台晚会最后在一曲《父老乡亲》中划上了一个圆满的句号。这台晚会，无论是“迎新春”，还是“辞旧岁”，都是按年代进行结构的，表现了“双拥”活动的史诗。

4. 散点开花式

散点开花式是指不集中在一个舞台或演播室演出，充分调动电视优势，自由转移时空，展示更广阔的空间，使节目更加情景交融。这种样式是一种更电视化的手段。例如文化部 1993 年春节晚会，以“中国潮”为主体，以“春潮”、“歌潮”、“花潮”、“灯潮”四部分组合，选择 6 位主持人主持，打破时空界限、多场景、多角度、多侧面地反映我国改革开放的大好形势。场外主持人配合节目的进展，采访了科技人员、海峡两岸亲人等。场内节目表演与外景相结合，还穿插了一些珍贵的图像资料，扩大了节目的信息量。这种样式类似散文的结构，特点是“形散神不散”，各个“开花”的局部，都围绕着一个共同的中心散开，形成一个立体、多维、全方位的整体，较好地运用了电视制作手段。

5. 平行并进式

平行并进式是指主演出会场和分会场同时进行演出活动的多演区综艺节目的样式。有的先录制分会场演出实况，在播出时插入主会场演出中间；有的则是同时进行演出，由编导进行剪接，作后期处理。这种样式也能较好地发挥电视表现手段的优势，体现电视的独家特色。例如1995年北京电视台制作的春节晚会，采用演播室与农家四合院同时进行演出的形式。演播室是“大舞台”，四合院是“小天地”。“大舞台”和“小天地”各有一套节目、两位主持人，各演各的节目，主持人各夸各的节目，形成“打擂台”的架势，最后由晚会总主持人出面进行裁决。这种样式的特点是在比较中形成一种紧张激烈的气氛，适合于火爆，热烈的节目。

6. 多元综合式

多元综合式的特点是将上述几种样式糅合在一起，构成一种新的样式。这种样式要比上述五种单一的文体样式复杂，涉及到许多方面，但也是常见的文体样式。例如庆祝中国共产党成立70周年综艺晚会《拥抱太阳》，主题为“没有共产党就没有新中国”。围绕这个主题，整个晚会由“拥抱太阳”、“只为人民谋幸福”、“没有共产党就没有新中国”、“英特纳雄奈尔就一定要实现”4个板块组合而成。每一个板块中，表演的文艺节目又按历史发展进行线状进展。从每一个具体节目看，在表演过程中融进多时空的镜头，形成“套层”结构，如演唱《信念》这首歌时，出现费孝通、雷洁琼、钱三强、修瑞娟等专家学者的镜头画面等。有时又在节目内进行画面的叠加，如祝希娟作为节目主持人，介绍自己拍摄电影《红色娘子军》的体验时，引出吴琼花原型王实湘，形成叠加画面。整台晚会是由板块、线型、套层、叠加画面等电视手段综合结构而成的。这些手段一旦糅合在一起，就形成了一个新的多元综合式文体样式。

第三节　电视综艺性节目文学台本写作

电视综艺节目的整个制作过程，是一个系统的工作流程，按常规为：

电视综艺节目	(前期) 选题→策划→台本→拍摄→
	(后期) 播出←合成←编辑←

由于电视综艺节目多为直播或录播，所以前期制作中心工作就在于撰写文学台本。文学台本是电视综艺节目的总设计蓝图。电视综艺节目的主题、构思、基调、结构、节目、形式等等，方方面面所有的问题，都需要体现在文学台本之中。要制作好电视综艺节目，首先必须下功夫写好文学台本。

电视综艺节目文学台本，一般包括编导说明性文字、字幕、串联词三个方面。下面分别论述。

一、编导说明性文字

电视综艺节目文学台本最好由编导亲自执笔撰写，因为他们熟悉电视特点，懂得电视拍摄方式，是业务上的行家里手。在整个电视综艺节目的制作过程中，他们又是协调“多兵种”共同“作战”的总指挥。编导亲自动手写文学台本，便于蓝图的实施，节目的总体质量有保障。

在电视综艺节目文学台本中，编导的说明性文字是不可缺少的内容。一般用括号括起来，以示与其他文字的区别。编导说明性文字一般有两方面的内容：

一是片头设计的说明。片头设计各式各样，但不论用哪种方法开头，都必须短小精悍，让观众尽快明白即将播出的内容是什么。“在这里没有解说词，只有镜头画面的不同组接，音乐、音响的配合，构成样式各异的片头。”[1] 片头的设计，是熔文学、音乐、美术、书法、电影、戏剧、电视剧、电脑动画于一炉的艺术。

另一是节目艺术处理的说明。这类说明不一定在片头，往往穿插于各个篇章、段落、板块，甚至是节目之间。艺术的处理手法也是千变万化，几乎调动了所有的电视艺术手段，如音乐、音响、演员、布景、服饰、美术设计、形象造型设计，色彩搭配、灯光照明、镜头切换等等成为进行二度创作的文字依据。

这两方面的说明内容，往往是融合在一起的，片头设计的说明，其实也就是片头的艺术处理的说明 。在这些说明中，不需要解说词的配合，只有电视艺术手段和电视技术手段。例如纪念抗日战争和反法西斯战争胜利50周年大型综艺晚会《光明赞》片头和序幕的设计说明：

片头（供电视直播用）

[以动律感很强的不规则节奏的音乐为衬底，运用三维特技排出片头字幕：“音诗《光明赞》——纪念抗日战争和反法斯战争胜利50周年大型文艺晚会”。

[人民大会堂。

[工作灯下，可见舞台上一道展示全民抗日形象的雕塑幕。在显著位置上，可见镂空的“光明赞” 三个大字。

[钟声三响。

[场灯压暗。一束追光投向指挥。

[随着指挥手势，《义勇军进行曲》前奏声中，舞台两侧千名合唱队爆发出激奋人心的“啊”声合唱，揭开《光明赞》序幕……

---

① 林影云主编：《电视制作论集》，第219页，人民出版社1993年第1版。

[从雕塑幕后射出的电脑灯光束，透过镂空的“光明赞”三个大字直射观众，给人以强烈的立体感……

序幕

[小军鼓声骤起……

[150名着节日盛装的三军仪仗队从两侧边幕列队上场……

[仪仗队定位后，队形突然“人”字展开，在振奋的军鼓和辉煌的军号声中，由两组移动站台推出60名抗日时期老战士。他们白发苍苍、神采奕奕，在灯光映照下，胸前的军功章发出熠熠光芒……

[在爆发的欢声中，60名少先队员手捧花束，从两侧太平门登上舞台。祖国的花朵们，向抗日老战士献花，表达人民对他们的敬慕……

[移动站台突然向左右两侧分开，从中走出一个手执一面小型五星红旗的小男孩。他以稚嫩的童声唱起《义勇军进行曲》……

[三军仪仗队与60名抗日时期老战士肃立敬礼……

[雕塑幕升起……

[天幕前，一组移动站台上，由60名老干部、老战士组合的合唱队，在歌声中展现。在站台推向前与另两组移动站台合成半月形时，人们可以看清站在前排的王昆、田华、于蓝、赵子岳、陈强、李炎、寇家伦、苏盛兰、孟于、孟贵斌、李默然等老艺术家。他们肃立、敬礼、引吭高歌……

[《义勇军进行曲》在振奋人心的高潮中结束。

[鸽哨声突起……

[鸽铃声大作……

[一块蓝天白云大幕在舞台前区落下，直降至台面，

成为两米高的一道屏蔽，遮住老战士、仪仗队等队伍……

[透过蓝天白云大幕上方，一个新奇的表演区尽收眼底：天幕前搭起的多层架子上，扮成和平鸽形象、浑身缀满铃铛的演员，在抖动中组成各种图案……

[蓝天白云大幕最上方空间，由杂技演员扮演的“飞天”，以空中高难动作腾身飞舞……

[一个高科技遥控的和平鸽模型，由剧场二楼飞向舞台……

[蓝天白云幕起……

[晴朗、明亮的和平景象中，展开了和谐、安详的《和平鸽舞》……

[领舞为沈培艺。

[舞到酣畅时，音乐突转。在不规则的定音鼓、军鼓、小军鼓等打击乐的敲击声中，画外朗诵进入……

从这个例子可以看到，编导说明性文字主要是对整个节目艺术上和技术上的处理，包括对画面的要求、对特技的要求、对三维动画技术的要求、对字幕的要求、对灯光照明的要求、对音乐音响的要求、对演员形象设计的要求、对外景的要求、对演播室美术设计的要求、对道具的要求，等等，包括节目所需要的一切艺术与技术的处理。在写作编导说明时，语言要简练，风格要统一，一定要用描述性语言进行说明，为进行二度创作提供文字设计的依据。

二、字幕设计性文字

在电视语言的三大构成因素中，其一为有声字幕语言。这个构成因素，既包括有声语言，即解说词和同期声，也包括无声的字幕。就一般常规来说，有声语言是主要的叙事元素，无声字幕则是一种辅助性的元素。但这个辅助性元素所起的作用不是消极的、被动的，而是积极的、主动的。在文学台本中一般用黑体字标出，以示区别。

有声语言与书面文字自身天然的固有差别，造成了电视片中有声语言和字幕文字的不同传播效果。有声语言先天带有日常性、口语化、随意性和个人化色彩。观众对有声语言是被动的接受者，如果有声语言的主观意识过强，观众就有强制接受感。而无声字幕需要观众去主动阅读，正好有一种客观、冷静、中立、严肃的色彩，富有资料感，在亲切中平添一份可信的理性成分，成为电视综艺节目走向纪实的一种策略。

在传达理性意识方面，画面虽然有帮助人们理解的生动性、形象性，但由于画面语言本身的局限性，无法体现抽象的、哲理的内涵。而解说又转瞬即逝，不便于人们理解和记忆。恰恰在这一点上，字幕具有独到的优势。字幕对观众来说有一个由字面到语义的转化过程，这个过程又正是人们理解、记忆所必须的。冗长繁复的解说，不如一行简洁的字幕效果更好。

字幕作为一种独立的叙事层面，它的特点是不干扰画面的叙事过程，不干扰观众的主要思路，不中断观众的观赏情绪，不破坏镜头的原有节奏。因此，当编导希望保持全片结构完整、叙事流畅、不中断节目画面，而又必须交待一些事情时，便很自然地选择了字幕。这时，字幕便成为保障叙事流畅的一种手段。

电视综艺节目往往由几个段落、章节、板块、篇等组合而成，字幕又成为形成这些节奏的一种手段。以字幕形成片段，可以用片头字幕配合主题音乐反复出现的方式，也可以利用叙事性、抒情性、议论性、说明性字幕，造成观众情绪缓冲的方式。这时，字幕不仅调节了节奏，而且成为电视综艺节目的一个重要结构方式。

电视综艺节目常用的字幕有以下七种：

（一）片头字幕

电视综艺节目的片头设计，大多都有字幕，主要用来标示节目的题目。例如1993年文化部春节综艺晚会的开场节目《中国潮》，是第一组合《春潮》中的领衔节目，体现了节目的主题思想。文学台本中，在这个节目开始时，就突出设计了字幕：

［碧海蓝天、海鸥翱翔。由远及近推出“春潮”二字。（外景）

［镜头摇到海面，潮水向镜头涌来。

［太空音乐声起，画面上出现惊涛拍岸、一浪高于一浪的三叠浪掀起时，定格“歌舞《中国潮》”字幕左入画。

［24名身穿红、黑、蓝、白的舞蹈演员起舞。

这一段说明文字中，设计了两处字幕，一处是第一组合《春潮》，一处是重点节目《中国潮》，主次分明，重点突出。

（二）节目预告字幕

节目预告字幕有两种类型：一种是在整个节目播出之前，打出字幕，预告节目播出时间、题目等，类似广告的作用。另一种是在整个节目播出中，对下个具体节目作出预告。例如北京市第一届好丈夫评比决赛综艺晚会《日·月·星主题晚会》，中间穿插播出3个歌舞、5个小品。这8个具体节目表演前，都打出字幕以示预告。字幕的预告内容包括：

节目的标题；节目的创作者姓名（或加单位）；节目的表演者姓名；节目的伴奏单位（或伴舞单位）、姓名。

（三）演职员字幕

演职员字幕与节目预告字幕，前者在节目的末尾，后者在节目的开头。此外，与节目预告字幕不同的是，一般演职员字幕均安排在整个综艺节目的末尾，而不能安排在节目播出的中间。演职员人数很多，包括各个方面，一般主要有：

制片人姓名；总策划姓名；总编导姓名；主持人姓名（或解说者姓名）；副导演姓名；摄像师姓名；撰稿人姓名；美术设计姓名；造型设计（或形象设计）姓名；化妆师姓名；服装设计师姓名；灯光照明师姓名；道具师姓名；剧务姓名；制片姓名。

以上为电视综艺节目的演职员名单。演员名单往往随节目的演出分别打出字幕。如果是电视剧，演员名单分两类打出字幕，一类是主演者姓名，一类为一般演员姓名，或“友情演出”者姓名。

（四）唱词字幕

电视综艺节目的核心文艺节目是歌舞、小品、相声，其中少不了歌唱这个部分 。由于歌曲是唱出来的，唱词往往不容易听明白，一般均伴有唱词字幕，播出时打在电视屏幕的下方，以便观众了解。例如 1994 年春节综艺晚会《五彩路》的开头，绚丽的灯光辉映着光华闪烁、花团锦簇的五彩路，音乐声中走来 25 名身穿五种时装的模特。她们翩翩起舞，明丽飘逸，挺拔高雅。在新颖别致的舞蹈中，推出主题歌《五彩路》：

走上朝霞升腾的路，
送走了月亮迎来了日出。
走上春风浩荡的路，
融化了残雪解冻了河谷。
走上鲜花盛开的路，
芬芳了田野美化了山麓。
走上春潮澎湃的路，
海鸥在翱翔，
云帆在追逐……

伴随着主题歌的，是一句句流动的字幕，为观众欣赏起着提示的作用，让观众更好地了解这台晚会的主题思想。

（五）揭示节目内涵的字幕

在一台晚会或一个栏目中，节目主持人不好表现又需要强调的话，或所表演的舞蹈不容易表现的内涵，往往借助字幕来完成。例如庆祝中国共产党成立70周年综艺晚会《拥抱太阳》中的舞蹈《火》，领舞者用10根指头交缠纽动，象征中国革命由点点星火，到冉冉升起的火苗，再到熊熊燎原烈火的过程。但光靠舞蹈语言和伴奏的音乐语言，还不足以点明舞蹈意境的内涵。这时，配上了一段诗一样的字幕：

是谁燃起代代相传的火种，
是谁绘就星火燎原的画卷，
长夜中呼唤你，呼唤光明、希望、温暖，
征途上高举你，高举理想、追求、信念。

有了这段字幕，观众能更准确地了解舞蹈的内容，使抽象的舞蹈语汇变成具象性的含义，补充了舞蹈语言和音乐语言的不明确性，从更深层次的意义点明了舞蹈的主题。

（六）介绍说明性字幕

介绍说明性字幕是最常见到的字幕，几乎各类电视节目均在运用。这类字幕又最常用来介绍人物，如人物的身份、姓名、年龄等等。在电视综艺节目中，这类字幕还用来介绍说明节目表演者。例如庆祝中国共产党成立70周年综艺晚会《拥抱太阳》中的合唱《妈妈教我一支歌》，出现在画面上的合唱队伍参差不齐，男女老少都有，很像一支普通的业余合唱团。这时，伴随着歌声，出现了一段字幕：

参加合唱的有老红军、新四军、八路军的老战士，有身经百战的老将军，有全国劳模、三八红旗手，有工人、农民、学生的优秀代表。年龄最大的87岁，最小的3岁。

这段字幕一报出合唱团人物的身份，它的含义立即非同一般。这不正是党的儿女们齐聚一堂，在共庆“母亲”——中国共产党的生日吗？

（七）转场性字幕

在电视综艺节目中，字幕还可以用来承上启下，起联接节目的作用，这种作用即转场。例如文化部 1993 年春节综艺晚会《中国潮》，在第一个组合《春潮》演出完毕后，在第二个组合《歌潮》开始前，有一段字幕，用来作为转场的手段。文学台本中是这样处理的：

［在奔涌的大潮背景下，在组合片头音乐中，推出“文化部 '93 春节晚会”及“歌潮”字幕。

［镜头从调音台多轨声频指示灯红、蓝跳动的虚光推实，拉成录音师在工作台的全景。隔玻璃推镜头，可以看到：一批民族演员正在紧张地录音。

［镜头化入舞台、在前奏音乐中飞出字幕《歌坛竞妍》。

有了“文化部 '93 春节晚会”及“歌潮”字幕，自然结束了第一组合的表演；下面飞出《歌坛竞妍》字幕，巧妙地完成了转场。

三、串联词文字

串联词是“将一次节目中的各个组成部分串联为有机整体的语言文字形式。”① 串联词是电视综艺节目文学台本中的骨干部分。电视综艺节目的串联方法很多，如用主持人串联，用字幕报幕、主持人采访串联，演员说明进行串联，电视导播切换串联等等。但不论用什么方法串联，往往少不了串联词。

① 《广播电视简明辞典》，第 124 页，中国广播电视出版社 1989 年 8 月版。

(一) 串联词的作用

1. 体现节目主旨，升华节目主题

一般电视综艺节目的主题，是从具体节目中体现出来的。这就需要概括、抽象、升华。在电视语言三大构成因素中，有声语言最能胜任这个任务，因此当需要明确点出节目主题时，往往由串联词来完成。例如北京市第一届好丈夫竞选决赛综艺晚会《日·月·星主题晚会》结束部分的串联词：

男主持人：社会上有比金钱更可贵的，那就是奉献；

女主持人：生活中有比物质更重要的，那就是爱情；

男女合：爱情，是一轮普照万物的太阳。

男主持人：在它圣洁的光辉照耀下，家庭的星座永远闪光！

女主持人：在它燃烧和光辉照耀下，婚姻的人生之树长青！

男女合：观众朋友们！

男主持人：太阳、月亮和星星，

女主持人：好比丈夫、妻子和家庭。

男主持人：那是宇宙中的永恒！

女主持人：这是生命中的精灵！

男女合：在人生的旅途中，愿你们全家携手同行！为建设社会主义的祖国，奉献出一颗爱之心！

这一段串联词，用男女主持人配合朗诵的形式，点明了这台晚会标题“日·月·星”与主题之间的关系，同时也揭示了它们更深层次的含义，进一步深化了主题，成为首尾照应的点睛之笔。

2. 提示内容要点

电视综艺节目的具体节目，形式灵活，内容广泛。当画面语言、音乐语言、舞蹈语言等都不能明确表达内容含义时，最好的办法就是运用串联词来弥补不足，进行优势互补。例如庆祝中国共产党成立70周年综艺晚会《拥抱太阳》中，中央音乐学院附小学生用7台三角钢琴演奏《祖国颂》之前，女演员白杨说了一段串联词：

> 我来过北京好多次了，最让我难以忘怀的是1949年我跟第一届中国人民政治协商会议的代表，荣幸地登上天安门城楼参加开国大典。记得在政协会上，我们讨论国旗设计方案的时候，面对许多的设计图，给我们大家充分的讨论。真是各式各样，五颜六色的，眼睛都看花了。记得其中有一种方案，旗上面是一颗大星，中间一条黄道代表黄河。对此，张治中先生提出，这容易使人想到划江而治，后来又经过反复的讨论，才确定了五星红旗的设计图。左上方一颗大星代表中国共产党，四颗小星代表全国各族人民的大团结，这就是我们伟大的社会主义祖国。

这一段串联词着重解释了国旗设计的含义。国旗是国家的象征，所以这段串联词对深入理解下面演出的钢琴协奏《祖国颂》的内容，做了极其重要的提示，让观众更易于了解《祖国颂》的思想内含。

3．激发受众联想

串联词和解说词一样，都是与画面配合的非独立文体，在写作方法上是类似的。“解说词在修辞上一方面同一般文章写作有共同的规律；另一方面，又要以画面为基础，从画面内容或形象出发，去展开联想的翅膀。”[①] 好的串联词，应该从具体节目着眼，进而激发受众的联想，使节目做得耐看，“言已尽而意无

① 任远：《屏幕前的探索》，第216页，北京广播学院出版社1988年3月版。

穷”。例如欢庆中华人民共和国成立 40 周年综艺晚会《我爱你，中国》中，由李默然的一段串联词引出大型交响乐演奏《黄河狂想曲》。这段串联词的内容是这样的：

我们的国家是一个伟大的国家。她牵动着海外千千万万中华儿女的心。我听说过这样一个故事：有这样老哥俩，海外飘泊多年，如今都已是六七十岁的人了。他们万里迢迢，风尘仆仆，回来寻根，几十年风风雨雨，岁月变迁，已经找不到故乡的踪迹。但他们不到黄河心不甘，往返跋涉，费尽辛苦，终于在黄河故道，找到了他们的生身家园——黄河边上的一个小村！老哥俩高兴地流着眼泪，捧着黄土，跪在黄河边上。他们在黄土地里打滚啊！他们喊着：“我们是黄河的子孙，我们有着和黄河一样奔腾澎湃的心啊！”

我们在观看交响乐《黄河狂想曲》的时候，不禁会反复回味老哥俩回黄河故道寻根的故事，他们的执着，他们的惊喜，他们的一言一行，他们的一举一动。并且从这里继续联想开去，观众仿佛也看到了黄河——中华民族的母亲河，它那波涛滚滚的雄姿，它那哺育两岸人民生息的神韵。

4. 引导观众收视

串联词是引导观众收看电视综艺节目的一种编辑手段。起引导作用的串联词往往是先将某种信息、感受借题发挥，承上启下地将下面的节目引出。在文化部 1994 年春节综艺晚会《五彩路》中，多处运用了这类引导式串联词。其中有一段串联词是这样的：

刘威：徐帆，咱们文化部 ’94 春节晚会——“五彩路”，这名字起得好！

徐帆：是啊，每个人脚下都有一条路。正像鲁迅先生说的：“其实地上本没有路，走的人多了，也便成了路。”

刘威：我觉得每一位开路的先驱都是值是我们尊敬的，路的开拓者是值得我们赞颂的。

徐帆：是啊，开拓者他是勇士，开拓者，他是伟人，他把希望留给了后人。

这是引出独唱《希望的星》的一段串联词，赞扬了开拓“五彩路”的先驱，把希望留给了后人。下边引出的这首独唱《希望的星》，正是歌唱改革开放的开拓者邓小平，他的那种开拓精神“照亮了中华民族锦绣前程”。这段串联词与下面的节目紧紧吻合，起到了很好的引导收视的作用。

（二）串联词的写作方法

在电视综艺性节目中，串联词往往成为引导收视的“导播”，起到十分重要的作用。因此，为了使串联词更加吸引观众的注意力，串联词的写作花样繁多，别出心裁，独具匠心。下面从大量的电视综艺性节目文学台本中，归纳出一些常见的串联词写作方法：

1. 新闻导语式

这种串联词的写法类似新闻的导语，把最重要的事实放在开头，交待“5个W”。例如北京市第一届好丈夫竞选活动决赛综艺晚会《日·月·星主题晚会》开头的串联词：

女主持人：观众朋友们，你们好！送走火红的5月，夏天的热浪扑面而来。经过三个多月的北京市首届好丈夫竞选活动，给大家留下了一个大问号：究竟谁是最好的丈夫呢？今天就要见分晓了！

男主持人：北京市首届好丈夫竞选活动《日·月·星主题晚会》，现在开始！

这个开头交待了一些必须交待清楚的内容：时间——夏天、今天；地点——北京；人物——好丈夫竞选者；何事——决赛晚会；何故——评选好丈夫。

这段串联词用简短明快的语言，将最重要的事实交待清楚，点明了这台综艺晚会的主题，并引导观众收视，极类似新闻导语的写法。一般用在整个节目的开头。

2. 时间开头式

这类串联词的写法是用时间做话题开头，是一种古老而又省事的写法，常常可以见到。别小看“今天天气哈哈哈”之类的话，一旦把时间和具体内容联系起来，就可以成为很好的串联词。例如《3·15消费者权益日综艺晚会》的开头：

今天是“3·15消费者权益日”，围绕今年的“3·15”活动主题：明明白白消费，我们举办了这台晚会。

这段短短的串联词，紧紧抓住一个特定的日子——“3·15”，从它的特殊性——消费者权益日，进一步交待这台晚会的独特主题：明明白白消费。由时间引出了晚会的主旨，从平常中引出了非常，这种写法也是十分巧妙的。

3. 承上启下式

这类串联词的作用在于过渡，从上个节目内容说开去，引出下个节目的内容。这种串联词最为常见。例如纪念抗日战争和反法西斯战争胜利50周年综艺晚会《光明赞》，整体由《序》和《记忆》、《血印》、《丰碑》、《光明》四个乐章组成。在每一个部分过渡到另一个部分时，都是由串联词来承上启下的。仅以其一为例。在序幕与第一乐章《记忆》的连接处，插入一段串联词：

“朋友，谁没有幸福的憧憬？谁不珍重生活的美好与祖国的安宁？今天，我们聚会在一起，为着回顾抗日战争和反法西斯战争的伟大胜利，给中国与世界赢得和平。50年过去了。在和平环境的人们，没有经历过那腥风血雨的岁月。半个世纪前的那一代年轻人，现在已是两鬓风霜。他们会用自己的亲身体验告诉后来人：什么是亡国的奇耻大辱？什么是民族的深仇大恨？什么是侵略者的惨无人道？什么是法西斯的灭绝人性？

这段串联词把观众带回到50年前，日本帝国主义发动的一场侵略战争，给东南亚人民，特别是中国人民所造成的哀鸿遍野的奇耻大辱，唤起观众对那腥风血雨的回忆。很自然地结束了序幕，开始第一乐章《记忆》的演出。

4. 旁征博引式

有时为了提高节目的文化品位，或让观众更好地理解节目内容，或更深地挖掘节目的主题思想，或把节目做得更加引人入胜，在串联词中也会有一些旁征博引之处。例如北京市第一届好丈夫竞选活动决赛综艺晚会《日·月·星主题晚会》中的一段串联词：

男主持人：刚才《星星之家》里唱的什么？“星星像个迷宫”？那么神秘呀？

女主持人：天上有神秘的星星，东方也有一个“第一神秘”。你知道那是什么吗？

男主持人：噢，那不就是八卦嘛！中间还有一个圆乎乎的图，一黑一白，像两条鱼缠在一块儿……

女主持人：那叫做“阴阳鱼”。

男主持人：那又叫“两仪”。《易经》中是这么说的：“阴阳两仪，彼此消长，……相生相胜，生生不息，……阴阳交感，化生万物。”

女主持人：阳指天，指太阳，指男性；阴指地，指月亮，指女性。那么，夫妻之道也是和它相通的。既不是混合，也不是凑合。而是一种爱的化合。

男主持人：婚姻就是两颗心灵的碰撞，只有性格和思想默契相通，爱情才能产生，家庭才能和谐。

女主持人：我记得莎士比亚有一句名言：“真爱情

是不能用言语表达的，行为才是忠心的最好说明。”

男主持人：参加决赛的19名选手，正是用自己的行动，说明了他们对妻子是那么的疼爱，对家庭是那么的尽心！

这段串联词，用旁征博引的办法，以阴阳八卦和《易经》的哲理来比喻夫妻关系，以莎士比亚话来触类旁通，把原本极通俗的节目的品味提高，避免了庸俗化、平庸化。

5. 老生常谈式

从大家熟知的内容说起，逐渐说开，然后切入正题，引出新的内容，这种老生常谈式的写法，也是串联词常用的。但是要注意的是，在“老”内容中，必须加进点“新”内容，才能吸引观众，要“常说常新”。例如北京市第一届好丈夫竞选活动《日·月·星主题晚会》中有这样一段串联词：

据说法国一位著名的语言学家庆祝自己的“银婚”纪念，送了一件漂亮的礼物给妻子。那是一本封面烫金的小书，书中用世界上不同的2816种语言，写下2816句“我深深地爱着你”。我想，我们每个人在结婚的时候，都向往着和他们一样相亲相爱，白头偕老，共庆银婚。但是，结婚以后，恋爱时那种浪漫情调慢慢走了调，变成了锅碗瓢盆交响曲。一有了小宝宝，妻子的心思转移了，引起了丈夫的烦恼。再过几年，当妻子想去寻找回来的爱情的时候，丈夫的冷漠，又常常引起妻子的猜疑。猜疑往往与嫉妒结伴而行，莎士比亚说得好：“嫉妒是绿眼妖魔，谁作它的俘虏，谁就要受到它的愚弄。”这时候，家庭的命运就看夫妻双方的明智程度了。婚姻最讨厌的是感情的定格，一定要注意婚后的爱情更新。有人把婚姻看做爱情的坟墓，我想，更多的人会把婚姻看做爱情的新生。观众朋友们，你们同意吗？

这段较长的串联词，是引入小品《丈夫的烦恼，妻子的忧虑》一段话。这段话从一个“老而又老”的故事——丈夫送结婚纪念礼物给妻子说开去，说到婚后，特别是产后如何调整婚姻关系。这是几乎每一个家庭都要碰到的“焦点话题”，由此引起观众注意，自然引出有关小品，正好满足了观众的渴望心理。

6. 观点先行式

在串联词中亮出观点，再从自己的观点说开，引出新的内容，也是常见的写法。例如庆祝香港回归大型综艺晚会《回归颂》中，在《春天的故事——音诗》这个板块之前，有一段串联词是这样写的：

> 滔滔的大海碧波翻滚，用无限的深情拥抱一位时代的巨人。汹涌的海潮声声激荡，用响彻长天的涛声，呼唤一个伟大的名字。敬爱的小平同志，您就是浩瀚的大海！您以海一样的气魄掀动起“改革开放”的中国潮；您用海一样智慧提出了“一国两制”的伟大构想，促进了祖国统一的伟业。敬爱的小平同志，我们将永远记着您的谆谆教导，永远记住您给中国留下的春天的故事。

这一段串联词歌颂了邓小平同志的丰功伟绩，他掀起的“改革开放”的中国潮，他提出的“一国两制”的伟大构想，开创了一个新时代。先竖起一面旗帜，然后引出下面有关内容的节目《春天的故事——音诗》。

7. 诗歌朗诵式

带有史诗性质的综艺晚会，往往运用散文诗，或诗歌的笔法来写串联词。朗诵起来激情澎湃，铿锵入耳，极有吸引力。例如庆祝香港回归大型综艺晚会《回归颂》，整台晚会由 8 个板块组成，由 7 段串联词串接起来，由主持人朗诵。其中一段串联词在《满江红——音乐与雕塑》之前，由表演艺术家李默然和田华朗诵：

李：站在虎门炮台上，回首沧桑百年。

田：我仿佛看到三元里一百零三乡民众，抗击侵略者的旗帜在招展！

李：我仿佛看见林则徐面对帝国主义的坚船利炮，毅然下令焚毁二百三十万斤罪恶的鸦片，点燃起虎门销烟的烈焰！

田：我仿佛看见关天培老将军，剪下一缕白发与家中亲人诀别，激战中留下“誓与炮台共存亡”的壮语豪言……

李：一百多年以来，中国人民曾经有过屈辱，但却从来没有屈服。

田：我们用正义的抗争书写着历史。

李：我们用生命的热血捍卫着中华民族的尊严！

这段朗诵，回顾了沧桑百年的中国近代史；三元里人民的抗英战争，林则徐的虎门销烟，关天培的从容就义，中国人民有过屈辱，但从来没有过屈服。这些串联词，给下面的节目《满江红——音乐与雕塑》定下了基调。这波澜壮阔的历史画卷，也只有这种大写意式的笔调才是最好的表达方式。

复习与思考

一、什么是电视综艺性节目？

二、电视综艺性节目的三大规律、八个走向都有哪些内容？

三、电视综艺性节目有哪些文体样式？

四、电视综艺性节目文学台本由哪些内容组成？

五、字幕有什么作用？电视综艺性节目日常用的字幕形式有哪些？

六、什么是串联词？串联词有哪些作用？电视综艺性节目常见的串联词有哪些写法？

七、参与一次电视综艺晚会或电视综艺栏目的制作，了解它制作的全过程。

八、自己动手收集材料，提炼思想、结构布局，写出一个自己设计的电视综艺晚会文学台本。时间不必太长，规模也不必太大，关键是重在参与。

第七章

电视教育性节目文体写作

自学提要

• 本章自学6学时，面授2学时。

• 电视教育性节目指以传播科学文化知识，进行社会教育为主要任务的电视节目。

• 电视教育性节目具有科学性、知识性、传授性、说明性、趣味性的特点。

• 电视教育性节目与电视新闻性节目、电视文艺性节目是电视台三大支柱型节目。一般分为社会教育类与电视教学类两大类型。

• 电视教育类节目常见的文体样式有电视片式、专栏节目式、知识竞赛式。

• 电视教学类节目常见的文体样式有讲座式、示范式、交谈式、表演式、动画式。

第一节　电视教育性节目的概念及特点

一、电视教育性节目的概念

电视教育性节目是以传播科学文化知识，进行社会教育为主要任务的电视节目的总称。[①]

目前我国电视理论界对电视教育性节目的界定，有三种不同的理解：

广义的理解，电视教育性节目包含电视社会教育节目（简称“电视社教节目”）和电视教学节目这两类节目。

狭义的理解，电视教育性节目仅指电视教学节目，不包括电视社会教育节目，电视社会教育节目独立出来构成另一大类节目。

第三种理解，将电视社会教育节目与电视教学节目统称为电视社教节目。电视教育节目只是电视社教节目的泛称。

这三种理解和界定，各有各的道理，有的以这类节目的共同特征和基本任务为依据，有的以命名的概念含义为依据，有的以国内电视界的习惯称呼为依据，目前还难以统一。本书采用第一种理解，将电视社会教育节目和电视教学节目统称为电视教育性节目。凡是以教育为基本任务，具有教育性质的节目，都包含在其中。

电视教育性节目的出现，是信息时代的产物，是对电视传播功能的开发和拓展，是实现现代化教育的重要途径。社会教育、学校教育、家庭教育被称为教育体系的三大支柱。同学校教育、

① 《广播电视简明辞典》，第135页，中国广播电视出版社1989年8月版。

家庭教育相比，一个人一生中接受社会教育的时间最长，对人们的影响很大。电视教育性节目充分运用电子技术，直观形象，生动活泼，直接进入千家万户，迅速及时，覆盖面广，影响十分广泛，与电视新闻性节目、电视文艺性节目一起，被称为电视台的三大支柱型节目。新闻性节目以传播消息为主，以发表评论引导社会舆论；文艺性节目以提供娱乐为主，注重节目的艺术性和观赏性；教育性节目以传播知识、进行社会教育为主，注重节目的科学性、思想性和教化作用。新闻性节目和文艺性节目分别以信息和娱乐的魅力吸引观众，教育性节目则以传播各种科学知识和先进思想来吸引观众。

我国是一个发展中国家，要建设有中国特色的社会主义现代化强国，摆在我们面前的一个紧迫任务就是大力提高全民族的文化知识水平，而电视教育越来越成为我国实施社会教育的一种最优越最重要的形式和手段。尤其是在我国这种学校教育仍很不发达的国家，电视教育就更占了其他教育形式都无法替代的重要地位。电视教育性节目包含的范围极其广泛，同时承担着至少五项教育任务，这就是马克思主义思想理论教育、党和政府的方针政策教育、科学技术教育、普及文化知识教育、职业技能教育。

二、电视教育性节目的特点

电视教育性节目是以传播科学知识为特点，以电视为传媒手段，以思想艺术修养为前提的，因此具备以下五个特点：

(一) 科学性

科学性是电视教育性节目的生命，这是由电视教育性节目的目的和任务所决定的。不论是自然科学还是社会科学的教育电视节目，都是为了揭示事物发展的客观规律，成为人们认识和改造世界的指南。电视教育性节目的科学性主要体现在三个方面：

1. 立论要准确

电视教育性节目在立论上应是科学研究结果的概括，是从对客观事物的严肃认真的研究中，引出其固有的规律，揭示其本质。要求节目的创作者不带有任何个人的好恶偏见，不带有随意性，也不得主观臆造，不能凭想象虚构。

2. 材料必须真实可靠

电视教育性节目不是文艺节目，材料不能虚构，更不能虚假，必须真实可靠。要求创作者花大力气，经过周密观察、调查研究、反复验证，以最充分、确实、有力的材料，来作为立论的依据。

3. 论证要严密

电视教育性节目一般具有鲜明的理论色彩，论证事物发展的科学性，因此论证要严密。要做到概念准确，判断恰当，推理合乎逻辑。

获奖电视教育性栏目《健康人生》的节目——《不容忽视的疾病——肺结核》，是体现电视教育性节目的科学性的一个好例子。《不容忽视的疾病——肺结核》是一个科普节目。在人类医学史上曾被成功控制住的肺结核病，已被人们渐渐淡忘。然而近几年来又开始在世界各地蔓延。目前全世界每年有300万人死于肺结核病，有19亿人受到感染，占世界人口的1/3。我国肺结核病死亡人数占各种传染病死亡人数总和的70%，每年约30万人。世界卫生组织从1996年起，把每年的3月24日定为“世界防治结核病日”，并宣布：肺结核病全球告急。肺结核病已成为所有传染病中的第一号“杀手”，因此对它进行科普知识的宣传非常必要，正当其时，但是如何宣传好科普知识，能够起到警醒人们的作用，并不是一件容易的事。这个片子围绕“肺结核是不容忽视的传染病”这一主题，确定了对待肺结核病既不要恐慌，也不可大意。这是它的立论基点。在选材立意上，摒弃传统的

“就病论病”的模式，即简述发病原因、症状、治疗和预防“四步曲”的作法。从肺结核病的发展历史与现状、我国肺结核病发病的原因以及对国民经济发展的影响，广东省肺结核病的流行趋势及“督导化疗”的先进治疗方法三个方面去阐述主题。有理有据，论证详实，将肺结核病的有关知识及防治的具体办法，都论述得十分清楚。使人们感到，尽管肺结核病有可能再次成为无法有效医治的绝症，但是只要采用科学的方法治疗，肺结核病是可以得到控制的。

（二）知识性

电视教育性节目涉及到的领域极其广泛，举凡政治、军事、外交、经济、文教、艺术、社会、科学、医学、体育、哲学、心理学等，各种人类的知识都包含其中。传播知识是这类节目的主要任务，具有广博的知识是这类节目取得成功的基础。

知识性的特点要求创作者在取材中，要时时注意知识的切入口。在这个知识爆炸、信息爆炸的时代，新鲜事物层出不穷，新的知识不断涌现。电视教育性节目应该永远站在社会的前沿，关注那些社会发展中出现的新知识，比一般电视节目先意识到它，先反映它。

在知识的切入口方面，电视教育性节目更应当引导观众去掌握那种接受知识、理解新鲜事物的思维方法。当今社会迅速发展的各行各业的知识，是任何教科书都难以框定的。具体的知识要学，要在电视片中反映出来，但更重要的是把握一种掌握知识、理解新生事物的能力。

获奖电视社会教育性栏目《乡村季风》在这些方面做得比较突出。以1997年11月27日这一期为例。《乡村季风》是一个农村栏目，是办给农民看的。当前农民最需要什么，当然是节目首先要反映的内容。这一期节目紧紧抓住了这一点，3个板块，4个小专栏节目，在整体上突出了农民最关心的“科教兴农”这一主题。这从大处讲，贯彻了党的大政方针；从小处看，传递了具体的实用技术和致富信息。在短短20分钟时间里，介绍了寿光农民采用新式大棚，以光肥和声肥新技术进行播种和养殖；展现了农民韩克礼发明秸杆制炭新技术；讲述了莱芜农科所运用地瓜膨大的施肥方法，研制出高产的脱毒地瓜；展现了能工巧匠赵士平发明的小小链条捆稻器、稻田播麦耧，不会缠草的打稻机。件件事情都透着新鲜，体现了20世纪90年代中国农业的水平。这些新技术农民一看就会，即学即用；而且开阔了视野，展现了一个接受新知识、理解新事物的思维方式。这样的农村节目，农民怎能不欢迎！

（三）说明性

说明是指用言简意明的画面和解说，把事物的形状、性质、特征、成因、关系、功能等各种属性解释清楚。由于电视教育性节目是以阐述科学理论、讲授文化知识为主的电视节目，所以少不了说明性的内容。

在电视教育性节目中的说明，内容是概括的，是对事物在一般情况下的一般特性进行概括的解说，不需在特定情景下的具体介绍和细致描绘。说明要客观地如实地解说事物的实际情况，一般不宜带有作者的感情色彩和主观评价。说明的语言要简洁通俗，一般不用或少用修辞手法，如夸张、比喻等。

说明的方法很多，有概括说明法、定义法、分类说明法、诠解说明法、举例说明法、比较说明法、数字说明法、资料说明法、图表说明法等，在电视教育性节目中都有所反映。

获奖文教性系列节目《西部小吃》在体现说明性上比较突出。以其中《陕西小吃》第二集为例。这一集主要介绍西安首屈一指的小吃“羊肉泡馍”，大体上全是说明性的。首先分类说明了各种类型的“羊肉泡馍”，有羊肉泡馍、牛羊肉泡馍、羊血泡馍、夹肉馍、葫芦头泡馍等。然后从羊肉泡馍的历史渊源、名馆名店及它的煮肉工艺、烹制样式、吃法等方面，全方位地进行诠解说明，努力创作出一幅反映西部各族人民岁稔物丰、地美人勤、安居乐业的时代画卷——“西部清明上河图”。

（四）传授性

以“教育”为核心的电视教育性节目，它的主要任务是“传道、受业、解惑”，因此少不了“传”和“授”，大多承担着较强的理性观念，思想价值，甚至宣教任务。但是它毕竟是一种电视传播，不同于报纸和广播，它所体现的传授性，需要“强化形象”，“淡化说教”才能取得良好效果。也就是说，要通过画面展现思想，通过形象阐明理念，这是创作者最不好解决的一个难题。

获奖系列社教片《科教兴国》较好地解决了这个问题。《科教兴国》是一个似曾相识的口号。当古老的中国从辉煌走向衰败时，不同时期的仁人志士都有着一个共同的志向——救国。在民族的生死存亡关头，人们提出了“工业救国”、“实业救国”、“教育救国”、“科学救国”，等等。而“科教兴国”比这些口号有了质的变化，“科教兴国”是中国跨入21世纪走向强国的战略方针。当1995年中央提出这个口号时，人们还不了解它，必须及时向全国人民进行宣教，使它深入人心，成为每一个人都理解的行动指南。根据“科教兴国”战略的核心是转变经济增长方式，改变粗放型的生产方式，提高劳动者的素质，最终实现可持续发展，创作者把这个口号化为14集系列片，在把这个理念性极强的问题转化为社教片时，努力开掘画面语言的表意潜能，以大量的科技资料、现场采访、历史文献等，展现世界科技迅猛发展的现实，我国科技发展的现状。既让观众有紧迫感、危机感，同时也提高“科教兴国”的意识：21世纪的中国要成为现代化强国，必须实施“科教兴国”的战略。

（五）趣味性

电视教育性节目的内容一般比较严肃、庄严，要把片子拍得耐看，让人爱看，就要在趣味性上下功夫。

设计灵活多样的结构形式和表现方式，是增强电视教育性节目趣味性的重要环节。例如获奖科普片《普救蟾声》，从脍炙人口的《西厢记》故事引出了鲜为人知的普救寺的蟾声。以“普救寺”和“莺莺塔”为依托巧点题，怎能不吸引人？紧接着这“谈古说声”的是“击石寻声”和“登塔查声”。在“普救蟾声”的谜底没有解释出来前，又巧妙地设下了两处悬念：塔里忽然有人唱戏，莫非金蛤蟆会学人说话？为什么常听到是蛙声而不是其他的什么声音？有了这两个悬念，随后的考察活动就引起了人们的极大注意和兴趣。然后自然进入“专家论声”，用科学理论揭开了“普救蟾声”的谜底。生动有趣的细节，加上现场同期声的烘托，说故事式的解说，把考察“蟾声”的神秘感和现场感恰到好处地表现出来，把难以讨好的科普片做得兴味盎然。

要把电视教育性节目做得富有趣味性，还要重视电视化手段的调动，注重画面的表现。电视教育性节目要用画面这个形象手段去传播深奥的科学知识，因此画面所表现的形象要具有传递信息、传播知识的作用，力求用简洁的方式给观众直观的形象和启示。画面造型不能片面地追求艺术性，脱离节目内容，孤立地追求艺术效果。在电视教育性节目中可以充分发挥特技、动画、字幕等电视化手段。这有利于将抽象的事物形象化，理性的知识感性化和直观化，便于观众理解那些用一般画面说不清，用语言解说又不易弄懂的事物。很多获奖的作品，如《呼兰河的女儿》中的叠镜头，《背负民族的希望》中的字幕，《重塑苍蝇》中的电子特技、《不容忽视的疾病——肺结核》中的二维动画等，在一定程度上都得益于这些电视化的手段。

增强电视教育性节目的趣味性，利用生动活泼的解说词，也是一个重要的手段。解说词要力求用通俗的易于上口的语言，来解说深奥的科学知识，做到深入浅出。要多用口语，少用书面语；多用生活化的常用词语，少用生僻难懂的专业术语；多用简单句和短句，少用复句和长句，做到既上口，又入耳。获奖社教性栏目《乡村季风》在这方面做得比较突出。《乡村季风》是个农民栏目，科技宣传的分量较重。但它突出的是"新闻性"内容，避免了对工艺技术原理、养殖和种植过程的说明等枯燥冗长的表述。重视发挥提要的作用，如"一亩地瓜产了两万斤，这是神话还是现实，请在节目中找一找答案"。这样的提要，造成了悬念，强化了观众的收视兴趣。解说词也尽量口语化、个性化，贴近生活，自然生动。如"走进另一座大棚，还有更新奇的玩意儿，地上有一台小仪器，棚顶则有一串霓虹灯，这到底是干啥用的呢?"就像和农民唠家常，很容易被百姓接受。

第二节　电视教育性节目的分类及文体样式

一、电视教育性节目的分类

电视节目分类中的很多问题，还来不及作深入的探讨，电视教育性节目的出现又比较晚，在分类上是各说各的理，没有统一的认识，大致有以下六种分类法：

1. 按节目的题材，即内容属性分类

这种分类法将电视教育性节目分为社会政治类（简称"社政类"）、经济类、人物类、知识类、服务类、文化教育类（简称"文教类"）、科学技术类（简称"科技类"）、军事类、教学类等。一般评奖按这种方式来分类。

2. 按节目的受众属性分类

这种分类从总体上讲，是指特定的各式人物对象，即不同受众对象。具体细分，又有年龄、性别、职业、行业之分。如大众节目、大学生节目、青少年节目、中学生节目、少儿节目、老年人节目、妇女节目、人民子弟兵节目、农民节目、残疾人节目、港澳台节目、对外节目等。

3. 按体裁样式分类

这种分类是按形式属性分类的一种，即按电视文体样式分类。如：纪录片、科教片、专题片、教学片、讲话节目、知识竞赛、综合节目、杂志型节目、系列节目、特别节目等。

4. 按制作方式分类

这种分类也是按形式属性分类的一种，如：现场直播、录像剪辑、演播室型、主持人型、晚会型、剧场型等。

5. 按表现样式分类

这种分类亦为按形式属性分类的一种，即按播出的样式分类。如：解说式、主持式、主讲人式、示范式、小品式、特技式、动画式、表演式、采访式等。

6. 按节目的任务、性质、特点分类

这种分类着重从内容着眼，根据节目的任务、性质、特点，将电视教育性节目分为社会性教育节目、知识性教育节目、系统性教育节目、电视大学教学节目四大类。①

本书综合以上各种分类法的长处，从电视教育性节目的表现形式出发，把电视教育性节目分为社会教育类和电视教学类两大类型，然后又根据它们的不同内容分列细目。

社会教育类节目细分为四种：社会政治类节目，即以宣传政治性内容为主的电视社会类节目；文化教育类节目，即以传播社会科学文化知识为主的电视社教类节目；科学普及类节目，即以

① 《中国应用电视学》，第204页，北京师范大学出版社1993年6月版。

普及自然科学知识为主的电视社教类节目；经济服务类节目，即以生活服务为宗旨的电视社教类节目。

电视教学类节目细分为两种：文科类节目，即以传授社会科学知识为内容的电视教学类节目；理工类节目，即以传授自然科学知识为内容的电视教学类节目。

二、电视教育性节目的文体样式

电视教育性节目制作的过程各类大致相同，但具体文体样式差别较大。制作过程如下：

电视教育性节目
(前期) 选题→策划→文字稿→拍摄→
(后期) 播出←合成←编辑←

(一) 社会教育类节目的文体样式

1. 电视片式

电视片式包含纪录片、科教片和系列片。

电视纪录片在电视社会教育节目众多体裁中最具普遍性和代表性，是电视社会教育节目种群中的生力军。《沙与海》、《十字街头》、《走向太阳》、《德兴坊》等优秀的电视纪录片，不仅在教育人民方面产生了巨大的社会效益，也是优秀的电视教育性节目。

电视科教片是以传播科学知识，推广新技术、新成果为基本目的的一种节目样式。科教片要以唯物主义的世界观解释自然现象和社会现象，介绍推广各种科学知识和技术，为科学研究和教学服务。如《预防肝炎》、《五彩的凝灰石》、《珍珠》、《为了人类共同的呼吸》等优秀科教片，集知识性、科学性、形象性、艺术性于一身，体现了科教片的基本特征和本体属性。

电视系列片适宜于进行系统的社会教育，内容含量大，可以深入到一个问题的方方面面，是在传统纪录片基础上形成的一种新型节目，即纪录片式的电视节目。如《话说长江》、《话说运河》、《望长城》等，都是脍炙人口的节目。

上述纪录片、科教片、系列片的文体样式，基本上都采用了分镜头脚本的样式。

2. 专栏节目式

电视专栏节目是电视教育性节目体系中运用最普遍、表现形式最多样、最具电视特点、代表教育性节目发展方向的一种节目形式。无论是社会教育类节目，还是电视教学类节目，都适宜运用这种形式。

电视专栏节目具有用固定名称定期、定时、定量长期播出的特点，涉及内容广泛，信息量大，兼容性强。与其他形式的教育性节目一样，社会功能主要是教育，同时兼有提供信息、文化娱乐、社会服务等功能，是教育性、娱乐性和服务性的有机统一。在专栏节目中，节目主持人是专栏的代表和象征，起着至关重要的作用。《动物世界》、《神州风采》、《兄弟民族》、《科技时代》、《七巧板》等专栏节目都是很好的例证。

专栏节目的选材和定位，要注意贴近时代、贴近群众、贴近生活，避免曲高和寡、知识老化、格调低下、相互雷同。

3. 知识竞赛式

知识竞赛节目以知识问答、技能操作、问题辩论等比赛为基本形式，一般在一个相对固定的空间，以主持人为组织者，围绕一个主题，以竞赛各方和现场观众一同入围参赛的方式进行知识传播。

我国第一个有影响的知识竞赛节目，是1983年由中央电视台制作播出的《北京中学生智力竞赛》，随后迅速兴起，成为电视教育性节目园地中的一枝奇葩。知识性竞赛节目受到欢迎的原因是它调动了电视传播的许多优势。首先，它突破了传统的教育模式，通过竞赛启发人们的求知欲和竞赛意识，调动了参赛者和观众的参与感，构成一个多向交流的氛围。

它的另一个特点是对抗性和竞争性，紧张激烈的比赛对观众产生了极大的吸引力。同时，它还具有最大限度的兼容性，在一个节目内兼收并蓄新闻、文艺、广告等各类节目形式，节目的表现形式多姿多彩。如知识智力型的《蒲公英知识竞赛》、《国情知识竞赛》、《北京奥运会知识测答赛》；技能操作型的《智慧之光——中学生头脑运动会》、《青工岗位技术比赛》、《长春市首届珠算知识大赛》；问题辩论型的《亚洲大专辩论会——旅游业的利与弊》、《儒家思想能否抵御西方歪风》；知识娱乐型的《金色人生——老年知识竞赛》、《中国通——外国人汉语知识竞赛》、《中华人民共和国香港特别行政区知识竞赛》等。

知识竞赛节目多采用现场直播方式。近些年来，制作和播出方式不断创新，有所突破。竞赛从演播室扩展到室外实景，从相对封闭式发展到相对开放式，从口头问答延伸到实际动手操作，从单一赛场扩大到多个赛场，或一个主赛场带上若干分赛场等。

知识竞赛式节目由于它的随机性，内容的不确定性，一般只写出策划文案，播出时由主持人把握控制现场。

（二）电视教学类节目的文体样式

电视教学类节目的文体样式主要有以下五种：

1. 讲座式

讲座式也称为“讲授式”、“讲解式”、“主讲人式”，是电视教学节目最基本的形式。这种样式多由主讲人一人在演播室中宣讲，借助教具、板书展示内容，完成教学任务。

这种形式事先做好准备工作很重要。如有外拍镜头、图像教具、模型以及字幕，要提前做好，以便随时按顺序插入。准备充分，在演播室中就可以一次合成。准备工作中，最主要的是讲稿的内容。在撰写教案时，应该相应地设计好板书。因为在电视屏幕的画面中，板书是了解讲授内容的主要渠道之一。观众一边听讲，一边看板书和教具，来完成接受教育的过程。下面以中央电视台《语文知识电视讲座——修辞与逻辑》第二章“词语的选用”中“词语意义的选用”一小节为例：

板书设计（画面）	讲稿教案（解说）
二、词语意义的选用	二、词语意义的选用 秦牧同志在《艺海拾贝》这本书中谈到：“优美的语言艺术家，总是像海绵吸水似的，去吸取大量富有生命力的词汇；总是像一座喷泉喷水似的，擅于说出优美动听的语言；总是像卓越的射手似的，要使他的语言的箭精确地射中‘意义的靶心’；总是像一具精密的天平似的，能够称出各个意义仿佛相似的词儿细微的区分……”这段话，虽然是对优秀的语言艺术家说的，但也有普遍意义。我们怎样才能“用语言的箭，精确地射中‘意义的靶心’”呢？应该注意词语意义的精确选用。
（一）力求词语的意义符合客观实际	（一）力求词语的意义符合客观实际 文章是客观事物的反映。要使文章符合客观实际，除了在写作前注意深入实际进行调查研究以外，写作时选用最适当的词语来表达，也是一个很重要的方面。一切有成就的作家，无不在选择词语，使之符合自己所描写的客观实际上下最大的功夫。例如：

板书设计（画面）	讲稿教案（解说）
例句： ①唱到这里，是沉下去的时候，但不再浮上来了；歌声也不能辨别，涌起的水，也随着歌声的微弱，渐渐低落……… （鲁迅：《铸剑》）	①唱到这里，是沉下去的时候，但不再浮上来了；歌声也不能辨别，涌起的水，也随着歌声的微弱，渐渐低落…… （鲁迅：《铸剑》）
②唱到这里，是沉下去的时候，但不再浮上来了；歌词也不能辨别，涌起的水，也随着歌声的微弱，渐渐低落……… （鲁迅：《铸剑》）	②唱到这里，是沉下去的时候，但不再浮上来了；歌词也不能辨别，涌起的水，也随着歌声的微弱，渐渐低落……… （鲁迅：《铸剑》）
③她的父亲——鲁贵——约莫四十多岁的样子，神气萎缩，最令人注目的是粗而乱的眉毛同肿眼皮。他的嘴唇松弛地垂下来…… （曹禺：《雷雨》，1957年版）	③她的父亲——鲁贵——约莫四十多岁的样子，神气萎缩，最令人注目的是粗而乱的眉毛同肿眼皮。他的嘴唇松弛地垂下来…… （曹禺：《雷雨》，1957年版）

板书设计（画面）	讲稿教案（解说）
④她的父亲——鲁贵——约莫四十多岁的样子。神气萎缩，肿眼皮，嘴角松弛地垂下来…… (曹禺选集》，1978年版)	④她的父亲——鲁贵——约莫四十多岁的样子。神气萎缩，肿眼皮，嘴角松弛地垂下来…… (曹禺选集》，1978年版) 作者改动了一个词——将“嘴唇”改为“嘴角”。嘴唇都松弛地垂下来，嘴都瘪进去了，这只有在门牙都掉光了的情况下才会出现，约莫四十多岁的鲁贵不会老成这种样子。改用“嘴角”，这一词义符合客观实际，表现了作者对人物的刻画细致入微，语言表达得严密精确。
(二) 力求词语意义确切明白	(二) 力求词语意义确切明白 词语的意义确切明白是指：在一定的语言环境中，我们所选用的词语，只有惟一的、确定而清晰的意义，决不模棱两可，不会让读者(听众) 琢磨不定。 有些词的词义范围较大，在具体的语言环境中，如果表意不够明确，应选用另外的恰当的词语。
⑤从此就看见许多新的先生，听到新的讲义。 (鲁迅《藤野先生》原稿)	⑤从此就看见许多新的先生，听到新的讲义。 (鲁迅《藤野先生》原稿)

板书设计（画面）	讲稿教案（解说）
⑥从此就看见许多陌生的先生，听到许多新鲜的讲义。 （同上·修改稿）	⑥从此就看见许多陌生的先生，听到许多新鲜的讲义。 （同上·修改稿） “新的先生”，可以理解为：“新到学校任教的老师”，也可理解为：“第一次见到的教师”。“新”这词义的范围较大。改用“陌生”，则只有一种确定的意思了。 “新的讲义”中的“新”，可以有“第一次”的意思，也可以是指讲义的内容新鲜。改动之后，语意限定得十分准确。 有时，指称的人物较多，应该细心地选用代词，避免出现指代不清的现象。
⑦经过一阵急促的摆布，老人示意只有我能帮助他搀扶他那病脚的儿子。对这种信任，我真是衷心感谢，便伸手向他胁下去搀扶他。 （刘白羽：《同志》原稿）	⑦经过一阵急促的摆布，老人示意只有我能帮助他搀扶他那病脚的儿子。对这种信任，我真是衷心感谢，便伸手向他胁下去搀扶他。 （刘白羽：《同志》原稿）

板书设计（画面）	讲稿教案（解说）
⑧经过一阵急促的摆布，老人示意只有我能帮助他搀扶他那病脚的儿子。对这种信任，我真是衷心感谢，便伸手去搀扶那青年人。 （同上·修改稿）	⑧经过一阵急促的摆布，老人示意只有我能帮助他搀扶他那病脚的儿子。对这种信任，我真是衷心感谢，便伸手去搀扶那青年人。 （同上·修改稿） "他"，可能理解为老人，也可能理解为老人的儿子，容易发生歧义。改动之后，就只有惟一的明白的解释了。 在语言实践中，我们在选用词语的时候，还应该细心地检查它的修辞效果。
⑨"一枝气管出墙来"	⑨"一枝气管出墙来" 这是一篇通讯报道的题目。这篇文章表现了好人好事，热情赞颂了某些同志助人为乐的精神。给自行车打气的气管，原来是放在机关或工厂院内的——内部使用。现在，有些工厂或机关的同志，为了方便群众，将"气管"搁在墙外，供行人使用。报道的内容，无疑是好的。但是，这一标题值得斟酌考虑。"气管"这一名词还指人的呼吸器官的一部分，这样就可能引起一些不好的联想，影响语言的表达效果。

从播出的角度来看，板书就是画面的内容，讲稿教案就是解说词的内容。板书设计要简明扼要，重点突出，像上面这种社会学科的讲授，板书主要把观点和例句设计好就可以了，如果是自然科学，如物理、化学、数学之类，还要把公式、定理及主要演算过程的板书设计好，以便观众易于理解和接受。

2. 示范式

示范式也称为"展示式"、"演示式"。这种样式的教学节目主要通过主讲人在镜头前直接真实的示范性动作，向观众传授某些技能性知识和手艺。电视的表现使这种教学直观易懂，容易模仿，有立竿见影的效果，适合于用来讲授那些技能性、技巧性、操作性较强，具有形象性，而非纯理性的知识和技能。如获奖教学节目《钢琴入门》通过一位女教师在钢琴旁指导一个小学生弹钢琴，由键盘一直讲到装饰音。实物教学使讲授内容具有很强的可视性，观众可边看边模仿。

示范式是讲授式的进一步演变和发展，不仅通过听，而且通过看来教授知识，是一种具有电视化特点的教学形式。在声画处理上一般采用声画同步或声画合一的方法。在示范方法上可采用实物示范，即主讲人用真实物件按实际操作规程展示操作过程；也可采用模拟示范，即不用实物，主讲人只通过自身的形体动作虚拟演示操作过程；还可采用非实物示范，即主讲人用替代物演示操作过程。不管哪一种示范方法，都要通过实物模拟来实施教学。例如《生活》栏目中的“减肥餐厅——神了”：

画　面	解　说
主持人边解说边示范	“减肥餐厅”，与众不同，它的菜式也和别的店不同。所以选菜就很特别。较常见的减肥菜有：黄瓜、苦瓜、冬瓜、丝瓜、芹菜、土豆、红薯、萝卜、绿豆、海带等等。当然，要能配上一点中药材，就更事半功倍啦。中药材有：山楂、田七、芦荟、首乌等等。
主持人	菜谱要特别一点，因为要对症下菜嘛。
参赛人	是，没错。聚脂型的肥胖客人，可以推荐他们吃一些化脂逐水的菜，像海带汤什么的。
主持人	营养过剩型的肥胖客人，可多吃一些降脂减肥的，如：萝卜、黄瓜、陈皮等等。

画　面	解　说
参赛人	糖尿病型的，就多吃苦瓜、南瓜等等。
主持人	有高血压的人，可以多吃芹菜、豆腐等等。
主持人念菜谱	菜谱上的菜，不仅搭配科学，而且都是经过实践证明了的。我们对顾客是百分之百负责的。先从凉菜类开始吧。 第一道，凉拌黄瓜。 第二道，凉拌海带。 第三道，凉拌蕃茄。 第四道，凉拌海蜇。 第五道，凉拌……
主持人边演示边说	我的厨艺一般，但做素菜还是很好吃的。现在我做一道土豆丝炒咸菜，土豆中含丰富的蛋白质、粗纤维，咸菜有增加胃肠消化肉类食物的作用，这道菜是我减肥时最常吃的。它能促进肠道运动，有助脂肪和废物的排出，有消滞之功。
主持人与参赛人两人边说边展示不同的菜	就算是减肥也要吃肉。 苦瓜炒瘦肉是糖尿病型人的食疗食物。 菠萝炒牛肉，既含有大量维生素 C，还含有大量消化蛋白质的朊酶。 菊花炒鸡丝，它含有维生素 A 和 B，是降脂降胆固醇的好菜。
主持人边念菜名边示范各种汤、菜、粥	吃过菜，再来个汤，这顿饭就全了。我来报菜名：芥菜豆腐鱼头汤，白菜牛奶汤，白萝卜山楂陈皮汤，冬瓜海带猪骨汤，绿豆海带汤，红豆鲤鱼汤。

画　　面	解　　说
	还有减肥茶、冬茹茶、山楂菊普洱茶、花旗参奶茶、荷叶洋葱茶、红参红枣茶…… 减肥粥：小米红枣粥，粉葛薏米粥，白菜腐竹粥，山楂薏米粥等等，好吃，功能多。
主持人	餐厅为顾客建立减肥档案，根据类型不同，推荐菜谱。跟踪他们详细的减肥过程。顾客只要常来，坚持一段时间就能有效果。餐厅还兼卖一些减肥的中草药，定期编辑一些减肥刊物，解答顾客的疑难问题，组织胖子沙龙，让他们边吃边交流减肥心得。
主持人 一瘦人	哎，别走。 不行，我要找家餐厅增肥，我在这儿吃得太瘦了，减过头了。

示范式教学节目的语言表述和形象展示是紧密结合的，摆脱了讲座式和交谈式那种“纸上谈兵”、“口上谈兵”的局限，具有“真刀真枪”地实际操练的特点。

3. 交谈式

交谈式包括谈话式、讨论式、问答式、访谈式（采访式）等形式，是以讲、说、侃、聊、谈为主。通常为一个主持人一个专家学者，或两个专家学者，就所要讲授的教学内容，以一问一答或互相补充的交谈方式传授出来，是对传统的一人讲座方式的突破和发展。

交谈式摆说了课堂教学的基本模式，通过两人或多人交谈讲授知识，在视觉和听觉效果上都显得活跃和富有变化，观众心理容易放松和随意。交谈的方式本身要求谈话的一方语言简短，给对方留有说话的机会，自然要少用书面语，多用口语，这样才不显得做作。像生活中聊天那样来讲授知识，使这种样式生动活泼、轻松自如，更生活化和节目化。

交谈式教学节目中的交谈者应有主有从，要处理好主持人与专家学者之间的关系。知识的传授应以专家学者为主，不要喧宾夺主。交谈双方以及交谈者与观众之间要有适当的交流和呼应。下面以《生活》栏目新创板块《投资理财》中的“婴儿纪念品工作室”节目为例：

画　面	解　说
参赛者钟静	精明的犹太人早在几千年前就断言：惟有女人和孩子的钱最好赚！所以，我的投资项目就是：开一家专门为新生儿量身订做纪念品的工作室。
主持人朱轶与钟静对话，朱轶笨手笨脚地粘一幅胎毛画，怎么也粘不好	朱轶气急败坏地喊：“钟姐姐——”钟静：“怎么了？”朱轶说：“这画怎么也粘不牢。”钟静：“为小宝宝做纪念品呢，就要既有耐心，又有爱心，你看，这不就差不多了吗？”朱轶说：“哇，用胎毛就能做出这么精美的画。哎，生不逢时啊！你说我要是晚生 20 年，不也可以用胎毛做幅画，留个永久的纪念。”
画外音解说时，画面为多种婴儿纪念品展示	钟静认为，这婴儿纪念品的市场实在是大得很。现如今，生活水平提高了，情感型消费日益盛行。年轻的爸爸妈妈们，更是希望给新生的小宝宝留一份珍贵的纪念！您想想，每天都有那么多小宝宝出生，这婴儿纪念品的生意还能错得了?!
钟静	选择了好的经营项目，就成功了一半。而另一半，就要靠经营有方。
朱轶	这个经营有方说的就是“特色”二字。

画　面	解　说
画外音解说时，画面展示富有个性的纪念品	钟静认为，现今的人们都讲究个性化。所以，做婴儿纪念品，也千万不可以千篇一律。 所以最好的办法呢就是实行单件订做方式。从图案、题词、选材等等，都尽量满足家长的意愿。这样，每个宝宝的纪念品才会各有不同。做出个性化的产品，是婴儿纪念品工作室最大的特色和卖点。 另一大卖点，就是要不断开发出新颖别致而又妙趣横生的特色产品。
朱铁边说边展示胎毛画，手足秀、宝贝书、宝贝金鞋	胎毛画——用婴儿的胎发经过十六道工序精制而成，既保存了胎发，又保留了宝宝满月、百天等等特定成长时期的可爱形象。 手足秀——取自初生小宝宝的手足印，它不同于平面印记，已经灌注成立体模型，看见没有，连掌纹指都清晰可见。 宝贝书——详细记述宝宝出生前后的动人故事。 宝贝金鞋——宝宝出生后穿的第一双鞋，经过防腐、固化、上光、上色，保存下来很有纪念意义。
画外音解说时，画面为纪念品	您瞧瞧，只要开动脑筋，这婴儿纪念品，的确是大有文章可作的。
钟静	万事俱备了，接下来的当务之急就是去寻找目标客户。

画　面	解　说
画外音解说时，画面为送宣传品	钟静认为，目标客户有两种，一种是正在等待小宝宝降生的准爸爸妈妈们；第二种是抱着小宝宝，激动之情溢于言表的新爸爸妈妈们。送给他们一份精美的宣传材料，或是在爸爸妈妈们必看的杂志上做些广告，这样，生意就来了。(提示：宣传方式：1. 发放宣传材料；2. 广告宣传)
朱轶与钟静	钟静："朱轶，有个客户要做胎毛画，你去上门理一下胎发，顺便问一下人家有什么要求。"朱轶，"好吧。"钟静："上门服务，是婴儿纪念品工作室的又一个服务点。"
画外音解说	至于婴儿纪念品工作室的投资，大约需要三四万元。
朱轶与钟静	朱轶垂头丧气入画："钟姐姐，顾客退货了。"钟静："为什么?"朱轶说："我把一号宝宝的胎毛贴在了二号宝宝的画上。"钟静："真粗心!"(提示：经营风险：1. 张冠李戴；2. 产品不合顾客要求。)
钟静	从事婴儿纪念品的生意，每天面对的都是这样可爱的小宝宝，所以工作的心情格外好，同时，每天都在出生的小宝宝，又带来无限商机。怎么样，婴儿纪念品这个投资点子不错吧?!

这个节目中出现的人物只有主持人（朱轶）与参赛人（钟静），两人一对一地交谈，介绍："婴儿纪念品工作室"这个"投

资理财”之道。由于参赛人是这个投资理财“点子”的创意者，因此在这个节目中应是“主角”，而主持人应该配合参赛人一起完成节目。

4．表演式

表演式又称为“小品式”，主要通过小品表演，把一些抽象的条例、法规、语言等变成形象的事例和情节，将不易表现的伦理观念、道德修养、交际礼仪等变成可视的小品和故事，来辅助说明讲授的内容。

表演式是示范式的进一步发展和演变。表演式不仅调动了电视形象化的手段，还进一步调动了文艺节目的某些形式，使教学节目更加生动活泼有趣，可视性强，易于接受，是一种老少咸宜、适合不同文化层次观众的教学节目形式。在制作表演式教学节目时，要把握好小品表演仅仅是说明问题的手段，要以知识性教学内容为主，小品表演为辅，不能喧宾夺主。

表演式适合用于表现有情节性和故事性的教学内容，较多用在外国语教学、普通话教学、各种法规法律系列教学、社会伦理道德教育等内容。例如获奖电视教学系列片《电视旅游日语》第一讲“我叫森本，请多关照”的文学台本：

森本良子：初次见面，我叫森本良子，是家庭主妇，明天就去北京了，请多关照。

阳子：我是阳子，高二学生，我明天同家人一同去北京，请多关照。

太郎：我是森本太郎，上小学六年级。

阳子：我回来了。

太郎：明天跟妈妈姐姐去北京。

森本一郎：大家好，我是森本。这次作为报社记者来到北京短期工作，明天夫人孩子顺便来北京游览，还请多多关照。

森本一郎：喂、喂？

山田一男：这里是东方商事北京事务所。

森本一郎：嗷，我是森本呀。

山田一男：森本君，我马上就去，请稍等片刻。

山田一男：大家好，我叫山田一男，日本东方商事北京事务所职员，初次见面，请多关照。

部长：请进，是二位，欢迎。

山田：这么忙打搅您，不好意思。

山田：这位是我高中时的朋友，森本一郎。

森本一郎：我叫森本，初次见面，请多关照。

部长：也请您多关照，请坐，请喝茶。

部长：我来介绍一下，这位是小张，我社的日语导游。

张小组：我姓张，初次见面，还望多多关照。

山田：我叫山田，车员，请多关照。

森本一郎：我是森本，请多关照。

部长：对不起，有点事去，一会儿就回来，请慢慢聊。

森本阳子：这是北京什么方位呀？

司机：北京偏西。

阳子：您能讲日语！

司机：会一些，跟电视学的。

阳子：真可以。

阳子：那个大楼呢？

司机：饭店。

森本一郎：即将下榻的地方。

森本一郎：我来介绍一下，这是我的家人。

阳子：阳子。

张小姐：我姓张，初次见面。

森本一郎：这次就靠您了，拜托。

张小姐：行李丢了吗？

森本一郎：行李在那儿。

森本一郎：这是你的吗？

一旅客：是我的。

森本一郎：那个呢？

一旅客：不，那不是我的。

森本一郎：这个是我的。

一旅客：那写着女人的名字呀。

森本一郎：不，那是我女儿的行李。

一旅客：怪不得。

张小姐：齐了吧？

森本一郎：全齐了！

《电视旅游日语》是每集30分钟，共24集的短剧式外语教学节目。这个节目通过日本森本一家人，夫妇带两个孩子首次来华旅游，将旅游业的游、购、行、食、住、娱六大要素为前景铺垫，把日语常用语法、词句合理地糅进每集短剧中。观众跟着森本一家人的每天活动，边看边学，达到“身临其境”地学习掌握日语的目的。

5．动画式

动画式是以动画片为主要表现形式的电视教学样式。由于动画的形式能使静态的事物出现动态效果，使一些抽象、枯燥、难学的知识变得生动、可视、易学，特别适合儿童及青少年学习的特点。

传统的动画式是采用电影动画制作方法制作的，即对绘制的上千幅图画逐格拍摄。近些年来电脑三维动画技术走入了动画式电视教学的领域，但是这种制作方式成本高，周期长，工艺复杂，涉及后期制作部门多，有它制作上的局限性。我国与外国相比，在节目的数量上与质量上都还有很大的差距。目前我国运用较多的是一种与动画式十分接近的电视教学节目制作样式——绘画式。绘画式是将绘制好的图画一幅幅拍摄下来，在教学节目中作为形象例证、背景资料、图形演示，提供给观众一个可视的形象。尽管它没有动画效果，但图画提供的可视形象仍比语言文字表述更具体实在。儿童系列知识讲座《凯丽阿姨讲科学》是比较好的一个例子。绘画式比动画式制作成本低、周期短、工艺简单，是一种实用可行的节目表现形式。

复习与思考

一、什么是电视教育性节目？电视教育性节目包括哪些内容？

二、电视教育性节目有哪些特点？

三、电视社会教育类节目有哪些文体样式？

四、电视教学类节目有哪些文体样式？

五、到电视制作部门去，参与一次电视教学节目的整个录制过程，了解电视教学类节目的制作过程。

六、从下面各题中选择一个题目，撰写一篇完整的知识竞赛策划文案：

防治感冒知识竞赛	汉字知识竞赛
保护大熊猫知识竞赛	国防知识竞赛
证券 ABC 知识竞赛	优生优育优教知识竞赛
电脑知识竞赛	英语知识竞赛

后　　记

春风乍起，春花初开。经过三个月日以继夜的奋笔疾书，这部二十多万字的教材终于完稿了。这本教材是在我讲授《电视写作》课程讲稿的基础上写成的，是我十几年来教学和研究的心血结晶。由于它的开拓性很强，写作的困难可想而知。好在电视界同行们的很多研究成果给了我不少借力，助我化解一个又一个难题。在我撰写这部教材的过程中，主要的参考书目有：

1.《中国应用电视学》，北京师范大学出版社1993年6月出版。

2.《广播电视简明辞典》，中国广播电视出版社 1989 年 8 月出版。

3.《电视节目解说词写作》，温化平著，北京广播学院出版社 1988 年 3 月出版。

4.《实用电视新闻》，高世明主编，中国广播电视出版社 2000 年 8 月出版。

5.《消息写作教程》，常秀英著，中国广播电视出版社 1995 年 9 月出版。

6.《中国电视文艺学》，张凤铸主编，北京广播学院出版社 1999 年 10 月出版。

7.《电视艺术学》，高鑫著，北京师范大学出版社 1998 年 11 月出版。

8.《电视专题》，高鑫、周文著，中国广播电视出版社 1997 年 8 月出版。

9.《电视纪录片新论》，任远主编，中国广播电视出版社 1997 年 12 月出版。

10.《纪录片创作论纲》，钟大年著，北京广播学院出版社 1997 年 4 月出版。

11.《电视新闻采编技巧》，傅桃生著，湖北人民出版社 1980 年 1 月出版。

12.《电视新闻》，叶子、刘坚著，中国广播电视出版社 1997 年 8 月出版。

13.《电视现场短新闻赏析》，王纪言主编，辽宁人民出版社 1993 年 1 月出版。

14.《电影美学》，（匈）贝拉·巴经著，中国电视出版社 1979 年 2 月出版。

15.《电视采访·电视写作》，赵淑萍、高晓虹著，北京广播学院出版社 2000 年 1 月出版。

16.1988 年至 1997 年优秀新闻稿、优秀社教稿、优秀解说词稿选辑。

此外应特别一提的是我的老伴儿时煜华教授，没有他全心全意、尽心尽力的支持和帮助，要在这么短的时间完成二十多万字的文稿写作，是难以想象的。他经常是我的第一位读者，给予我一些建设性的意见。在这里，我应表示衷心的感谢。

由于时间紧，任务重，这本教材难免有考虑不周、言语不当之处，还望大家多多指教。

孔德明

2002 年 3 月 15 日于北京

图书在版编目(CIP)数据

电视文体写作/孔德明编著 .--北京:中国传媒大学出版社,2002.5
(2021.1 重印)

ISBN 978-7-81085-041-4

Ⅰ. 电…　Ⅱ. 孔…　Ⅲ. 电视节目－写作　Ⅳ. G222.1

中国版本图书馆 CIP 数据核字(2002)第 027561 号

电视文体写作

DIANSHI WENTI XIEZUO

著　　者　孔德明
责任编辑　杨田村　张绍红
封面设计　大盟文化
责任印制　阳金洲

出版发行　中国传媒大学出版社(原北京广播学院出版社)
社　　址　北京市朝阳区定福庄东街 1 号　　邮　　编　100024
电　　话　86-10-65450528　65450532　　传　　真　65779405
网　　址　http://cucp. cuc. edu. cn
经　　销　全国新华书店

印　　刷　艺堂印刷(天津)有限公司
开　　本　850mm×1168mm　1/32
印　　张　9. 125
字　　数　220 千字
版　　次　2002 年 5 月第 1 版
印　　次　2021 年 1 月第 13 次印刷

书　　号　ISBN 978-7-81085-041-4/N · 9　　定　价　23. 00 元

本社法律顾问:北京李伟斌律师事务所　郭建平